근현대 한국에 대한 외국의 시선

이화 한국학총서 9

근현대 한국에 대한 외국의 시선

송영빈 외 지음

이화여자대학교출판부

근현대 한국에 대한 외국의 시선

펴낸날 초판 1쇄 2012년 12월 31일
지은이 송영빈 외
펴낸이 김훈순
펴낸곳 이화여자대학교출판부
주소 서울특별시 서대문구 이화여대길 52(우 120-750)
등록 1954년 7월 6일 제9-61호
전화 02)3277-2965(편집)
02)362-6076(마케팅)
팩스 02)312-4312
전자우편 press@ewha.ac.kr
홈페이지 www.ewhapress.com
디자인 정혜진
찍은곳 네오프린텍

ISBN 978-89-7300-967-1 94300
ISBN 978-89-7300-694-6(세트)

값 16,000원

발간사

한국학에 대한 국내외의 관심이 높아지고 있는 이 시점에서 본교 한국학 연구의 새로운 출발을 알리는 '이화 한국학총서'를 세상에 내놓게 되었다. 한국학 연구는 본교의 설립 이념을 구현하고 한국 사회에서 대학의 역할을 수행하기 위한 필수적 과제로 인식되어 왔다. 세계화의 물결에 합리적으로 대응하기 위해서는 무엇보다 먼저 자국 문화에 대한 이해가 선행되어야 한다고 믿는다. 이를 위해서 본교는 창립 이래 한국학 연구에 지대한 관심을 가지고 이를 지원하고 육성해 왔다. 외국 문화의 도입에 열중하던 1950년대에 한국학 연구를 전담할 기관으로 설립된 '한국문화연구원'은 한국의 인문 · 사회 · 자연 · 예능 전반에 걸쳐 학술적 연구를 진행하고 그 성과를 국내외에 발표하면서 한국학 발전에 기여해 왔다.

한국의 전통 문화에 대한 관심에서 출발한 한국학은 그동안 그 대상 영역을 확장하면서 고대로부터 현대에 이르기까지 한국에 관한 다양한 분야를 탐색하는 종합적 연구로 발전하게 되었다. 이러한 과제를 효율적으로 수행하기 위해서는 한국학에 대한 새로운 인식과 효율적 연구 방법이 요구되었다. 본교는 지난 2003년에 '한국학특성화기반조성사업단'을 발족해 본교 한국학 연구의 성과를 점검하고 합리적 연구 방안을 모색하는 작업을 진행해 왔다. 본 사업단에서는 연구의 기반을 다지는 기초 작업과 함께 현대 사회에 맞는 연구 주제를 설정해 연구 활동을 벌여 왔으며, 이번에 발간되는 '이화 한국학총서'는 그 성과 가운데 일부이다.

연구의 주제를 '한국의 일상 문화'로 정한 것은 과거 지향적이고 관념적인 기존 한국학 연구의 관습에서 벗어나 현실에 뿌리를 두고 미래를 내다보는 '살아 있는 학문'으로서 한국학을 모색하기 위한 것이었다. '일상성'은 거대 담론에 밀려 소외되었던 연구 영역이었으나 1990년을 전후로 '사소하지만 중요한 것들'에 대한 관심이 증대되면서 한국의 문화적 특성을 가장 극명하게 보여 줄 수 있는 영역이기도 하다. 이러한 '일상'의 탐구는 편의상 전통 문화, 근대 문화, 비교 문화 등으로 구분해 통합적 공동 연구로 진행되었다.

이 작업에는 본교 한국학 관련 연구자들이 각자의 전공 영역을 넘어 학제적으로 참여했다. 여기에 내놓는 성과들은 한국학 연구의 새로운 방향을 모색하는 과정에서 이루어진 것이기 때문에 시론적 성격이 강하고 보완되어야 할 점도 없지 않다. 그러나 이 작업을 통해서 본교 한국학 연구의 역량과 가능성을 점검하고, 한국학 연구가 나아가야 할 바람직한 방향을 가늠해 볼 수 있었던 것은 큰 성과라 할 수 있다. 앞으로 이어질 후속 작업을 통해서 연구의 주제를 좀더 구체화하고 논의를 심화해 바람직한 성과를 창출해 나갈 수 있기를 기대한다. 어려운 여건 속에서도 연구에 참여해 주신 연구자 여러분의 노고에 감사드리며, 이 총서가 한국학의 발전에 든든한 디딤돌이 되기를 바란다.

2006년 6월

이화여자대학교

한국학특성화기반조성사업단 단장

정 하 영

총론

'이화 한국학총서' 제9권에 해당하는 이 책은 '근현대 한국에 대한 외국의 시선'이라는 주제로 세부 전공이 다른 여섯 명의 집필자가 쓴 글을 담게 되었다. 이 글들의 핵심 주제는 근현대 한국을 외국이 어떻게 보았는가 하는 것이다. 여기에서 외국은 근현대 한국에 많은 영향을 끼친 중국, 미국, 일본을 말한다. 이 나라들에서 작성된 자료를 바탕으로 그들이 근현대 한국을 어떻게 바라보았는지, 나아가 현재 우리들은 그들의 시선을 통해 어떤 교훈을 얻을지에 대해 각각의 집필자의 관점에서 해석한 글들을 모아 책으로 엮어내게 되었다. 이 책의 집필자들의 세부 전공은 각기 다르지만 이 글들은 모두 철저한 자료 분석에 기반하고 있다는 공통점이 있다.

자료는 어떤 의미에서건 해석하는 사람의 의도로부터 자유롭지 않다. 어떤 자료라고 할지라도 자료는 스스로 말하는 법이 없으며 해석이라는 과정을 통해 사람들에게 전달되기 때문이다. 자료는 필자가 원하는 방향으로 재단되고 설득력이란 요소가 가미되어 글로 표출된다. 글이라는 것은 필자의 손을 떠나는 순간 독자의 눈에 의해 필자의 의도와는 상관없이 다시 해석된다. 이것이 출판이라는 과정이 거쳐야 할 숙명적 순환 과정이다. 그러나 이러한 속성이 있다고 할지라도 글이 사람들에게 읽히고 읽힌 글이 사회에서 공유될 때 그것은 개인적인 해석에서 벗어나 공공의 시선으로 정착되게 된다. 이러한 의미에서 이 책에서 다루는 외국의 자료들은 그 자료를 작성한 필자들과 그들이 속한 당시 사회 공동체의 시선을 담고 있다고 볼 수 있다. 이 책에서 대상으로 하는 자료는 소수이지만 이 자료들이 의미를 갖는 것은 바로 이러한 공공의 시선을 내포하고 있기 때문이다.

「『점석재화보(點石齋畵報)』의 조선 재현 양상」(홍석표)은 1884년에 창간된 그림신문인 『점석재화보』에 실려 있는 조선 관련 자료를 바탕으로 쓴 글이다. 여기에서는 중국과 일본의 각축장이 되었던 조선에 대해 청국의 종주국으로서의 지위를 지속적으로 환기시키고 그것을 관철시키려는 중국인의 욕망을 상세하게 보여 주고 있다.

「항일운동 시기 중국인의 눈에 비친 '조선의 어머니' 형상 — 양한셩(陽翰笙)의 역사극 『무궁화의 노래(槿花之歌)』를 중심으로」(김영미)는 중국 작가 양한셩의 역사극 『무궁화의 노래』를 심층적으로 분석한 것이다. 필자는 이 역사극에서 양한셩이 '조선의 어머니'를 조선 독립에 투영시켜 독립의 희망을 노래하고 있다고 전제하고 타자일 수밖에 없는 조선만이 아니라 자신의 모국 중국에서의 항일이라는 주제도 다루고 있으며, 이는 작가로서의 저항 방법을 모색하는 하나의 길이었다고 결론을 맺고 있다.

「청일전쟁 시기 『선바오(申報)』 사설에 나타난 '조선'과 '일본'에 대한 시각」(이경하)은 1872년 창간된 『선바오(申報)』의 청일전쟁 당시의 사설을 통해 한국과 일본, 나아가 서구 열강에 대해 중국이 어떠한 인식을 갖고 있었는지를 보여 주고 있다. 당시 중국은 조선에 대한 일본의 침략은 중국 중심의 국제 질서에 대한 도전으로밖에는 인식하지 않았다. 결국 중국은 조선의 운명에 대해서 관심이 없었으며 서구 열강에 대해서도 관심을 갖지 않아 열강에 의해 영토가 분할되는 처참한 과정을 겪게 되었음을 『선바오』 사설을 통해 살펴보고 있다.

「『내셔널 지오그래픽』이 본 코리아 – 1890년 이후 시선의 변화와 의미」(김영훈)는 미국의 한국에 대한 100여 년에 걸친 시선의 변화를 추적하고 있다. 필자는 이러한 주제를 객관적으로 다루기 위해서는 『내셔널 지오그래픽』의 편집 태도의 변화에 주목할 필요가 있다는 점을 강조하고 있다. 이 글은 미국인의 눈에 비친 한미 관계사적인 관점에서의 한국관의 변화를 기술했다는 점, 그리고 민중들의 생활을 통해 본 한국의 역사를 다루고 있다는 점에서 흥미로운 글이다.

「『내셔널 지오그래픽』이 본 한국과 일본의 100년」(송영빈)은 위 김영훈의 글을 토대로 한국과 일본에 대한 『내셔널 지오그래픽』의 시선의 변화를 기사와 필자를 중심으로 분석한 것이다. 이 글을 통해 국제적 인적 네트워크를 일찍이 구축한 일본과 한국을 대비시키고 있다.

「[조선총독부 조사자료]에 나타난 조선의 민간신앙」(이수경)은 [조선총독부 조사자료]를 통해 보여지는 조선의 민간신앙 양상과 이에 대한 일본의 시각에 대해 '소극적 운명론' 또는 '무지몽매함에서 비롯된 미신'으로 폄하하거나 왜곡한 부분도 있지만, 민간신앙이 가족애와 향토애를 바탕으로 한 사회적 행위이며, 혈성(血姓)을 초월하여 지역 공동체의 결속을 공고히 하는 친목과 오락의 장이었다는 점을 당시 일본인이 간파하고 있었다는 것을 객관적으로 분석하고 있다.

여기에 실린 글들은 김영훈의 글을 제외하고는 모두 2003년 '한국학 특성화기반조성사업단'이 만들어지고 연구자들에게 지원을 한 결과 얻은 연구 성과이다. 김영훈의 글은 이 책의 주제와 맞았기 때문에 저자의 동의를 얻어 수록하게 되었다. 여기에 실린 글들은 이미 학계에 발표하여 학술적 가치를 검증받은 것들이다. 이렇게 발표된 글들을 함께 묶어 책으로 만들게 되면서 개별 글에서는 보이지 않았던 하나의 뚜렷한 시각과 방법론이 보이게 된 것은 또 하나의 성과였다.

그동안 한국학에 대한 연구는 주로 내부의 자료, 내부의 시선에 의해 이루어졌다. 따라서 연구 자료는 대부분 내부의 시선에 의해 재단되고 해석되었다. 이러한 의미에서 여기에 실린 글들은 동일한 대상, 즉 한국의 근현대를 대상으로 하면서도 외부의 자료, 외부의 시선을 통해 우리를 해석했다는 점에서 연구의 시각을 한층 넓히는 역할을 했다고 할 수 있을 것이다. 특히 해석만이 난무하는 현재의 학문 풍토에서 자료에 입각한 치밀한 분석은 그 자체로서 자료 분석의 힘을 보여 줄 수 있는 소중한 것이라 생각된다.

이들 여섯 편의 글은 서로 다른 필자에 의해 작성된 조선과 한국에 대한 다양한 외국의 시선을 각각의 집필자의 관점에서 면밀히 검토함으로써 100여 년에 걸친 조선 한국에 대한 그들의 시선이 과거가 아닌 현재진행형으로 독자에게 읽힐 것을 집필자들은 간절히 원하고 있다.

2012년 11월
연구자들을 대표하여 송영빈 씀

차례

『점석재화보(點石齋畵報)』의 조선 재현 양상*

홍석표

Ⅰ. 머리말

『점석재화보(點石齋畵報)』는 청(淸) 광서(光緖) 10년인 1884년 5월 8일 상하이(上海)에서 『선바오(申報)』 부간(副刊)으로 창간되었다. 이 화보는 『선바오』의 발행인인 영국인 어네스트 메이저(Ernest Major)가 운영하던 석판인쇄 전문 출판사 점석재석인서국(點石齋石印書局)에서 순간(旬刊)으로 발행되었으며, 1898년 8월 초 정간될 때까지 528호가 나와 현재 4,647폭의 방대한 글-그림이 남아 있다.

중국 화보의 역사는 대체로 석판인쇄(1884년), 동판인쇄(1920년), 사진판인쇄(1930년) 시대로 나뉘는데, 『점석재화보』는 석판인쇄 시대의 시작을 알리는 중국 최초의 화보로서 주로 뉴스를 전문적으로 다루었다.[1] 1930년 황톈펑(黃天鵬)은 「50년 동안 화보의 변천」이라는 글에서 『점석

---

* 이 논문은 『중국어문학지』 제21집(2006년 8월)에 게재되었음.

1 『점석재화보』 이전에도 『寰瀛畵報』, 『小孩月報』, 『長圖新報』라는 화보가 있었지만, 이들은 모두 서양 화가가 그린 것이며 그 내용도 대부분 서양에 관한 것이다.

재화보』의 특징을 간략하게 설명했다. "이 화보의 내용을 보면, 글의 측면에서 요재지이(聊齋志異) 같은 데가 있지만 그래도 당시 신문의 사회 기사처럼 시대와 관계가 있었고, 회화 측면에서 그 정교함은 상찬할 만한 부분이 있다."[2] 황톈펑의 지적처럼 『점석재화보』는 '요재지이' 같은 기이하고 재미있는 이야기를 소재로 하고 있지만 대체로 시사와 관련이 많았으며, 그림은 매우 정교해 중국 회화사에서 높이 평가받고 있다.

『점석재화보』의 내용은 '시사(時事)', '새로운 지식(新知)', '기이한 이야기(奇聞)', '인과응보(果報)'로 나누어 볼 수 있는데,[3] 특히 시사풍속을 많이 다루고 있어 오늘날 근대 중국을 연구하는 데 매우 중요한 자료로 활용되고 있다. 19세기 말 중국의 특수한 역사적 조건에서 중서(中西)의 정치 · 군사 · 문화 · 민속상의 충돌 · 대치 · 융화를 담고 있으며, 또한 중국의 민간 질고 · 풍토 인정 · 관리 부패, 서양의 주요 사회 뉴스 · 과학 기술의 성과 · 생활 습속을 담고 있다고 평가된다. 이 화보는 근대 중국의 역사적 전환기에 발행되어 중국뿐만 아니라 외국의 시사풍속을 중국인의 시각으로 정교하게 그려 놓았는데 조선, 일본, 베트남 등 주변국의 정세나 풍속도 담고 있어 주목할 만하다.

『점석재화보』는 근대 중국의 사회와 문화를 이해하는 데 대단히 귀중한 자료일 뿐만 아니라 당시의 조선에 관한 내용도 포함하고 있어 조선의 상황을 이해하는 데도 도움이 된다.[4] 『점석재화보』는 글-그림으로

---

2 黃天鵬, 「五十年來畵報之變遷」, 『良友』 第四十九期(民國 19年 8月), 36쪽.

3 陳平原, 「導讀: 晩淸人眼中的西學東漸」, 『點石齋畵報選』(貴州敎育出版社, 2000), 29쪽 참조. 천핑위안(陳平原)에 따르면, 초기에는 '시사'와 '새로운 지식'의 소개가 비교적 많으나 후기로 갈수록 '인과응보'와 '기이한 이야기'에 관한 것이 많아진다고 한다.

4 한국 근대 신문의 효시라 할 『한성순보(漢城旬報)』가 1883년 10월 30일 창간되었으나 갑신정변의 실패로 1884년 12월 4일 14개월 만에 폐간되었고, 그 다음 민간 신문으로서 순한글로 발행된 『독립신문』이 1896년 4월 7일에 창간되었다가 1899년 12월 4일자로 폐간되었으니 『점석재화보』의 발행은 대체로 『한성순보』와 『독립신문』 사이에 이루어진 것이다.

구성되어 있으며, 그 중에서 조선에 관한 글-그림을 뽑아 분석하면 당시 중국인이 조선을 어떻게 인식해 재현하고 있는지를 확인할 수 있다. 조선에 관한 글-그림은 『점석재화보』가 창간된 1884년 그해 12월에 우요루(吳友如)가 그린 「조선에서 위조지폐를 단속하다(高麗錢禁)」가 처음이며, 1885년 2월 제31호 특집으로 「조선의 정변(朝鮮亂略)」이라는 제목으로 조선의 갑신정변(甲申政變)을 다룬 8폭의 화보가 두 번째이다. 그 뒤 조선의 정치 · 사회적 사건, 사회 · 문화적 풍속, 기이한 이야기 등을 내용으로 하는 화보가 종종 등장한다. 필자가 조사한 바에 따르면, 조선 관련 화보는 52폭이다. 『점석재화보』 전체 분량에서 차지하는 비중은 그리 크지 않지만 이들을 통해 단편적이나마 조선의 당시 사회 상황을 엿볼 수 있으며, 중국인의 조선 인식과 그 재현 양상을 확인할 수 있다.

『점석재화보』가 발행되던 1880~90년대 조선의 정치 상황은 풍전등화와 같은 국가 존망의 위기에 처해 있었다. 국내적으로는 척사 · 개화의 대립, 친청 · 친일 · 친러의 대립이 치열했고, 대외적으로는 외세의 침략이 본격화되어 청국, 일본, 러시아가 조선을 두고 각축을 벌이고 있었다. 『점석재화보』가 재현하고 있는 조선의 이미지는 이러한 특수한 역사적 조건을 반영하고 있다. 이 글에서는 『점석재화보』에 실린 조선 관련 화보를 골라내어 전체 윤곽을 살피고 그 특징을 분석해 당시 중국인의 조선 인식과 그 재현 양상을 검토하고자 한다.

『점석재화보』는 현재 초간본이 거의 없어진 상태여서 주로 중간본을 연구 자료로 사용하고 있다. 『점석재화보』의 판본은 여러 종이 나와 있으나 1983년 광둥인민출판사(廣東人民出版社)가 간행한 5함(函) 44집(集) 528호의 영인 선장본이 가장 중시되고 있다. 이것은 점석재석인서국이 1897년에 중간한 판본에 의거한 것인데, 결여나 누락이 없어 현재까지 중국 연구자들이 가장 많이 사용하고 있는 판본이다.[5] 그리고 2001년에는 상하이화보출판사(上海畵報出版社)에서 다커탕판(大可堂版) 『점석재화보』를 간행했는데, 이 판본은 전15책으로 되어 있으며, 인쇄가 훌륭하고 한 폭의 그림이 한 페이지에 인쇄되어 있어 보기에 편리하다. 필자는 주로 다커탕판 『점석재화보』를 일차 자료로 사용했음을 밝혀둔다.

Ⅱ. 『점석재화보』의 성격과 조선 관련 화보

『점석재화보』에 나오는 52폭의 조선 관련 화보는 수량 면에서 많지 않다. 이는 당시 중국인의 조선에 대한 관심이 상대적으로 적었음을 시사한다. 그렇지만 이 화보는 19세기 후반 청국, 일본, 러시아 사이에 조선을 둘러싼 주도권 다툼이 본격화되던 시기에 나왔으므로 어떤 식으로든 조선을 반영하지 않을 수 없었다.

『점석재화보』의 그림을 그린 화가는 도합 23명이며,[6] 이 중에서 조선 관련 그림을 그린 화가는 8명이다. 구체적으로 예거하면, 우자요(吳嘉猷, 요루友如, 8폭), 톈잉(田英, 쯔린子琳, 3폭), 장즈잉(張志瀛, 7폭), 진궤이(金桂, 찬샹蟾香, 16폭), 저우췐(周權, 무차오慕喬, 1폭), 푸제(符節, 건신艮心, 6폭), 마쯔밍(馬子明, 1폭), 허위안쥔(何元俊, 밍푸明甫, 10폭)

5 陳平原, 「導讀: 晩淸人眼中的西學東漸」, 『點石齋畵報選』(貴州敎育出版社, 2001), 73쪽 참조.

6 王爾敏, 「中國近代知識普及化傳播之圖說形式」, 『近代史硏究所集刊』 第十九期. 23명의 이름을 구체적으로 들면, 吳嘉猷(友如), 金桂(蟾香), 張志瀛, 周權(慕喬), 顧月洲, 賈醒卿, 田英(子琳), 吳貴(子美), 金鼎(鬴卿), 邱書孝, 何元俊(明甫), 馬子明, 符節(艮心), 李煥堯, 管劬安, 葛尊, 許壽山, 沈梅坡, 孫友之, 王釗, 張其, 張文秉, 朱儒賢(雲林)이다. 이 중에서 賈醒卿, 吳貴(子美), 金鼎(鬴卿), 邱書孝, 李煥堯, 管劬安, 葛尊, 許壽山, 沈梅坡, 孫友之, 王釗, 張其, 張文秉 등 13명의 이름은 가끔 등장한다.

이다. 전체 23명의 화가 중에서 13명은 가끔 등장하므로 『점석재화보』의 그림을 그린 주요 화가는 그 나머지 10명으로 제한된다. 조선 관련 화보의 그림을 그린 8명의 화가는 모두 이 10명의 주요 화가에 속한다. 그렇다면 조선 관련 화보는 『점석재화보』의 주요 화가들에 의해 그려진 셈이다.

조선 관련 화보는 대체로 정치 · 사회적 사건, 사회 · 문화적 풍속, 기이한 이야기를 그 내용으로 하고 있으며, 『점석재화보』가 창간된 해인 1884년부터 종간된 해인 1898년까지 단속적이지만 지속적으로 등장한다. 다커탕판 『점석재화보』에 의거해 기간별로 정리하면 다음과 같다.

〈1884년 5월~85년 4월〉

[조선에서 위조지폐를 단속하다(高麗錢禁)], 「조선의 정변(朝鮮亂略)」: [우정국에 연회를 베풀어 손님을 초대하고, 완고당이 방화하고 관원을 살상하다(郵政局肆筵速客 頑固黨放火戕官)], [거짓으로 호절(虎節)을 보내 왜병을 끌어들이고, 국왕을 독촉해 별궁으로 옮기다(假傳虎節召倭兵威逼鸞輿遷別院)], [간계에 속아 한국 조정에 충신의 피 뿌려지고, 난당(難黨)을 피해 관묘(關廟)에서 눈물 흘리다(中奸謀韓廷飛碧血 避難黨關廟泣青燐)], [구름같이 집결한 대장군의 군대는 의기충천하고, 조선 국왕은 온데간데없이 몸을 숨기다(雲屯霧沛大帥鷹揚 海闊天空藩王豹隱)], [분연히 창을 휘둘러 간신배의 머리를 베고, 나약한 군주는 청국 군대에 의탁하다(奮天戈奸臣授首 投華寨弱主潛身)], [군중의 분노에 인천으로 달아나고, 황제의 은혜로 일본인 처자들을 안전하게 제포로 보내 주다(犯衆怒避禍走仁川 普皇恩送孥歸濟浦)], [전보를 보내 보호를 요청하자, 사절을 파견해 위엄을 떨치다(電報飛傳求保衛 星軺移指壯聲威)], [시퍼렇게 해상에 군대를 주둔시켜 놓고, 성 안에서 조약을 체결하다(霜

鋋雪鋋海上觀兵 王敦珠絜城中立約)], 「후기(後記)」

〈1885년 4월~86년 4월〉

[왕비가 궁을 옮기다(王妃移宮)], [각기 기치를 내걸다(各樹一幟)], [조선의 과거시험(朝鮮科甲)], [사람을 해치는 기이한 쥐(異鼠傷人)], [대원군의 귀국(院君回國)], [이상한 얼굴 모습(殊不雅相)]

〈1886년 4월~87년 4월〉

[관기의 기둥서방(官妓之夫)], [언어불통(言語不通)], [풍년을 축하하며 풍악을 즐기다(民歌大有)], [기이한 물고기(魚異)], [거대한 쥐가 개와 싸우다(巨鼠鬪狗)]

〈1887년 4월~88년 3월〉

[조선 맹인회(朝鮮瞽會)], [거대한 물고기를 메어다 팔다(扛賣巨魚)], [필묵의 인연(翰墨因緣)], [외국의 인재 선발(海國選才)], [호랑이 머리에 뱀 꼬리를 한 물고기(虎頭蛇尾)]

〈1888년 3월~89년 3월〉

[신을 베개 삼아 버티며 상소하다(枕鞾納諫)], [필담을 나누다(以筆代舌)]

〈1889년 3월~90년 3월〉

[천연 퉁소 이야기(記天然籥)], [거대한 쥐 이야기(碩鼠誌異)]

〈1890년 3월~90년 12월〉

[조선 사신의 청국 여행(韓使淸游)], [목표물을 잘못 명중하다(誤中副車)]

〈1892년 2월~93년 1월〉

[중양절 활쏘기(重陽習射)], [새로 임명된 관리는 얼굴에 칠을 하다(新官塗臉)]

〈1894년 1월~95년 1월〉

[나라를 위해 간신배를 처단하다(爲國除奸)], [해상 승전보(海戰捷音)], [해적과 같은 일본군(形同海盜)], [어려움에 처한 왜병(倭兵無狀)], [파죽지세(破竹勢成)], [군령이 삼엄하다(軍令森嚴)], [대동강 전투1(大同江記戰一)], [대동강 전투2(大同江記戰二)]

〈1896년 1월~97년 1월〉

[군중의 분노는 막기 어렵다(衆怒難犯)], [왜놈을 불태우다(倭奴火化)], [러시아가 조선 정변을 돕다(俄援高亂)], [조선의 기이한 인물(高國妖人)], [불길한 조선(朝鮮妖孼)], [조선의 외로운 충신(鮮國孤忠)], [무녀의 액막이 굿(女巫跳神)], [자식 낳기를 바란 재미있는 이야기(望子奇聞)], [갇힌 숙부를 계략으로 구해내다(計脫叔囚)]

〈1897년 1월~98년 1월〉

[왕비가 영험을 드러내다(王妃顯靈)]

〈1898년 1월~98년 8월〉
[스님 입성 금지(禁僧入城)]

조선 관련 화보의 특징을 분석하기 위해서는 우선 『점석재화보』의 성격을 살펴보아야 한다. 『점석재화보』의 창간 취지는 화보의 발행인 어네스트 메이저가 존문각주인(尊聞閣主人)이라는 필명으로 제1호 첫머리에 쓴 「점석재화보연계(點石齋畫報緣啓)」에 잘 나타나 있다.

> 그림을 멋지게 잘 그리는 사람에게 신기하고 즐거운 사건을 골라 그것을 그리게 했다. 매월 세 차례 내고, 매번 8폭의 그림을 담는다. 뉴스 보기를 즐기는 이들은 그 사건을 고증할 수 있으며, 더욱이 차를 마시거나 술을 마신 뒤 펼쳐 감상한다면 감각적인 즐거움이 훨씬 더할 것이다.[7]

어네스트 메이저는 처음 상업적인 목적을 가지고 『점석재화보』를 발행했으므로 당연히 중국의 독자 대중을 고려해야만 했다. '신기하고 즐거운 사건(新奇可喜之事)'은 독자 대중의 흥미와 관련된 것인데, '신기하고 즐거운 사건'을 사실적으로 재현해 독자 대중에게 보여 줌으로써 재미있는 이야깃거리를 제공하고 또한 시각적인 즐거움도 주려는 것이었다. 제1호 화보의 발행에 즈음해 『선바오』에서도 「화보판매(畫報出售)」라는 제목으로 『점석재화보』의 발행을 광고했다. "본관(本館)은 새로 화보를 창간해 특별히 그림에 뛰어난 화가를 청해 뉴스 중에서 놀랍고도 즐거운 사건을 골라 그림으로 그리고 또한 사건의 개략적인 설

7 尊聞閣主人, 「點石齋畫報緣啓」: "倩精于繪事者, 擇新奇可喜之事, 摹而爲圖. 月出三次, 次凡八幀. 俾樂觀新聞者有以考證其事, 而茗余酒后, 展卷玩賞, 亦足以增色舞眉飛之樂."

명을 덧붙여 점석재(點石齋)에서 인쇄했다."[8] 이 광고에서도 '놀랍고도 즐거운 사건(可驚可喜之事)'이라는 말을 앞세웠는데, 『점석재화보』는 처음부터 일반 사건의 객관적인 보도에 치중하기보다 좀 더 흥미로운 사건이나 이야기를 다루어 독자 대중의 흥미를 유발하려는 의도를 가지고 있었던 것이다.

그렇다면 『점석재화보』에 실린 조선 관련 화보 역시 독자 대중의 흥미를 유발할 수 있는 내용으로 꾸며졌을 것이다. 다시 말하면, 조선에 관한 객관적인 뉴스 일반을 다루기보다 중국인 독자 대중에게 즐거움을 줄 수 있는 내용이 선택되고 그 즐거움을 극대화할 수 있는 방식으로 그림이 그려졌을 것이다. 『점석재화보』는 그 내용이 외국에 관한 것일수록 그러한 경향이 더욱 두드러진다. 이에 대해 1931년 루쉰(魯迅)은 다음과 같이 지적했다.

> 이 화보는 우요루(吳友如)가 책임지고 편집한 것이었는데, 신선 인물이나 국내외 뉴스 등 그리지 않는 것이 없었다. 그런데 외국 사정에 대해 그는 잘 알지 못했다. 예를 들면 군함을 그린다는 것이 상선을 그리고 갑판에다 야전포를 그려 놓았으며, 격투하는 것을 그린다는 것이 예복을 입은 두 군인이 객실에서 장도를 빼들고 서로 찌르며 그 바람에 꽃병이 떨어져 깨진 것까지 그려 놓았다. 그러나 '창기를 학대하는 기생어미', '협잡하는 건달' 따위의 그림은 아주 잘 그렸는데, 이는 그가 너무 많이 본 탓이라고 나는 생각한다. 지금도 상하이에서 우리는 그가 그린 것과 같은 얼굴들을 흔히 볼 수 있다. 당시 이 화보의 영향력은 대단히 컸다. 그것

8 申報館主人, 「畵報出售」, 『申報』 1884年 5月 8日; 陳平原, 「導讀: 晚淸人眼中的西學東漸」, 『點石齋畵報選』(貴州敎育出版社, 2000), 25쪽 재인용. 『點石齋畵報』 제4호의 광고란에 실려 있는 「代登畵報告白啓」에서도 "本齋印售畵報承海內諸君同聲許可購. 閱者踵趾相……醒目爲主"라고 했는데, 독자들의 '醒目'(문장이나 그림 등이 남의 눈을 끌다라는 뜻—인용자)에 주력했다.

은 각 성에 유포되어 '시무(時務)'—당시에 이 명칭은 지금의 이른바 '신학(新學)'과 같은 것이었음—를 알려는 사람들의 귀와 눈이라 할 만한 것이었다. 몇 년 전에 또 이것은 『우요루묵보(吳友如墨寶)』란 이름으로 번각되었는데, 훗날에 끼친 그 영향은 실로 대단했다.[9]

『점석재화보』는 우요루가 책임 편집을 맡았는데, 그는 장쑤성(江蘇省) 우현(吳縣) 출신으로서 상하이 도시와 관련된 내용은 매우 사실적으로 그릴 수 있었지만 외국과 관련된 내용은 사실적으로 그리는 데 한계가 있었다. 루쉰의 지적은 조선 관련 화보를 직접 겨냥한 것은 아니지만 조선 관련 화보에도 적용할 수 있을 것이다. 『점석재화보』의 화가들은 대부분 남방 출신이며, 이들은 조선의 '외국 사정'을 잘 알지 못했으므로 조선의 사건이나 상황을 사실적으로 표현하기 어려웠다. 루쉰은 『점석재화보』에 덧붙여 인쇄되었던 『만유수록도기(漫游隨錄圖記)』에 대해서도 "그림에 나오는 이역의 풍경은 모두 그린 사람이 억측해 만들어 낸 것으로 실제와 상당히 거리가 멀어 믿을 수 없다"[10]라고 했다. 『만유수록도기』는 청말 왕타오(王韜)가 서양과 일본 및 중국 국내를 유람하면서 명승고적과 풍토인정(風土人情)을 기록한 것을 장즈잉(張志瀛)이 그림으로 그린 것이다. 장즈잉은 『점석재화보』의 주요 화가이며 조선 관련 그림도 7폭이나 그렸다. 그렇다면 『점석재화보』에 실려 있는 조선 관련 화보 역시 실재의 객관적인 재현으로 보기 어려울 것이다. 우선 독자 대중의 흥미를 유발할 수 있는 내용이 채택된 후 상상으로 그려졌을 것으로 추정된다.

또한 보통 중국 그림은 서양 그림에 비해 객관적 묘사보다 화가의

9 魯迅, 「上海文藝之一別」, 『二心集』, 『魯迅全集(4)』, 292–293쪽.

10 魯迅, 「題『漫游隨錄圖記』殘本」, 『集外集拾遺補編』, 『魯迅全集(8)』, 371쪽.

주관적 묘사 —'사의(寫意)'—를 중시하는데, 중국 화가에 의해 그려진 조선 관련 화보에도 주관적 묘사가 끼어들지 않을 수 없었을 것이다. 존문각주인은 「점석재화보연계」에서 서양에서 유행한 화보가 중국에서는 유행하지 못한 이유를 서양 그림과 중국 그림의 차이에서 발견하고 이렇게 설명했다. "요약하면, 서양 그림은 꼭 닮음(肖)을 최상으로 여기고 중국 그림은 그럴듯함(工)을 귀하게 여긴다. 초(肖)는 진(眞)이요, 공(工)은 반드시 진(眞)일 필요는 없다. 반드시 진(眞)일 필요가 없다면 그 사건을 기술하는 데 어찌 모양 그대로를 취하겠는가?"[11] 어네스트 메이저는 서양 그림과 중국 그림의 차이를 분명하게 인식하고 중국인의 기호에 맞도록 중국인 화가들에게 그림을 그리게 했다. 전통적으로 중국 그림은 '진(眞)'보다 '공(工)'을 추구하므로 조선 관련 화보 역시 실재의 객관적 묘사라고 볼 수 없는 것이다. 물론 『점석재화보』가 그려지던 당시에 중국 상인들이 이미 조선에 많이 들어와 있었으므로 화가들은 그들을 통해 조선의 실제 상황을 파악할 수 있었을 것이다. 이는 조선 관련 화보가 실재를 반영한 객관적인 묘사도 있을 수 있음을 의미한다. 그렇지만 당시 중국 화가들이 서양 기법을 차용해 사실적인 묘사를 중시했다고는 하나 전통적인 그림을 배운 그들로서는 중국 그림의 특색을 지닐 수밖에 없었다. 화보의 화풍과 관련해 왕얼민(王爾敏)은 "점석재의 주인은 서양인 메이저이지만 화보에 실은 그림은 순전히 중국 전통 기교와 화풍이며, 다만 제재, 대상, 경물 및 표현 형식은 확대되어 새로움을 추구한 것이 적지 않은데, 시세에 대응하고 소식을 제시해야 했으므로 바뀌지 않을 수 없었다"라고 지적하고, "기본적으로 순전

11 尊聞閣主人, 「點石齋畫報緣啓」: "僕嘗揣知其故, 大抵泰西之畫不與中國同. ……要之, 西畫以能肖爲上, 中畫以能工爲貴. 肖者眞, 工者不必眞也. 旣不皆眞, 則記其事又胡取其有形乎哉?"

[도 1] 조선에서 위조지폐를 단속하다(高麗錢禁)

[도 2] 조선의 정변(朝鮮亂略): 거짓으로 호절(虎節)을 보내 왜병을 끌어들이고, 국왕을 독촉해 별궁으로 옮기다(假傳虎節召倭兵 威逼鑾輿遷別院)

히 중국 화풍이다"라고 평가했다.[12] 이러한 『점석재화보』의 그림의 특징을 생각할 때, 조선 관련 화보는 실재를 그대로 재현한 객관적인 묘사로 보기 어려운 것이다.

실제로 조선 관련 화보를 보면, 등장 인물은 상당히 사실적으로 표현

12 王爾敏, 「中國近代知識普及化傳播之圖說形式」, 『近代史研究所集刊』 第十九期.

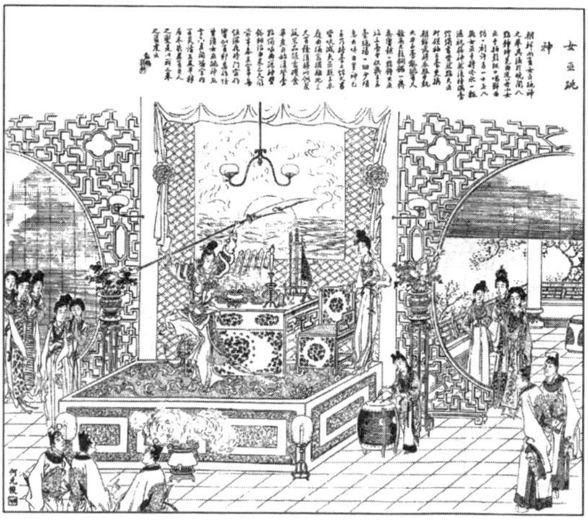

[도 3] 무녀의 액막이 굿(巫女跳神)

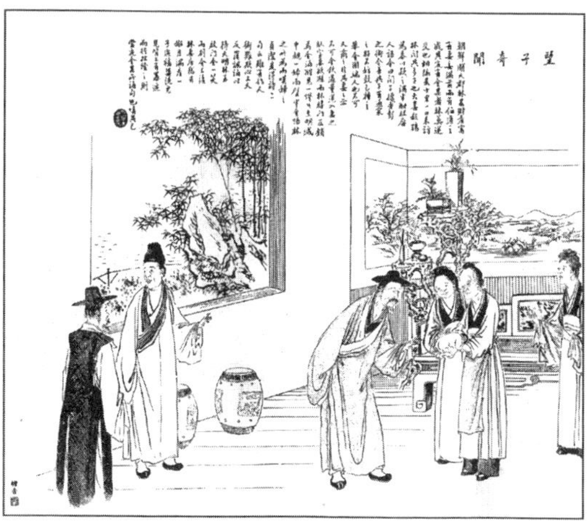

[도 4] 자식 낳기를 바란 재미있는 이야기(望子奇聞)

되어 있으나 배경으로서의 공간은 대부분 상상에 의해 그려진 것임을 쉽게 확인할 수 있다.

그림에서 보듯 등장 인물의 얼굴·복식 등은 조선적 특징을 가지고 있지만 가옥의 형태, 원형의 문, 실내 구조 등은 대체로 중국 남방 지역 그것의 특징을 보여 주고 있다([도 1], [도 2] 참조). 또 [무녀의 액막이 굿]에서 굿하는 조선의 무녀를 중국 전통 희곡(戲曲)에 나오는 도마

단(刀馬旦: 무예에 뛰어난 여자 역)의 형상으로 그려 놓았다([도 3]). 이는 화가들이 조선의 화보를 제작할 때 사진이나 실재 그림을 참조하지 않고 상상으로 그렸다는 것을 보여 준다. 『점석재화보』의 조선 관련 화보는 실재의 객관적 재현을 추구한 것이 아니라 화가가 글의 내용을 토대로 상상으로 그려 독자 대중에게 글의 내용을 효과적으로 전달하고 시각적 즐거움을 주기 위한 것이었다고 할 수 있다.

Ⅲ. 조선 관련 화보에 반영된 시각과 욕망

앞서 설명했듯이 『점석재화보』의 내용은 보통 '시사', '새로운 지식', '기이한 이야기', '인과응보' 네 영역으로 나눌 수 있지만, 조선 관련 화보는 그 기준에 따라 분류하기 어렵다. '새로운 지식'은 주로 서양의 새로운 기술과 기물(奇物)을 소개하는 내용을 의미하므로 그것을 조선 관련 화보에 적용하기는 어려울 것이다. 대체로 조선 관련 화보의 내용은 정치 · 사회적 사건, 사회 · 문화적 풍속, 기이한 이야기로 분류해 볼 수 있다.[13] 『점석재화보』의 조선 관련 화보는 정치 · 사회적 사건을 다룬 것이 가장 많고, 사회 · 문화적 풍속에 관한 것이 그 다음이고, 기이

13 다른 분류 방식으로 나눌 수도 있고 어떤 것은 중첩되기도 하지만, 대체로 다음과 같이 분류할 수 있다. 정치 · 사회적 사건 : [高麗錢禁], (「朝鮮亂略」), [郵政局肆筵速客 頑固黨放火戕官], [假傳虎節召倭兵 威逼鑾輿遷別院], [中奸謀韓廷飛碧血 避難黨闢廟泣青燐], [雲云霧沛大帥鷹揚 海闊天空藩王豹隱], [奮天戈奸臣授首 投華寨弱主潛身], [犯衆怒避(禍)走仁川 普皇恩送孥歸濟浦], [電報飛傳求保衛 星軺移指壯聲威], [霜鋋雪鋋海上觀兵 玉敦珠槃城中立約], (「後記」), [王妃移宮], [院君回國], [枕鞾納諫], [爲國除奸], [海戰捷音], [形同海盜], [倭兵無狀], [破竹勢成], [軍令森嚴], [大同江記戰一], [大同江記戰二], [倭奴火化], [俄援高亂], [鮮國孤忠]. 사회 · 문화적 풍속 : [各樹一幟], [朝鮮科甲], [官妓之夫], [言語不通], [民歌大有], [朝鮮簪會], [翰墨因緣], [海國選才], [以筆代舌], [韓使淸游], [誤中副車], [重陽習射], [新官塗臉], [衆怒難犯], [女巫跳神], [望子奇聞], [禁僧入城]. 기이한 이야기 : [異鼠傷人], [殊不雅相], [魚異], [巨鼠鬪狗], [扛賣巨魚], [虎頭蛇尾], [記天然簫], [碩鼠誌異], [高國妖人], [朝鮮妖孼], [計脫叔囚], [王妃顯靈].

한 이야기에 관한 것이 그 다음이다. 『점석재화보』가 시사(時事)를 중시했으므로 조선 관련 화보 역시 정치 · 사회적 사건을 가장 많이 다루고 있음은 이상할 것이 없다. 더욱이 『점석재화보』가 발행되던 시기에 청국이 일본 · 러시아와 조선을 두고 각축을 벌이고 있었으므로 중국인은 조선의 정치 · 사회적 사건에 관심이 많았을 것이다. 또한 정치 · 사회적 사건과 더불어 이웃 나라 조선의 사회 · 문화적 풍속과 그곳에서 발생한 기이한 이야기 역시 중국 독자 대중의 흥미를 유발하기에 충분했을 것이다.

그러면 정치 · 사회적 사건이든 사회 · 문화적 풍속이든 기이한 이야기이든 이들 내용이 선택되고 편집된 화보의 기본적인 시각은 어땠을까? 이를 검토하기 위해서는 우선 『점석재화보』가 발행되던 당시 청국과 조선의 특수한 정치적 관계를 살펴보아야 한다. 청국은 1882년 조선과 상민수륙무역장정(商民水陸貿易章程)이라는 이름으로 일종의 통상조약을 맺는다. 이 통상조약은 상국(上國)의 권위로써 청조(淸朝) 양국간의 종속 관계를 표시하고 일방적인 치외법권을 획득한 것 이외에도, 한성을 포함한 4개 처의 조선 내지(內地) 거주와 통상의 권리와 연안어업권(沿岸漁業權), 내지행상(內地行商)과 내지유력(內地遊歷)의 권리를 얻었을 뿐만 아니라, 특수한 관세율의 혜택을 받고 조선의 해상 방위를 담당할 수 있는 특수한 지위도 인정받았다. 이처럼 청국은 조선과의 관계에서 종속 관계를 명문화하고 불평등한 통상 관계를 맺음으로써 전통적인 책봉조공 관계에서 벗어나 가능한 모든 수단과 방법으로 모든 특권과 이익을 추구하는 제국주의적 성격으로 변질되어 가고 있었다.[14] 『점석재화보』는 바로 청국과 조선이 불평등한 정치 · 경제적 관계를 맺

14 김한규, 『韓中關係史 II』(마르케, 2002 1판 4쇄), 851-852쪽 참조.

게 된 이후에 발행되었으므로 이 화보 역시 그러한 정치 · 경제적 불평등 관계를 은연중에 반영하고 있다고 보아야 한다.

천핑위안(陳平原)은 그림을 어떻게 그릴 것인가는 우요루(吳友如) 등의 일이지만 무엇을 그릴 것인가 하는 것은 화보의 발간 취지에 따라 결정되는 것으로서 이것은 구체적인 화가가 독단할 수 있는 것이 아니었다 하고, 화보의 내용은 주로 『점석재화보』의 발행인인 어네스트 메이저에 의해 결정되었다는 논지를 폈다. 천핑위안은 『점석재화보』 창간호의 「점석재화보연계」에 나오는 "뉴스 보기를 즐기는 이들은 그 사건을 고증할 수 있을 것이며, 더욱이 차를 마시거나 술을 마신 뒤 펼쳐 감상한다면 감각적인 즐거움이 훨씬 더할 것이다"라는 언급에 우선 주목하고, 이어 이듬해에 나온 제31호 「조선의 정변」의 「후기」인 존문각주인의 발문에 주목했다. 천핑위안은 '연계'와 '발문'에 근거해 '감각적인 즐거움(色舞眉飛)'과 '대의명분(大義凜然)' 이 두 가지의 결합이 『점석재화보』의 기본적인 내용을 구성한다고 했다. 그래서 그는 '권선징악(懲惡揚善)'의 기치가 없다면 전통 사대부들의 동의를 얻을 수 없으며, '책을 펼쳐 감상할(展卷玩賞)' 즐거움이 없으면 광대한 독자들을 유인할 수 없다고 지적했다.[15]

천핑위안의 논지를 좀 더 꼼꼼히 따져보기 위해 존문각주인의 발문인 「후기」의 전체 내용을 살펴보자.

> 난신(亂臣)과 악인을 사람들이 잡아다 죽임은 『춘추』의 규율이다. 화보는 비록 소도(小道)이지만 재미있고도 놀랄 만한 사건이 두루 갖추어져 있으며, 후세에 전해질 만한 이야기도 담을 수 있고 경계로 삼을 만한 것

15 陳平原, 「導讀: 晩淸人眼中的西學東漸」, 『點石齋畫報選』(貴州教育出版社, 2000), 23-24쪽 참조.

도 수시로 채택할 수 있다. 이번에 홍영식, 김옥균 무리가 신하로서 임금을 범해 난을 일으켜 임금이 이 때문에 옮겨가고 신민이 재앙에 빠졌다. 다행히도 서둘러 난을 진압해 며칠 사이에 평정되었는데, 그렇지 않았다면 전쟁 소동이 삼국(三國)에 들이닥쳤을 것이니 그 재앙은 이루 말할 수 없었을 것이다. 그림으로 그리고 설명을 덧붙여서 그 주모자를 징벌하니, 비록 실록(實錄)으로 간주할 필요는 없지만 대략적인 내용이 모두 여기에 갖추어져 있다. 독자는 그 속뜻(意)을 이해하고 그 표면적인 말(詞)에 빠지지 말아야 될 것이다. 광서 11년 을유년 정월 존문각주인 발.[16]

이 글은 조선의 갑신정변의 사건 전개를 8폭의 화보로 표현하고 그 말미에 붙인 후기이다. 이 글에는 '존문각주인 발(尊聞閣主人跋)'이라는 서명이 있으나 내용을 자세히 읽어보면 존문각주인이 직접 썼다고 보기 어려운 몇 가지 사실을 발견할 수 있다. '『춘추』의 규율'을 언급한다든지, 화보를 '소도'로 간주한다든지, 삼국에 미칠 재앙을 언급한다든지 하는 부분에 이르면, 이를 서양인인 어네스트 메이저의 목소리로 간주하기에는 무언가 석연치 않다. 물론 발행인으로서 그의 생각이 반영될 수는 있었겠지만, 이 글의 문맥으로 보건대, 그가 직접 썼다고 보기는 어렵다. 발행인이 존문각주인이므로 아마 중국인이 쓴 내용에 그의 이름을 빌려 기록한 것으로 보는 것이 더욱 타당할 것이다.[17] 더군다나 조

16 "亂臣賊子, 人人得而誅之, 『春秋』之律也. 畵報雖小道, 而凡事之可喜可驚, 足以備遺聞, 而昭法戒者無不隨時采入. 此次洪英植金玉均輩, 以臣子而犯上作亂, 君上因而播遷, 臣民陷於水火. 幸而蒼蒼厭亂底定在數日間, 不則干戈擾攘瀉及三國, 其禍可勝言哉. 繪圖演說, 懲首惡也, 雖不必據以爲實錄, 而大略具備於是. 閱者會其意, 而勿泥其詞也可. 光緒十一年乙酉正月尊聞閣主人跋"(「後記」).

17 천하오원(陳鎬汶)은 「『點石齋畵報』探疑」라는 글에서 '『점석재화보』의 주편(主編)은 누구인가'라는 물음을 제기하고 처음에는 왕타오(王韜)가 맡았고 그 뒤 왕윈덩(王蘊登)이 맡았음을 고증하고 있다. 어쩌면 「조선의 정변(朝鮮亂略)」의 「후기(後記)」는 왕타오에 의해 씌어진 것인지도 모른다.

선의 갑신정변의 내용을 다룬 8폭의 「조선의 정변」은 청국의 시각을 적극적으로 반영하고 있어 이 화보의 후기를 어네스트 메이저가 직접 썼다고 보기는 더욱 어렵다. 그렇다면 존문각주인의 생각은 주로 '연계'에 반영되어 화보의 발간 취지를 밝히는 것으로 그치고, 그 이후는 주로 중국인의 시각이 적극적으로 개입되었을 것으로 판단된다. 더욱이 "주모자를 징벌한다"는 언급이나 "실록으로 간주할 필요는 없다"는 언급에서 보아 중국인의 시각을 적극적으로 표출한 것으로 볼 수 있다.

천핑위안은 존문각주인의 말에 근거해 독자 대중에게 '감각적 즐거움'을 줄 수 있는 오락적 기능과 사대부의 동의를 얻기 위해 '대의명분'을 앞세운 교육적 기능의 결합이 『점석재화보』의 기본적인 내용이라 했는데, 「후기」는 전통적인 군신 관계를 강조하고 있다는 점에서 조선의 사건을 타산지석으로 삼고자 하는 교육적 효과를 표현한 것으로 볼 수 있다. 실제로 『점석재화보』에는 [효행이 아름답다(孝烈可嘉)]의 경우처럼 효행 등 유가적 덕목을 강조하는 내용이 자주 등장한다([도 5]).

그렇지만 「조선의 정변」은 갑신정변을 청국의 입장에서 해석해 중국

[도 5] 효행이 아름답다(孝烈可嘉)

인에게 알리는 것이었으므로 그 '대의(大義)'라는 것도 일국 내의 군신 관계를 나타내는 '대의'로 보기 어렵다. 「조선의 정변」의 「후기」는 갑신정변의 예를 통해 조선 내 군신 관계 '대의'의 회복을 강조함으로써 중국 독자 대중의 교육적 효과를 기대하고 있는 것 같지만, 이것은 '표면적인 말(詞)'에 지나지 않는다. 갑신정변에 의해 순간 깨어진 중국과 조선의 군신 관계 '대의'의 회복이 그 '속뜻(意)'이다. 만일 천핑위안이 이 점을 알고 있으면서도 굳이 「조선의 정변」의 「후기」를 예로 들어 『점석재화보』의 '대의명분'을 설명했다면, 은연중에 화보의 시각을 드러내고 있는지도 모른다. 「조선의 정변」의 「후기」는 『점석재화보』의 조선 관련 화보의 내용을 규정하는 기본적인 시각을 담고 있는데, 이는 청국의 조선에 대한 정치적 입장을 분명히 나타내는 '대의'로서 중국의 일반 독자 대중의 흥미를 유발하기에 충분한 것이다. 그러기에 『점석재화보』가 강조하고 있는 '대의'는 사대부의 동의를 얻기 위한 것일 뿐만 아니라 일반 독자 대중의 교육과 흥미에 부합하기 위한 것이기도 하다.

또한 조선 관련 화보의 특징을 이해하기 위해서는 화가들의 신분도 검토할 필요가 있다. 『점석재화보』는 화가를 공개적으로 모집하기도 했는데, 창간해인 1884년 6월 『선바오』에서 「뛰어난 화가의 초빙(招請名手繪圖)」을 실어 화가들을 공개 모집했다. "본재(本齋)가 구한 기이한 서적(奇書)은 여러 종이 있지만 설명만 있고 그림이 없어 완전하다고 할 수 없으므로 그림에 정통한 사람을 특별히 초빙한다. 이전의 화보에 실린 크기대로 견본 그림을 그려 상하이 점석재장방(點石齋帳房)으로 부쳐 주고, 기용할 만하면 즉시 본재로 청해 직접 만나 상담할 것이다."[18]

---

18 "本齋所得奇書數種, 惟有說無圖, 似欠全美, 故特招聘精于繪事者, 卽照前報所登尺寸繪成樣張, 寄上海点石齋帳房, 一經合用, 當卽面請至本齋面洽"(王爾敏, 「中國近代知識普及化傳播之圖說形式」, 『近代史硏究所集刊』 第十九期 재인용).

이렇게 화가를 공개 모집할 수 있었던 것은 화가들이 상하이 주변으로부터 모여들어 상하이에 운집해 있었기 때문이다. 당시 중국에서는 사인(士人)이 급증해 직업을 가질 수 없었던 사인들이 상하이에 모여들었고,[19] 그 중 일부 사인은 그림을 팔아 생계를 유지했다.[20] 『점석재화보』의 화가들도 바로 상하이 주변에서 모여든 사인 범주에 드는 사람들이었다. 그렇다면 『점석재화보』의 화가들은 전통 지식인으로서 전통 의식을 가지고 있었을 것이며, 조선 관련 화보는 그들에 의해 편집된 만큼 중국 전통 지식인의 시각에 따라 내용이 결정되고 그림이 그려졌다고 할 수 있다. 게다가 독자 대중의 흥미를 유발하기 위한 방식으로 내용이 선택되고 그림이 그려졌으므로 조선 관련 화보는 전통 지식인과 독자 대중이 공동으로 만들어 낸 것이다.[21]

『점석재화보』는 한 화면에 글-그림이 함께 등장하는데, 화면 위쪽에 글이 배치되어 있고 그 아래에 그림이 그려져 있다. 화보의 제작과 관련해 글과 그림 중에 무엇이 먼저 이루어졌는가는 금방 판단하기 어렵

---

19 李長莉, 『晩淸上海社會的變遷—生活與倫理的近代化』(天津人民出版社, 2002), 158–159쪽 참조.

20 李長莉, 앞의 책, 164–166쪽 참조. 상하이에 모여든 이들 사인(士人)들의 직업을 보면, 첫째 현아(縣衙), 해관도서(海關道署), 해운국(海運局) 등의 관부기관(官府機關) 및 강남제조국(江南制造局) 등 관변 양무기관(官辦洋務機關)에서 문사(文事)의 일을 맡는 경우, 둘째 서양인이 경영하던 출판기구(出版機構), 보관(報館), 학당(學堂) 등의 문화사업 및 서양 각국의 상하이 주재 관서나 서양인의 양행(洋行)에서 초빙되어 문사 필무(文事筆務)를 담당한 경우, 셋째, 상민 가정의 사숙에서 그 자제들을 가르치는 경우, 넷째 상업이 발달함에 따라 직접 상업에 종사하는 경우, 다섯째 전통적으로 사인들에게 방문좌도(旁門左道)로 인식되었던 의술(醫術), 송사(訟事), 점복(占卜), 매자매화(賣字賣畫)로 생활하는 경우이다. 특히 일부 서화(書畫)에 뛰어난 문인들은 상하이에 몰려와 그 기술을 팔았는데, 상하이에 오랫동안 거주했던 한 문인은 1880년대 초 이곳 서화가들이 운집한 상황을 이렇게 기술했다. "각 성의 서화가들이 상하이에서 기술로써 소리를 내던 사람이 백여 명을 넘는다(各省書畫家以技鳴滬上者, 不下百餘人)."

21 당시 중국 화보의 독자는 일반 대중이었다. 「국재화보발간사(菊齋畫報發刊辭)」에 "화보(畫報)와 자보(字報)를 비교해 보면, 화보는 희극(戲劇)을 보는 것과 같고, 자보는 청서(聽書: 소설을 듣다)에 비교할 수 있다. 화보를 볼 경우, 글자를 몰라도 그림을 구입할 수 있으며, 자보를 볼 경우, 글자를 모르면 단지 몇 사람에 지나지 않을 것이다. 화보는 보아서 금방 알 수 있으므로 부녀자나 어린아이도 쉽게 이해할 수 있다"라는 설명이 나오는데, 화보의 독자는 광범한 일반 대중이었음을 알 수 있다. 黃天鵬, 「五十年來畫報之變遷」, 『良友』 第四十九期(民國 19年 8月), 36쪽 재인용.

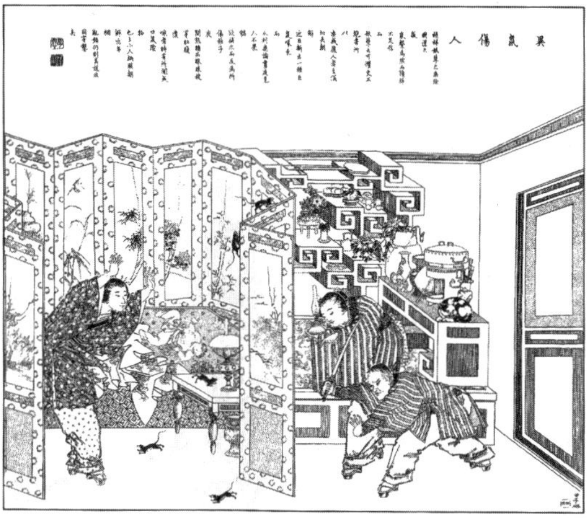

[도 6] 사람을 해치는 기이한 쥐(異鼠傷人)

지만 대체로 글이 먼저 선택되고 그것을 그림으로 옮긴 것으로 판단된다. 왜냐하면 글은 대개 사건의 내용 전달에 치중하고 있으나 그것을 그림으로 옮기면서 그림이 과장되어 표현되는 경우가 많기 때문이다.[22] 이는 글과 그림이 서로 어긋나고 있음을 시사하며, 조선 관련 화보에서도 이 점을 확인할 수 있다.

[사람을 해치는 기이한 쥐(異鼠傷人)]는 조선에 기이한 쥐가 출현해 사람을 해친다는 내용으로 독자 대중의 호기심을 자극하기 위한 '기이한 이야기' 범주에 든다. 또한 조선의 국운을 암시하는 상징적인 글-그림이기도 하다([도 6]).

이 화보의 글 내용은 이렇다. "길조와 흉조는 국운의 성쇠와 연관이 있다. 그런데 길조는 잘 믿지 않지만 흉조가 크면 두려워서 역사서에

22 민정기는 [格致遺骸](1888년)라는 제목의 화보를 분석했는데, 서양에서 인간의 시신을 처리해 기름 · 알칼리성 물질 · 비료 등을 얻는다는 내용을 그림으로 옮기면서, 여기저기 널려 있는 팔과 다리와 머리, 살점을 발려낸 인골의 모습을 그려놓아 문자 재현과 시가 재현 사이의 어긋남을 지적했다. 민정기, 「『點石齋畫報』(1884~1898)의 서양관에 관한 연구」, 『中國現代文學』 第35號, 261-262쪽 참조.

끊이지 않고 기록하는데, 그래서 후대 사람들에게 주는 교훈은 실로 심각하다. 조선에서 최근 주둥이가 길고 발톱이 날카로운 쥐가 새로 출현했다. 밤낮으로 사람을 보아도 두려워하지 않고, 고양이가 잡으려 해도 오히려 상처를 입히고, 아이가 밤에 깊이 잠들면 눈알을 쑤시고 배를 쪼는 경우도 있다. 누군가가 듣고서 쥐는 음물(陰物)이니 소인(小人)이 나라를 장악하고 있음을 예시한다고 말했다. 조선은 근년에 화란(禍亂)이 빈발하고 있으니 그 말은 견강부회가 아니다."[23] 음물인 쥐의 출현은 바로 조선의 화란을 상징한다. 기이한 쥐의 출현으로 조선의 화란을 상징하는 이 그림에서 등장 인물은 조선인의 형상이 아니라 일본인의 형상이다. 그림은 일본의 가정집을 그려 놓았으니 이는 글의 내용을 잘못 그린 것인가? 그렇지 않다. 이 그림은 글의 내용보다 훨씬 더 많은 정보를 전달해 주고 있다. 이 그림은 갑신정변이 일어난 다음 해인 1885년에 그려졌으며, 이 시기에 조선에는 이미 많은 일본 상인이 진출해 터를 잡고 있었다. 화가는 이 점에 착안해 기이한 쥐가 조선에 거주하는 일본인 가정에 출현한 것으로 묘사한 것이다. 이것은 두 가지 점을 암시한다. 첫째, 음물인 쥐의 출현은 그 나라의 화란과 관련이 있는데, 쥐가 조선에 거주하는 일본인 가정에 나타난 것으로 묘사함으로써 조선 화란의 근원이 일본에 있다는 것을 암시한다. 둘째, 글의 내용에서 보듯 쥐는 잠자는 아이의 눈을 쑤시고 배를 쪼는 피해를 가져오는데, 그 피해의 대상을 일본인으로 묘사함으로써 화가의 일본에 대한 증오심을 우회적으로 표현한 것이다. 이는 화가의 주관적 욕망이 그림에 강하게 반영되어 있음을 뜻한다.

---

23 [異鼠傷人] : "禎祥妖孽之無除 國運之盛衰繫焉 然而禎祥不足信, 而妖孽大, 可懼史不絕書 所以垂戒後人者至深切矣. 朝鮮近日新出一種鼠, 喙長而爪利, 無論晝夜, 見人不畏, 猫欲捕之而反爲所傷, 稚子夜間熟睡而眼珠被穿, 肚腹遭嗾者時有. 所聞或曰, 鼠陰物也, 主小人柄國. 朝鮮近年禍亂頻仍, 則其說非同穿鑿矣."

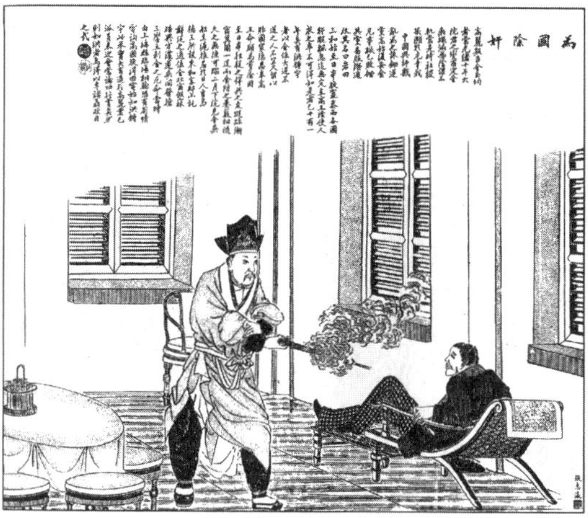

[도 7] 나라를 위해 간신배를 처단하다(爲國除奸)

또한 갑신정변 실패 후 일본에 망명했다가 11년 만에 홍종우(洪鍾宇)에 의해 상하이로 유인되어 살해된 김옥균(金玉均)의 피살사건을 다룬 [나라를 위해 간신배를 처단하다(爲國除奸)]에는 '주모자를 징벌'하려는 화가(중국인)의 욕망이 적극적으로 반영되어 있다([도 7]). 이 화보는 홍종우가 상하이의 모 호텔에서 김옥균을 살해하는 순간 장면을 묘사했는데, 그림에서 조선의 전통 사대부 복장을 한 홍종우와 근대 일본식 복장을 한 김옥균을 대비시킴으로써 '친일 매국노'라는 김옥균의 이미지를 크게 부각시키고 있다. 더욱이 홍종우를 크게 그리고 김옥균을 작게 그림으로써 '대역부도(大逆不道)'한 소인배 김옥균의 특징을 형상적으로 드러내어 화가의 욕망을 표현하고 있다.

따라서 『점석재화보』의 조선 관련 화보는 글 내용의 선택뿐만 아니라 글을 그림으로 옮기는 과정에서 화가의 욕망을 적극적으로 반영하고 있는 것이다. 더욱이 그림은 원칙적으로 화가의 욕망을 반영한 것이지만, 독자 대중을 만족시키려는 목적을 가진 화보이기에 화가는 독자 대중의 욕망도 함께 고려해 반영하고 있다고 보아야 한다.

Ⅳ. 조선 인식과 재현 양상

화가와 독자 대중의 욕망을 반영하고 있는 조선 관련 화보는 중국인의 '심리적 만족'을 강화시켜 주는 방식으로 글이 선택되고 그림이 그려졌다고 보아도 좋을 것이다. 이는 조선 관련 화보가 당시의 특수한 역사적 조건 속에서 중국인의 욕망을 적극적으로 반영해 조선을 재현하고 있음을 의미한다. 이제 조선 관련 화보의 내용을 통해 중국인의 조선 인식과 그 재현 양상을 몇 가지 측면에서 살펴보도록 하자.

1. 속방(屬邦) 조선의 이미지 강화

『점석재화보』는 조선의 정치 · 사회적 사건을 다룰 때, 대체로 사건을 보도하기에 앞서 청국을 종주국으로 조선을 속방(屬邦)으로 전제하고 있다. 갑신정변을 다룬 「조선의 정변」의 첫 번째 화보 [우정국에 연회를 베풀어 손님을 초대하고, 완고당이 방화하고 관원을 살상하다(郵政局肆筵速客 頑固黨放火戕官)]는 "우리 청조(淸朝)는 랴오닝(遼寧) 지역에서 일어나서, 조선은 으뜸가는 속방[附庸]이며, 그래서 300년 동안 한 집안의 부자지간으로 대해 왔다"라는 말로 시작한다. 이는 청국의 조선에 대한 지위를 명확히 함과 동시에 종주국의 입장에서 조선의 정치 · 사회적 사건을 다루고 해석하겠다는 의미로 받아들여진다. 갑신정변에 관한 화보는 제31호 특집으로 발행될 정도로 당시 중국인의 관심이 높았는데, 조선을 두고 일본과 주도권을 다투고 있던 청국으로서는 갑신정변이 매우 중요한 정치적 사건이었을 것이다. 비록 실패하긴 했지만 갑신정변은 종주국으로서 청국의 위상을 크게 손상시킨 사건이었으므로 중국인들은 이 사건을 계기로 조선에 대한 청국의 종주국으로서의

[도 8] 조선의 정변(朝鮮亂略): 우정국에 연회를 베풀어 손님을 초대하고, 완고당이 방화하고 관원을 살상하다(郵政局肆筵速客 頑固黨放火戕官)

위상을 강화하려는 욕망을 적극적으로 표출하게 되는 것이다([도 8]).

[대원군의 귀국(院君回國)]은 갑신정변이 일어난 이듬해 1885년 2월 조선통상사무전권위원으로 부임하는 위안스카이(袁世凱)와 함께, 1882년 임오군란 때 청국의 개입으로 청국으로 연행되어 바오딩(保定)에서 3년간 유폐 생활을 하던 대원군(大院君)이 귀국하는 장면을 묘사하고 있다([도 9]). 이 화보에서도 대원군의 귀국을 마치 청국이 속방에게 베푸는 시혜로 표현하고 있다. "고려 대원군 이하응(李昰應)이 바오딩에서 수년간 여거(旅居)하고 있었는데, 이번에 고려왕이 상소해 석방 귀국을 간청했다. 황상(皇上)은 효(孝)로써 천하를 다스려……, 즉 8월 하순에 문무관병을 파견 호송해 귀국케 했다. 나라에 도착하던 날 대원군의 풍채를 앙망하던 자가 수만에 이르렀고 환영의 소리가 우레와 같았으니 고려왕은 진실로 지성이 대단한 사람이다. 역시 우리나라의 도량이 넓음은 하늘에까지 미칠 정도이다."

청국과 조선의 관계를 종주국과 속방의 관계로 표현해 대원군의 귀국을 신하에 대한 임금의 시혜로 묘사하고 있다. 대원군의 호송 행렬인

[도 9] 대원군의 귀국(院君回國)

청국의 관료 · 군인과 이를 맞이하는 조선의 조정 신료들의 표정이나 자세가 크게 다르다. 조선의 조정 신료들은 대부분 고개를 숙이고 있으나 청국의 관료와 군인은 고개를 들고 있으며 그 중에는 무표정하게 조선의 조정 신료들을 구경하고 있기도 하다. 1882년 임오군란 발발 이후 그 책임을 물어 청국이 대원군을 강제 연행해 유폐시킨 사건의 진실을 은폐하고 오히려 청국이 속방인 조선에 큰 시혜를 베풀고 있다는 이미지를 구성해 종주국으로서의 위상을 강화하고 동시에 독자 대중의 '심리적 만족'을 더해 주고 있는 것이다. 이러한 속방 조선의 이미지를 강화하려는 욕망은 조선 관련 화보 곳곳에 편재한다.

2. 낙후하고 우매한 조선사회 이미지 재현

『점석재화보』에 묘사된 조선사회는 대체로 낙후하고 우매한 것으로 재현된다. 오랫동안 병란으로 고생하다 때마침 풍년이 들어 그 기쁨을 이기지 못하고 5, 6명이 모여 악기를 연주하고 한 사람이 춤을 추는 내용을 담은 [풍년을 축하하며 풍악을 즐기다(民歌大有)]처럼 조선 민간 풍속의 특징을 객관적으로 소개한 것도 있다. 또한 [조선에서 위조지폐를 단속하다(高麗錢禁)]에서처럼 조선에서 일어난 화폐 위조사건과 그 사건의 주모자 2명이 체포되어 처형되었다는 사실을 알리면서, 흰 종이로 얼굴을 가려 범인을 이송하는 장면을 그림으로 표현함으로써 체면을 중시하는 조선의 풍속을 언급하기도 한다.[24] 그렇지만 대체로 조선사회는 중국에 비해 낙후하고 우매한 것으로 표현된다.

[각기 기치를 내걸다(各樹一幟)]에서는 정월대보름 이후 두 마을 사이에서 벌어지는 싸움을 흥밋거리로 소개하고 있다. "큰 용기는 지혜로써 싸우고 작은 용기는 힘으로써 싸운다(大勇角知小勇角力)"라는 말을 서술한 뒤 이러한 싸움은 "어리석은 백성의 풍속(愚民之習俗)"이라 하여 조선사회를 문화적으로 열등한 것으로 재현하고 있다. [관기의 기둥서방(官妓之夫)]에서는 기생의 기둥서방이 외관을 화려하게 꾸며 자신을 자랑스럽게 여기는 태도를 소개함으로써 조선사회가 도덕적으로 낙후되어 있다는 점을 부각시키고 있다. "득의양양해 하고 태연스럽게 걸어다니며, 부끄럽게 여기지 않을 뿐만 아니라 오히려 영광스럽게 여기니, 부끄러워하는 마음이 우리 중국인보다 못한 것이리라"라는 표현에서 드러나듯 조선사회는 중국에 비해 도덕적으로 낙후되어 있는 것으로 재현된다.

어느 프랑스 병사가 조선을 여행하다가 말이 통하지 않아 겪게 된 재미있는 일화를 소개한 [언어불통(言語不通)]은 '견문이 좁아 세상일에 어두운(少見多怪)' 조선사회의 낙후성을 드러내고 있다. [거대한 쥐 이야기(碩鼠誌異)]에서는 조선의 경상도에 이리처럼 큰 쥐가 나타나자 중

24 조선에서 일어난 화폐 위조사건을 소개함으로써 중국 내의 화폐 위조에 대한 경각심을 불러일으키기 위한 계몽적 의도도 있었을 것으로 짐작된다.

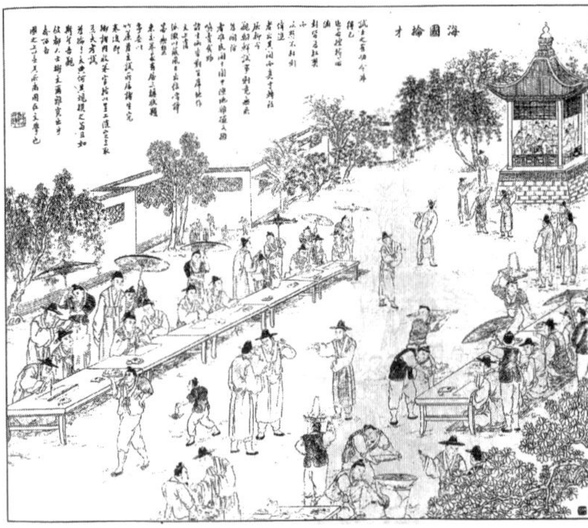

[도 10] 외국의 인재 선발(海國選才)

국 상인이 이를 보고 괴상하다고 여겨 권총으로 죽이려 했으나 그곳 '한인(韓人)'은 '나라의 신물(邦中之神)'이라 하여 극력 저지했다고 소개하고 '우매한(陋)' 관념이라 비평하고 있다. [조선의 과거시험(朝鮮科甲)]에서 "조선의 과거 제도는 중국과 차이가 없다"라고 하여 조선의 과거 제도가 중국의 그것과 유사함을 지적하기도 하지만, [외국의 인재 선발(海國選才)]에서는 엄격하지 않은 조선의 과거 시험장을 소개함으로써 무질서한 조선사회의 낙후성을 형상화하고 있다([도 10]).

이처럼 대체로 조선 관련 화보에서 재현되고 있는 조선사회는 중국에 비해 낙후하고 우매한 것으로 표현되며, 이는 당시 중국인의 조선 인식의 단면을 보여 준다.

3. 조선 사인문화(士人文化)의 특징과 중국 친연성 이미지 강화

『점석재화보』에서는 조선의 진사 조옥파(趙玉坡)와 관련된 화보가 세 번 등장한다. 1887년의 [필묵의 인연(翰墨因緣)], 1888년의 [필담을 나누다(以筆代舌)」, 1890년의 「조선 사신의 청국 여행(韓使淸游)」이 그것이다. 많지 않은 조선 관련 화보 가운데 조옥파에 관한 이야기가 세 번 나온다는 것은 특이한 일이다. 「필묵의 인연」은 "고려는 해외에서 문명이 있는 나라(海外文物之邦)이며, 그 사대부는 고상하고 문필[詞翰]이 무엇보다 훌륭하다"라고 하여 조선 사인문화의 품격을 높이 평가하고, 조옥파의 중국 방문에서 중국인과의 교류를 크게 부각시키고 있다. 「필담을 나누다」에서는 "조선 문자는 중국과 서로 같다"고 하여 조옥파가 중국 여행에서 중국인과 필담으로 대화를 나누는 장면을 소개하고 있다. 「조선 사신의 청국 여행」에서는 명대 관복을 입고 북방어음을 구사하며 학식이 넓고 서예에 조예가 깊은 조옥파를 소개하면서 '먼 나라의 시문에 뛰어난 선비(遠邦之風雅士)'로 높이 평가하고 있다.

조옥파는 윤치호(尹致昊)의 1886년 7월의 일기에 나오는 인물이다. 그 일기에 따르면 조옥파는 윤치호를 방문해 중국 여행 여비를 간청한 적이 있는데,[25] 조옥파는 중국 방문의 여비가 부족하자 윤치호로부터 도움을 받고자 한 것 같다. 조옥파에 관한 화보가 세 번이나 등장하는 것은 조선 사인(士人)의 문화 수준을 소개하기 위한 것이기도 하지만, 그 이면에 조선 사인문화의 중국 친연성(親緣性)을 강조하기 위한 것으로 판단된다.

조선 사인문화의 중국 친연성 이미지는 「중양절 활쏘기(重陽習射)」에서 두드러지게 표현된다. 여기서는 고대 중국 풍습의 하나였던 중양절 활쏘기가 중국에서는 이미 사라졌으나, 조선에서는 여전히 성행하고 있음을 소개하고 있다. 김창업(金昌業)의 『가재연행록(稼齋燕行錄)』에 나

---

25 『尹致昊日記 1卷』 卽祚二十二年, 開國紀元四百九十四年乙酉. "(晴, 愼, 三十一日) 是早, 趙氏來訪, 乞余請于 阿蓮 師, 借得其路費, 余以貽人之笑, 絕之, 惻其失路彷徨之狀, 又難絕其懇求之容, 且見似操守人, 故自忖與其使我國人窘乏於外, 見恥於人, 寧不若照我力助護, 故贈以三圓, 使其待有力還報, 孟子曰, 可以與, 可以不與, 與傷惠, 其余之謂歟."

와 있거니와 베이징(北京) 사행(使行) 때 청국 황제가 조선 비장(裨將)들의 활쏘기에 관심이 많았던[26] 것과 같은 맥락에서 중국인은 조선에 활쏘기 풍습이 남아 있는 데 대해 크게 관심을 가지고 있었던 것 같다. 이런 내용의 화보는 특히 갑신정변 이후 청일전쟁 발발까지의 기간 동안에 주로 등장한다는 것도 매우 시사적이다. 일본과 주도권을 다투고 있던 시기에 조선 사인의 문화 수준을 긍정하면서 그것의 중국 친연성을 강조하고 있는 것은 중국 독자 대중에게 조선의 관심을 지속적으로 환기시키기 위한 것으로 판단된다.

4. 조선의 위기 심화와 항일 적개심의 표출

조선 관련 화보 중에서 큰 쥐의 출현을 소개한 것은 세 폭이나 된다. 조선 내 일본인 가정에 출현한 큰 쥐를 소개한 [사람을 해치는 기이한 쥐(異鼠傷人)]가 첫 번째이고, 개가 큰 쥐를 물어 죽임으로써 그 집에 화재가 발생한 기이한 이야기를 소개한 [거대한 쥐가 개와 싸우다(巨鼠鬪狗)]가 두 번째이며, 중국 상인이 쥐를 죽이려 하자 한인(韓人)이 극력 말렸다는 이야기를 소개한 [거대한 쥐 이야기(碩鼠誌異)]가 세 번째이다. 앞서 언급했듯이 음물인 쥐의 출현은 조선사회의 운명을 암시하는데, 조선 관련 화보에서 쥐의 출현이 세 번이나 소개되고 있음은 그만큼 조선의 운명이 풍전등화와 같은 위기에 처해 있었음을 상징한다.

조선의 운명을 상징하는 것은 쥐의 출현만이 아니라 괴물의 출현도 포함된다. 충청도 목천군에 나타난, 소 울음을 내는 말머리에 호랑이 몸을 한(馬首虎身) 괴물의 출현을 소개하고 있는 [불길한 조선(朝鮮妖

26 정혜중, 「18세기 조선 선비의 북경 여행」, 『동아시아역사 속의 중국과 한국』(서해문집, 2005), 136쪽 참조.

[도 11] 불길한 조선(朝鮮妖孽)

孽)] 역시 기이한 이야기의 범주에 속하며 조선의 운명을 암시하고 있다. 고려의 왕(王)씨 왕이 몰락할 때도 괴물이 나타났음을 상기시킴으로써 조선의 운명이 다하고 있음을 직접적으로 표현하고 있기도 하다([도 11]).

1896년에 그려진 [무녀의 액막이 굿(女巫跳神)]에서는 굿이 진행되는 과정을 상세히 소개한 뒤, 지난해 봄에 있었던 사건, 즉 심야에 왕궁의 문창(門窓)이 우는 기이한 일이 발생해 무녀에게 굿을 행하게 했다는 내용을 소개하고 있다. 무녀가, 6월 무렵에 궁내(宮內)에 재앙이 일어나니 왕에게 얼른 거처를 옮기라고 아뢰었으나 그렇게 하지 않았으며, 결과적으로 '일본인의 변란(日人之變)'이 일어나 조선 사람들이 무녀를 더욱 신봉하게 되었다는 내용이다. '일본인의 변란'은 1895년 10월 8일에 일어난 민비 시해 사건을 가리키는데, 기이한 이야기와 조선의 운명을 상징적으로 연결시키고 있는 일례라고 할 수 있다([도 3]).

조선의 재앙을 일본과 연결시키고 일본에 대한 조선인의 저항을 집중적으로 표현하고 있는 것도 조선 관련 화보의 두드러진 특징 중의 하나이다. 조선인의 일본에 대한 저항을 표현하기 위해, [각기 기치를 내걸다(各樹一幟)]에서 이미 소개한 정월대보름 이후 두 마을 사이에서 벌어지는 싸움이 [군중의 분노는 막기 어렵다(衆怒難犯)]에서 한 번 더 묘사된다. 이 화보는 청일전쟁 이후 1896년에 그려졌는데, 마을 싸움에서 일본 순경이 개입하자 싸움을 벌이던 두 마을 사람이 합심해 오히려 일본 순경을 공격하고, 일본 순경을 몰아낸 뒤 다시 그 싸움을 지속한다는 내용이다. 당시 조선인의 일본에 대한 저항을 재미있는 사건을 통해 중국인들에게 소개하고 있는 것이다.

같은 해에 그려진 [왜놈을 불태우다(倭奴火化)]에서는 조선인의 일본에 대한 적개심이 더욱 강조되어 표현되어 있다([도 12]).

'왜놈(倭奴)'이 조선을 강점해 신법을 고쳐서 천노인원(天怒人怨)을 야기했으며, 동학당(東學黨) 사람들의 마음이 잦아들지 않고 충군애국(忠君愛國)의 정의가 더욱 격렬해져 일본 순경을 잡아 불태워 죽인다는 내용이다. 게다가 동학당 사람의 말을 인용해 일본이 조선에 화를 미쳤을 뿐 아니라 상국(上國)에까지 그것을 미치게 했으니 불태워 죽이는 처벌

[도 12] 왜놈을 불태우다(倭奴火化)

은 지나치지 않다고 설명하고 있다. “그 나라(일본을 가리킴—인용자)는 천리(天理)를 돌보지 않고 가벼이 전쟁을 일으켜 우리 고려 백성을 해치고 그 화(禍)를 상국에까지 미쳤다.” 당시 조선인의 일본에 대한 적개심을 충분히 묘사하고 있지만, 조선인의 적개심을 상국에 대한 예의와 연관시킴으로써 화가와 중국 독자 대중의 욕망을 동시에 반영하고 있는 것으로 판단된다.

사실 청일전쟁을 다룬 화보 중의 하나인 [군령이 삼엄하다(軍令森嚴)]에서는 만행을 저지르는 일본군과 대비되는, 엄격한 군율에 따라 통제되는 청국군을 소개하고 있다. “왜병이 조선에서 간음하고 총격하는 등 못 하는 짓이 없어 조선 백성들이 뼈에 사무치는 원한을 품고 있는데, 중국 구원병을 기다리는 것이 마치 설을 기다리는 것과 같다”라고 하여 일본군의 만행과 청국군의 지원을 학수고대하고 있는 조선인의 기대를 소개하고 있다. 또한 평양에 주둔하고 있던 청국 병사 두 명이 조선 백성의 물건을 훔친 데 대해 엄격한 군율에 따라 처형되는 장면을 그림으로 그려 청국군은 ‘절제된 병사(節制之師)’임을 과시하고 있다. 당시 청국군 역시 점령군의 형태로 조선에 들어왔으므로 화보의 내용처럼 그렇게 엄격한 군율에 따라 행동하지 않았다. 물론 일본군에 비해 상대적으로 절제된 행동을 취했을 가능성은 있다. 하지만 일본군의 만행을 적극 부각시키고 청국군의 엄격한 군율을 지나치게 강조함으로써 청국의 조선 개입의 정당성을 환기시키려는 중국인의 욕망이 반영되어 있는 것으로 판단된다.

이상에서 살펴본 바와 같이 『점석재화보』의 조선 관련 화보는 속방 조선의 이미지 강화, 조선사회의 낙후성과 우매함 표현, 조선 사인문화의 특징과 중국 친연성 강조, 조선의 위기 심화와 항일 적개심의 표출 등을 그 내용으로 하고 있다.

Ⅴ. 잠재된 욕망

『점석재화보』는 청국과 조선의 기존 질서 체계에 일본이 개입함으로써 조선을 둘러싸고 청국과 일본이 각축을 벌이던 시기에 발행되었으므로 당시 중국인의 조선에 대한 관심도 새롭게 형성된 국제정치적 관계 속에서 파생된 것이다. 그래서 화가와 독자 대중의 욕망이 동시에 반영되어 있는 『점석재화보』의 조선 관련 화보는 청국과 조선의 기존 질서 체계를 유지하려는, 조선에 대한 청국의 종주국으로서의 지위를 지속적으로 환기시키고 그것을 관철시키려는 중국인의 욕망을 담고 있다. 조선의 정치 · 사회적 사건은 항상 청국의 종주국으로서의 지위를 앞세우며 중국인의 시각을 적극적으로 개입시켜 해석한다. 조선사회의 낙후성과 우매함을 드러내고, 조선 사인문화의 중국 친연성을 부각시키며, 조선의 운명을 상징하는 기이한 이야기를 소개함으로써 청국의 조선 개입은 문화적 친연성의 측면에서, 문화적 시혜의 측면에서 정당한 것으로 환기시킨다. 더욱이 일본군의 조선에서의 만행과 조선인의 일본에 대한 저항을 적극 묘사함으로써 일본의 조선 침략의 부당성을 폭로하는 한편 은연중에 청국의 개입을 합리화하고 청국의 종주국 지위 상실에 따른 일본에 대한 증오심을 우회적으로 표현한다. 따라서 『점석재화보』의 조선 관련 화보는 조선에 관한 객관적인 사실을 소개 · 보도하는 데 치중하기보다 청국의 종주국 지위 관철이라는 맥락에서 중국인의 욕망을 재현하는 경향을 두드러지게 보여 주고 있다.

1904년 량치차오(梁啓超)는 「조선망국사략(朝鮮亡國史略)」을 발표해 조선이 망해 가는 과정을 서술했다. 그는 서두에서 "이제 삼천 년의 고국(古國)이 하루아침에 갑자기 멀리 가버리게 되었으니 그들과 친척 관계에 있는 자로서 최후를 장식하는 역사적 사실에 대해 기록하지 않을 수 있겠는가? 오호라! 이로써 슬픔을 생각하면, 슬픔을 알 수 있을 것이다."[27]라고 시작했다. 또 결미에서 "오호라, 삼천 년 동안 기자(箕子)에 대한 제사는 드디어 끊어졌도다. 끊어졌도다."[28]라는 말로 끝을 맺었다. 량치차오는 조선의 멸망을 통탄해 하고 있는데, 이웃 나라 조선의 멸망을 애도하며 타산지석으로 삼으려는 의도도 있지만 조선이 청국으로부터 떨어져 나간 전통 관계의 해체에 대한 아쉬움을 표출하고 있는 것이기도 하다. 량치차오의 아쉬움의 표출은 『점석재화보』의 조선 재현에 담긴 중국인의 욕망과 깊은 연관이 있으며, 이러한 욕망은 잠재된 형태로 남아 중국인의 무의식 속에 지속적으로 작용하고 있는 듯하다.

그동안 한국에서는 동아시아 담론이 크게 활성화되어 동아시아의 미래 공존과 안정을 구축하기 위한 이론적 모색을 진행해 왔다. 그런데 중국에서는 한국에서 논의되고 있는 동아시아 담론 등에 크게 주목하지 않는 것 같다. 1990년대 이후 중국 사상계에서 상당한 영향력을 행사했던 왕후이(汪暉)는 오히려 동아시아 담론을 부정적으로 이해하고 있는 듯하다. "동아시아 중심의 아시아관과 유교주의적 아시아관 사이의 복합 관계로는 아시아 대륙과 중국 범위 내부의 종교 · 민족 · 문화 · 제도의 다양성을 해석하기 힘들다."[29] "단일한 문화로 아시아를 설명하는 것은 그 어떠한 방식으로도 정당성을 부여받기 힘들다. 유교주의적 아시아관으로는 중국의 문화적 구성조차도 설명할 수 없으니, 설령 아시아 개념을 동아시아 개념으로 축소한다고 해도 동아시아 내부의 문화적 다원성 문제를 피할 방법이 없다. 여기에서 문제의 두 측면을 중점적으로 지적할 필요가 있다. 즉, 한편으로 문화적 다원성은 이

---

27 梁啓超, 「朝鮮亡國史略」, 『梁啓超文集(第三集)』(雲南教育出版社, 2001), 1729쪽.

28 梁啓超, 「朝鮮亡國史略」, 앞의 책, 1737쪽.

29 왕후이 지음, 이욱연 외 옮김, 『새로운 아시아를 상상한다』(창비, 2003), 206쪽.

제껏 아시아 내부의 교류와 연계에 방해가 되지 않았으며, 여러 문화 사이의 공존 · 융합 · 교류는 오히려 중국 역사와 아시아 역사의 가장 중요한 경험을 구성했다."[30] 그의 주장은 나름대로 타당성을 가진다. 다민족으로 구성되어 있고 정치적으로 민감한 위구르(新疆) · 티베트(西藏) 문제를 안고 있으며 문화적으로 다양한 아시아의 여러 나라와 국경을 맞대고 있는 오늘날 중국의 상황을 고려할 때, 전통 유교문화를 기반으로 한 · 중 · 일 삼국 중심으로 논의되는 동아시아 담론을 쉽게 받아들이기 어려울 것이다. 그런데 문제는 그가 과거 아시아의 역사적 경험을 "여러 문화의 공존 · 융합 · 교류"라는 말로 손쉽게 귀납해 지나치게 낙관적으로 묘사하고 있다는 데 있다.

예컨대, 왕후이는 과거 아시아의 조공 관계를 현재적으로 재해석할 필요성을 조심스럽게 제기한다. "조공 관계는 단순히 경제 관계가 아니며 상이한 문화와 신앙의 사회집단 사이에 형성된 예의와 정치 관계를 포함한 것이었다. 따라서 조공 관계의 다중적 의미를 한 걸음 더 나아가 해석하고, 아울러 이 속에서 그것이 현대 자본주의와 상호 중첩하거나 충돌하는 부분을 찾아내야 한다."[31] 왕후이는 과거 아시아의 조공 관계를 재해석함으로써 그것의 현재적 참조 가능성을 타진해 볼 수 있다는 것이다. 다시 말하면, 오늘날 신자유주의의 전 지구적 추세와 국가 정책에 대한 저항 담론을 구성하려는 아시아 상상을 위해 과거 아시아의 다원적 체제의 역사적 경험의 하나인 조공 관계를 재해석할 필요가 있다는 것이다. 물론 그는 아시아 상상의 가능한 방향의 하나를 제시하면서 "아시아 내부의 문화 공존적 제도 경험을 취해 민족국가 범위 내에서 그리고 아시아 지역 내부에서 상이한 문화, 종교 및 민족의 평등

30 왕후이, 앞의 책, 221쪽.
31 왕후이, 앞의 책, 206쪽.

을 구현할 수 있는 새로운 형태의 민주적 모델을 발전시켜야 한다"[32]라고 했다. 하지만 조공 관계를 '아시아 내부의 문화 공존적 제도 경험'의 하나로 재해석한다면 그것은 자칫 중국인의 잠재된 욕망을 불러일으킬 위험이 있다. 그는 과거 아시아의 역사적 경험을 지나치게 낙관적으로 바라보고 있기에 '예의와 정치 관계를 포함한' '조공 관계의 다중적 의미' 속에 숨겨진 중국인의 욕망이 그에게는 잘 포착되지 않는 것이다. 오늘날 아시아에서 근대 국민국가 체제가 성립된 이후 조공 관계 또는 종주국과 속방의 국제 관계는 분명 시효를 다한 것이지만 중국인들은 잠재된 형태로 그 욕망을 내면화하고 있으며 경우에 따라서는 표면화시키고 있다. 이러한 욕망이 오늘날 우리가 지속적으로 검토해야 할 대상이다.[33]

사실 중국인의 이러한 욕망은 한족과 그 이외의 민족을 엄격히 차별하는 전통적인 화이관(華夷觀)에 기초한다. 화이관은 한족이 지리적·문화적·정치적으로 여타 민족보다 우월하다는 주장으로 이루어져 있다. 일찍이 홍대용(洪大容)은 「의산문답(毉山問答)」에서 '허자(虛子)'와 '실옹(實翁)'의 문답을 통해 이러한 전통적인 화이관을 철저하게 부정한 바 있다. 그는 '실옹'의 입을 빌려 지구가 둥글고 회전한다는 학설에 근거해 천원지방설(天圓地方說)과 내외의 구분, 즉 중심과 변방을 구분하는 기존의 주자학적 질서 체계를 부정하는 관점을 명확히 제시했다. "하늘이 낳고 땅이 길러 무릇 혈기만 있으면 다 같은 사람이며, 그 중 우수한 인재로서 한 지역을 통치하는 자는 다 같은 임금이며, 관문을 튼튼히 하고 해자를 깊이 파서 자기 영토를 지키는 것은 다 같은 제

32 왕후이, 앞의 책, 222쪽.

33 물론 이러한 태도는 자칫 이데올로기화해 대립과 충돌을 야기할 수도 있지만, 그것은 중국에 대한 '공격'이라기보다 공식화되지 않고 내면화되어 있는 중국인의 잠재 의식을 지속적으로 '환기'시켜 주는 역할을 할 것이다.

후국이며, 장보(章甫: 은殷나라 때 쓰던 관冠)를 쓰거나 위모(委貌: 주周나라 때 쓰던 관)를 쓰거나 문신(文身: 동이東夷의 습속)을 하거나 조제(雕題, 이마에 단청을 새기는 남만南蠻의 습속)를 하거나 다 같은 습속이니, 하늘의 입장에서 보면 어찌 내외(內外)의 구분이 있으랴? 그러므로 각각 자기들끼리 친하고 자기 임금을 높이며 자기 나라를 지키고 자기 풍속을 편하게 생각하는 것은 화(華)와 이(夷)가 한가지이다."[34] 인종적 · 지리적 · 문화적 · 정치적 화이 평등을 주장한 홍대용의 관점은 전통적인 화이관의 차등주의적 세계관을 부정하는 것이었다. 이러한 홍대용의 관점은 오늘날 우리에게 많은 시사점을 던져 준다. 따라서 중국인의 잠재된 욕망을 비판적으로 검토하는 것과 더불어 우리 내부의 타성 또한 점검할 필요가 있다.

〈참고 문헌〉

大可堂版, 『點石齋畵報』 全15冊, 上海畵報出版社, 2001.

吳友如 主編, 『點石齋畵報』 上 · 下, 江蘇廣陵古籍刻印社.

黃天鵬, 「五十年來畵報之變遷」, 『良友』 第四十九期(民國 19年 8月).

王爾敏, 「中國近代知識普及化傳播之圖說形式」, 『近代史研究所集刊』 第十九期.

魯迅, 「上海文藝之一別」, 『魯迅全集(4)』, 人民文學出版社, 1981.

_____, 「題『漫游隨錄圖記』殘本」, 『魯迅全集(8)』, 人民文學出版社, 1981.

梁啓超, 「朝鮮亡國史略」, 『梁啓超文集(第三集)』, 雲南教育出版社, 2001.

---

34 洪大容, 「毉山問答」. "天之所生, 地之所養, 凡有血氣, 均是人也. 出類拔華, 制治一方, 均是君王也. 重門深濠, 謹守封疆, 均是邦國也. 章甫委貌, 文身雕題, 均是習俗也. 自天視之, 豈有內外之分哉. 是以各親其人, 各尊其君, 各守其國, 各安其俗, 華夷一也." 民族文化推進會 編, 『韓國文集叢刊 248 · 湛軒書 · 靑城集』(民族文化推進會, 2000), 99쪽.

陳平原, 「導讀: 晚清人眼中的西學東漸」, 『點石齋畫報選』, 貴州教育出版社, 2000.

李長莉, 『晚淸上海社會的變遷－生活與倫理的近代化』, 天津人民出版社, 2002.

張鳴 · 袁賀 編著, 『土眼洋事之萬國聊齋』, 中國大百科全書出版社, 2005.

_____, 『土眼洋事之總理衙門』, 中國大百科全書出版社, 2005.

_____, 『土眼洋事之華洋衆生』, 中國大百科全書出版社, 2005.

尹致昊, 『尹致昊日記 1卷』 創祚二十二年, 開國紀元四百九十四年乙酉.

洪大容, 「毉山問答」, 民族文化推進會 編, 『韓國文集叢刊 248 · 湛軒書 · 青城集』, 民族文化推進會, 2000.

洪大容 지음, 千寬宇 옮김, 『湛軒書』(韓國思想大全 34), 良友堂, 1994.

김한규, 『韓中關係史 Ⅱ』, 마르케, 2002.

민정기, 「『點石齋畫報』(1884～1898)의 서양관에 관한 연구」, 『中國現代文學』 第35號, 2005.

정혜중, 「18세기 조선 선비의 북경 여행」, 『동아시아역사 속의 중국과 한국』, 서해문집, 2005.

왕후이 지음, 이욱연 외 옮김, 『새로운 아시아를 상상한다』, 창비, 2003.

항일운동 시기 중국인의 눈에 비친 '조선의 어머니' 형상*

- 양한셩(陽翰笙)의 역사극 『무궁화의 노래(槿花之歌)』를 중심으로 -

김영미

Ⅰ. 중국 작가 양한셩과 조선의 만남

조선은 끝났지만 '조선'이라는 기표(signifiant)는 아마도 1945년 해방되기 이전까지 지속적으로 쓰였던 것 같다. 그것은 청대(淸代)가 끝나고 1950(49)년에 중화인민공화국이 수립되기 이전까지 청대의 문화가 사람들에게 향유되고 관습이 완전히 전변되지 않았던 상황과 같다고 할 수 있다. 더구나 중국과 조선은 일본과 달리 1900년대를 열면서 전혀 새로운 시기로 돌입하게 된다. 일본은 이미 세상이 돌아가는 이치를 먼저 깨달았고, 나머지 인근 국가들은 자신들에게 익숙하지 않았던 법적 장치에 휘말리고 말았다.[1] 그것은 일제 치하라고 하는 상황이 되었

* 이 논문은 『세계문학비교연구』 제16집(2006년 9월)에 게재되었음.

1 조선은 1876년 한일 수호조규 체결로 일본과의 불평등 계약이 성립되었는데, 이것은 조선이 근대적 외교 지식이나 경험을 갖지 못했던 약점을 이용한 것이었다(한철호, 「개항기 일본의 치외법권 적용 논리와 한국의 대응」, 『한국사학보』 제21호, 2005년 11월, 195-201쪽). 또한 일본은 청일전쟁의 패배로 체결된 시모노세키조약(1895)을 통해 청나라를 국제적으로 반식민지 상태로 몰아넣었으며, 1905년 러일 강화조약, 포츠머스조약에 따라 요동반도 남단의 조차권을 넘겨받게 된다(이군호, 「일본의 중국 및 만주 침략과 남만주철도」, 『평화연구』 제12권 1호, 2003/2004년 겨울, 152, 157

고, 1945년 해방이 되기까지 두 나라는 같은 운명에 처한 사연을 함께 고민해야 할 처지에 놓여 있었다. 따라서 중국과 한국의 많은 지식인은 각자의 독립을 위해 많은 고심을 작품으로 쏟아놓았다. 또한 그러한 작품 활동을 벌이는 가운데 지역적으로 혹은 정신적으로 빈번한 접촉이 있었고, 서로 공감하는 부분들은 작가들에게 소재화되기에 충분했다.[2]

양한셩(陽翰笙, 1902-1993)은 이러한 일제와 중국이 신경전을 벌이는 시기, 중국에서 두드러진 항일운동을 한 극작가이다. 그는 본래 국민혁명군의 정식 북벌전쟁에 가담한 군인이었고, 1928년 창조사(創造社)에 참가하면서 문학 활동을 시작했다. 이 당시 그는 소설 작가로 출발했고, 1930년에 중국좌익작가연맹(中國左翼作家聯盟)을 발기 조직하는 데 적극 참여했다. 그리고 1932년부터 적극적으로 희극 창작을 하게 되었다.[3] 그는 문학가이기 이전에 전사였고 또 열렬한 공산당원이었다. 1935년 말부터 중국 공산당은 '항일'을 민족 통일 전선 정책으로 선택하게 되고, 그는 당시 공산 진영의 문예계 대부인 저우언라이(周恩來)의 결정에 따라 문예계에 항일조직대를 구성하며[4] 항일에 관련된 작품을 쓰게 되었던 것이다. 그가 특별히 항일과 관련해 '희극'이라는 장르를 선택한 것은 그것이 항일을 위한 '투쟁 무기'[5]가 될 것이라고 판단했기 때

쪽). 이로써 일본은 서구 열강에 의해 자행되었던 불평등 조약의 폐혜를 인근 국가에 그대로 적용시키게 된다.

2 한인(韓人) 제재 작품은 박재우에 의해 연구된 바 있다(「中國現代 韓人題材小說 試探」, 『中國研究』 18권, 한국외국어대학교 중국문제연구소, 1996). 박재우는 1917년부터 1949년까지 한인(韓人)을 반영하고 있는 작품을 다루면서, 이 시기에 양한셩의 『무궁화의 노래(槿花之歌)』를 제외한 모든 한인 제재 작품들이 소설에 집중되어 있다고 밝히고 있다.

3 陳然, 「陽翰笙: 荷戟前行的戰士」, 『福建黨史月刊』, 2003年 3期, 14쪽.

4 그는 1938년에 중화전국희극계항적협회(中華全國戲劇界抗敵協會: 일명 '문협(文協)'를 조직하고 궈머러(곽말약, 郭沫若)와 함께 국민당 기구의 하나인 '제삼청(第三廳)'으로 들어가 합법적 지위를 이용해 비밀리에 공산당 활동을 했다. 1940년에 '문화공작위원회(文化工作委員會)'라는 학술 기구를 세웠고, 다시 1941년에는 '중국민주혁명동맹(中國民主革命同盟)'을 만들어 여전히 항일을 했다(徐志福, 「第二次國共合作中的陽翰笙」, 『文史雜紙』, 2002年 5期, 61-62쪽).

5 韓日新, 「三, 四十年代郭沫若, 陽翰笙, 阿英史劇比較」, 『藝術百家』, 1993年 2期, 4쪽.

문이다. 희극을 돌파구로 삼을 것을 제의한 것은 원래 저우언라이였으며,[6] 그것은 공산당 내부의 문예 정책 중 가장 중요한 것으로, 공산당원인 양한성이 '희극'이라는 장르를 선택한 것은 정치 전략적 차원에서 중요성을 띤 것이었다. 그는 총 8편의 극을 썼는데, 중공 성립 이후에 쓴 『삼인행(三人行)』(1957년 탈고)을 빼고 나머지 7편의 작품이 모두 이 시기에 이루어졌다. 이러한 사실[7]은 그가 무엇보다 희극이라는 장르를 항일의 무기로 선택했음을 극명하게 보여 주는 것이라고 할 수 있다.

사실 그가 항일을 기치로 활동한 시기는 전체 중국의 항일 문단계로 봤을 때는 2기에 해당되었다.[8] 1기 항일 문예계는 전시(戰時)라는 상황에서 인쇄가 용이하지 않았기 때문에 긴 문학 작품이나 완정된 수사여구를 갖춘 장르보다는 소규모 형식의 간단한 보고문과 같은 선동적인 어구들로 이루어진 전시 문학 작품의 형태로 가가호호 찾아가 메시지를 전달하는 방식을 채용했다. 이후 2기에 들어서면 이러한 문학적으로 초보적인 상연 방식은 상업적인 대규모 극단으로 전변(轉變)된다. 물론 여기에는 국민당 정부의 검시 검열을 피하기 위한 그들만의 교묘한 술책이 작용했다고 판단할 수 있겠으나,[9] 전체적으로 봤을 때 문학적으로 이미 항일에 대한 소재와 장르가 상당 부분 발전해 있는 상태였고, 공

---

6 凌受勛, 「在歷史和現實的交匯點拓展–論陽翰笙的歷史劇創作」, 『四川戲劇』, 2005年 1期, 24쪽.

7 해당 작품은 다음과 같다.
1. 『李秀成之死』(1937) 2. 『塞上風雲』(1937) 3. 『前夜』(1938) 4. 『天國春秋』(1941) 5. 『草莽英雄』(1942) 6. 『兩面人』(1943) 7. 『槿花之歌』(1945)(탈고 날짜 기준, 曹健戎, 「抗日戰爭時期陽翰笙活動記略」, 『重慶師範大學學報』, 1984年 2期 참고).

8 중일전쟁 기간을 1937년에서 1945년까지 잡을 때, 1941년 완남(皖南) 사건을 계기로 항일문학 이전과 이후로 나눌 수 있다. 1941년 이전 시기가 소형의 민중적 작품 창작 위주였다면 그 이후는 안정된 상태의 문학 형태를 수행했다(김상원, 「抗戰時期 解放區 文藝運動 小考」, 『중국문학연구』 제12집, 1984년, 256–257쪽).

9 서지복(徐志福)은 이 시기 역사극의 직접적 원인을 국민당부의 검열이 심한 데에서 찾고 있다. 그는 정치적 탄압이 심할수록 이전의 것을 빌려 오늘을 풍자(借古喻今)하는 방법만이 작가들에게 가장 적합한 형태였다고 한다(徐志福, 「郭沫若, 陽翰笙歷史劇創作思想比析」, 『西華大學學報』, 2005年 3期, 18쪽).

간적으로는 상하이(上海)보다는 좀 더 그 피해가 적게 미치는 중칭(重慶)에 있기 때문이기도 했다. 즉, 안정된 공간에서 좀 더 완전한 형태로서 발돋움할 수 있었던 시기였던 것이다. 따라서 이 당시에는 양한성 이외에 궈머러(郭沫若)라든가 아잉(阿英)과 같은 작가들도 활발하게 극 창작 활동을 하면서 그들의 영역을 확고히 하고 있었고, 그 중 그들이 쓰고 공연해 낸 대형극의 양은 전체 창작의 31%를 차지했다.[10] 또한 이들의 대형극을 특별히 '대형 역사극'이라고 일컬었는데, 여기서 '대형'이라는 것은 극의 규모가 그렇다는 것이고 뒤의 '역사극'라는 부분은 극의 소재에 대한 것이다. 이들의 역사적 소재는 시공간을 초월해 멀리는 주대(周代)에서 가까이로는 청말(清末)에 이르기까지 다양했다. 그리고 양한성은 그러한 중국의 역사를 소재로 한 역사극 가운데 유일하게 '조선의 3 · 1 독립운동'을 역사극의 선상에 올려놓았다. 일부 학자의 경우 그의 7대 역사극 가운데 『무궁화의 노래(槿花之歌)』를 빼는 경우[11]도 있는데, 이때 그들의 기준은 조선의 독립이 과연 '옛것(古)'에 해당되는가라는 것이었다. 위에서도 밝혔듯이 그가 희극이라는 장르를 통해 민중에게 '항일'이라는 메시지를 전달하고자 했다면, 그리고 그의 메시지 전파의 방식이 역사극이었다면 이 문제는 바로 그러한 맥락에서 파악되어야 하는 것이다. 그가 역사극을 쓴 주요한 이유는 일반 역사극과 같이 '옛것을 빌려 지금을 다시 돌아보자'라는 사상 고취의 측면이었다. 그렇다면 '옛것'에 해당하는 것이 비단 시간적인 문제만은 아니게 되는

---

10 徐志福, 「郭沫若,陽翰,歷史劇創作思想比析」, 앞의 글, 18쪽.
역사극 작가로는 이들 이외에 어우양위치엔(歐陽予倩)과 위링(于伶) 등도 있다(凌受勛, 「在歷史和現實的交匯點拓展–論陽翰笙的歷史劇創作」, 『四川戲劇』, 2005年 1期, 24쪽).

11 윤종화(尹從華)의 경우 『양한성선집(陽翰笙選集)』 제2권에서 『무궁화의 노래(槿花之歌)』를 수록하고 있지 않은 것을 들어 그의 7부작에 이 대신 『삼인행(三人行)』을 넣고 있다(尹從華, 「陽翰笙歷史劇的現實主義特色」, 『重慶師範大學學報』, 1985年 3期, 61쪽). 하지만 본문에서 밝혔듯이 『삼인행』은 해방 이후의 작품이므로 그의 7대 역사극에 여전히 『무궁화의 노래』를 넣는 것이 옳을 것이다.

것이다. 그것은 지금 상황을 직접 그릴 수 없는, 그러나 가히 지금의 상황과 비슷한 처지에 있는 '다른 시간 속에 있는 다른 공간'의 이야기인 것이다. 따라서 그에게 '조선'은 이러한 지금의 상황에 대한 시금석이 될 수 있는 소재의 문제로서 접근된 것이다. 즉, 조선은 충분히 양한성의 극작품을 쓴 목적인 '항일'에 부합하는 것으로서 자리하게 되는 것이다.

특히 양한성의 작품 경향과 조선을 소재로 한 『무궁화의 노래(槿花之歌)』를 같이 생각해 본다면 그의 역사극 가운데 위치하는 정도는 매우 크다 할 것이다. 왜냐하면 그는 궈머러의 시(詩)적인 성분이 강한 낭만주의적 리얼리즘과 달리 현실 묘사에 매우 충실한 리얼리즘의 대가였기 때문이다. 『무궁화의 노래(槿花之歌)』는 작가가 '제목에 붙임(題記)'에서 밝혔듯이 그가 북벌군으로 창장(長江) 중부 전투에 참가하면서 알게 된 그의 부하이자 전우인 이씨 성을 가진 조선인의 애절한 망국기를 바탕으로 쓴 르포(reportage) 형식의 작품이다. 작가는 그를 통해 한국의 '3 · 1 독립운동'에 대한 개인사를 알게 되었고, 나아가 이 청년의 애절한 사연이 비단 한 개인의 슬픔이 아닌 '조선의 뜻있는 지식인(朝鮮志士)'이라면 누구나 지니고 있을 법한 보편적인 일이라는 점에서 이 작품을 착안했다.[12] 하지만 그는 그 청년을 중심으로 한 개인사를 써내지 않고 특별히 '조선의 어머니'에 포커스를 두고 이 극을 진행했다. 그것은 크게는 그의 창작 원칙인 '사건 속에 있는 인물을 써내는(因事寫人)' 수법[13]에 맞는 방법이었다. 전체적으로 그는 『무궁화의 노래(槿花之

12 『무궁화의 노래(槿花之歌)』는 1944년 8월 20일에 탈고했고, '제목에 붙임(題記)'은 1945년 2월 16일에 썼다(3월 3일자 『신화일보(新華日報)』에 실렸다). 이 작품은 원래 중칭(重慶) 황하서국(黃河書局)의 『황문문총(黃河文叢)』으로 1925년 2월 초에 발행되었으나(曹健戎, 「抗日戰爭時期陽翰笙活動記略」, 『重慶師範大學學報』, 1984年 2期, 17쪽), 이 연구는 『양한성극작집(陽翰笙劇作集)』(下卷, 北京: 中國戱劇出版社, 1982年 1次 印刷版)을 참고해 분석했다.

13 徐志福, 「郭沫若, 陽翰笙, 歷史劇創作思想比析」, 앞의 글, 19쪽.

歌)』라는 작품을 3 · 1운동이라는 사건 속에 두었고, 그것을 이끌고 있는 민중으로서 '어머니'를 선택했던 것이다. 즉, 양한셩에게 '3 · 1운동'이라는 거대한 사건의 핵심 인물은 조선의 청년이 아닌 '조선의 어머니'로 보였던 것이다. 이러한 인물 선택은 리얼리즘에 바탕을 둔 작가의 사건을 해석하는 능력이었다. 그리고 그러한 인물에 의해 그려진 사건은 결국 조선을 객관적으로 바라보는 자료로서의 성격을 가지게 했다.

Ⅱ. 작품 분석

1. 어머니의 위치

이 작품은 최씨 집안의 이야기 속에 나머지 인물들이 각 가족 구성원과 관계를 맺으며 구성된다. 우선 최씨 가족을 보게 되면 최씨의 어머니와 셋째아들 근광(槿光), 넷째아들 근휘(槿輝) 세 사람으로 구성되어 있다. 원래는 최씨 가족의 구성원이지만 극중에는 등장하지 않는 아버지와 첫째, 둘째 형은 모두 조선의 독립을 위해 희생된 가족들로 묘사된다. 이들은 한 가족이지만 이야기 밖에 위치하며 무대 위 등장 인물들의 유실(遺失) 관계로서 짝을 이룬다. 그리고 그러한 유실 관계는 '조선의 독립운동'에 의해 발생된다.[14] 최씨 가족과 직접적 관련을 맺는 사람은 박운옥(朴韻玉)과 이난수(李蘭秀)이다. 이 두 여자는 모두 아들

14 이 사실은 제2막의 법능과 윤중도의 입을 통해 확인된다. 여기서 윤중도는 그녀의 남편이 서거한 지 7년이 지났다고 했으니, 1919년을 기준으로 계산하면 1차 독립운동이란 1911년의 독립사건을 말한다. 일제는 1911년 소위 '데라우치총독암살음모사건(寺內總督暗殺陰謀事件)'을 조작해 독립운동을 전개할 가능성이 있는 신민회를 중심으로 한 민족간부극 애국인사 800여 명을 체포하고 그 중 105인에게 실형을 가해 투옥했다(신용하, 「3 · 1독립운동의 역사적 동인과 내인 · 외인론의 제문제」, 『한국학보』, 1990, 32쪽).

들과 관련된다. 박운옥은 셋째아들 부인이다. 그리고 이난수는 넷째아들의 애인이다. 이들은 아들의 여자들이면서 동시에 어머니와 관련되기도 한다. 왜냐하면 이 두 여자는 자신의 짝인 남성들이 조선의 독립운동으로 말미암아 서로가 떨어져 있는 동안 어머니에게 정신적 의지를 하기 때문이다. 박운옥은 남편이 만주로 떠난 후 어머니에게 전적으로 의지해 살게 되고 이난수는 같이 감옥에 갇혀서 어머니의 뜻을 받들게 된다. 즉, 이들의 관계는 아들의 짝으로서 설정이 되지만 결국 '어머니' 아래로 귀속되는 것이다. 또 전혀 상관이 없어 보이는 두 패가 등장한다. 하나는 아들들과 더 상관성이 있어 보이는 김남진(金南鎭)이라는 독립투사와 종교계 인사인 법능(法能) 스님, 윤중도(尹重道) 목사이다. 또 하나는 경찰과 안대수(安大嫂), 조삼수(趙三嫂)라는 시골 아낙들이다. 이들의 비중은 그다지 커 보이지 않지만 '어머니'의 성분을 파악하게 하는 데 결정적인 역할을 해준다. 즉, 첫 번째 패인 김남진과 종교계 인사들은 어머니의 독립운동을 직접적으로 보조하는 인물이다. 우선 김남진은 셋째아들 혹은 넷째아들과 직접 상관이 있으면서 어머니에게 공식적으로 바깥 소식을 알려 주는 공식 통로의 역할을 한다. 극중에서 그는 혁명투사이며 '뉴스 전언자'로서 역할을 한다. 또한 법능 스님과 윤중도 목사는 비폭력 시위를 같이 주도하는 3·1운동의 세 종교 세력의 대표들로 선정되어 서로가 시위의 주도자로서 협력 관계를 형성한다. 따라서 이들은 어머니의 동료나 마찬가지이다. 다음은 경찰과 안대수, 조삼수가 있다. 경찰은 지속적으로 보이지 않는 감시를 하다가 어머니의 권고로 일본 경찰복을 벗고 시위에 참가하게 된다. 두 아낙은 어머니의 천도교라는 종교적 집단 안의 자매[15]로서 시위에 참가

15 천도교 내에는 '내성단(內誠團)'이라고 하는 여성단체가 있어 종교적 측면뿐 아니라 남녀 평등을 내용으로 하는 강좌를 개최했으며, 전국적 조직망으로 여성을 두고 있었다(전경옥 등, 『한국여성정

하는 인물로 등장한다. 이들은 어머니의 독립운동의 실제 행위를 돕는 역할을 한다. 결국 두 패가 어머니와 협력 관계를 이루게 되는 것이다.

따라서 이것을 표로 그려 보면 다음과 같다.

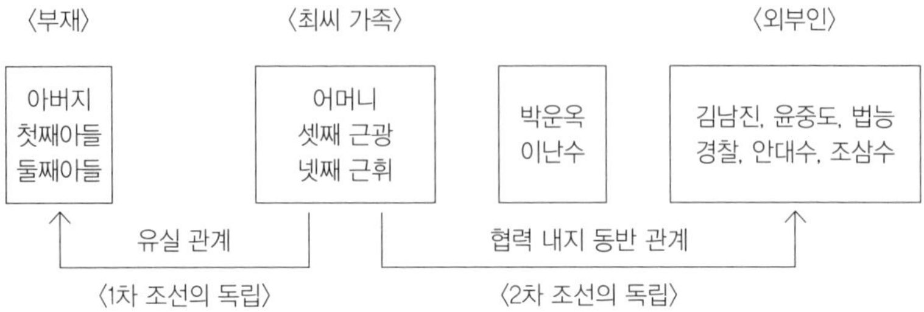

위의 표에서 보는 것과 같이 가족을 중심으로 유실 관계와 협력 관계가 나뉜다. 그리고 그러한 관계의 원인으로 '조선의 독립'이 있다. '어머니'는 바로 이러한 조선 독립의 중심에 서 있다.

다시 어머니가 이 서사의 중점이라는 것은 매 극에서 이야기를 이끌 단서들을 제공한다는 것으로도 알 수 있다. 즉, 1막에서는 "내 방금 바깥에서 여러 사람이 말하는 걸 듣고 왔다. 요즘 총독부에서 또 여러 가지 법령을 발포했다더구나!(我剛才在外邊聽到許多人對我說, 最近總督府又新頒發了許多法令呢)"라고 하여 지금 바깥에 총독부 법령과 관련해 앞으로 무언가 사건이 일어날 가능성이 있다는 전초적인 분위기를 깔고 있다. 이어 아들은 바로 그러한 포위망에 걸려든다.

치사회사』, 서울: 숙명여자대학교 아시아여성연구소, 2004, 268-269쪽). 하지만 이 단체는 1919년 3·1운동이 발발하기 이전에는 미약한 집단적 성격을 가지고 있었으며, 이 시기에는 찬양회가 활약하고 있었다. 명명이 어찌되었든 천도교의 여성운동에서 중요한 것은 그것이 단체 조직을 통해서 진전되었다는 것이며, 포교 활동을 위해 『개벽』(1920) 『부인』(1921) 등의 잡지를 발행했다는 것을 지적할 수 있다(이원호, 「천도교에 있어서 여성에 대한 사회교육적 기능」, 『종교교육학연구』 제4권, 한국종교교육학회, 1997, 144-146쪽).

김남진: (빨리 말을 받아치며) 총독부 말씀이시군요! 최근에 우리를 옥죄는 것이 더 심해졌죠.……

최근광: (크게 놀라며) 뭐라구, 언제 그런 일이 있었어?

김남진: 어제.

최근광: 어디서 잘못된 거야?

김남진: 함경북도 대로변에서.

최근광: 모두 몇 명이나 잡혀갔대?

김남진: 듣자하니 다섯 명이래.

최근광: 어디로 잡아갔지?

김남진: 듣자하니 오늘 오후에 벌써 서울로 압송해서 왔다고 하더라구.

최근광: (놀라 다급하게) 아이참 큰일났네! 그 사람들 어떻게 그렇게 조심성이 없는 거야?

박운옥: (놀라 묻는다) 이게 당신하고 관련 있는 거예요?

최근광: (하는 수 없이 시인하며) 응, 그 사람들이 이번에 나와 직접 관련되어 있어, 만일……

김남진: (걱정스럽게) 맞아, 만일 무슨 문건이라도 적에게 발각되거나 어떠한 루트라도 발각이 된다거나 아니면 어떤 사람이 고문을 참을 수 없어서 결국은 입을 다 열게 되는 날이면…… 그러면…… 그러면 완전히 복잡해지지! (1막)[16]

---

16 金南鎭 : (忙接過去) 您說的是總督府呵! 最近可把我們壓得更緊更凶了呀! ／ …… ／ 崔槿光 : (大驚) 哦, 是什麼時候的事?／ 金南鎭 : 昨天! ／ 崔槿光 : 在什麼地方出的毛病?／ 金南鎭 : 在鹹鏡北道的大路上. ／ 崔槿光 : 一共抓去了幾個人? ／ 金南鎭 : 聽說是五個／崔槿光 : 關在什麼地方? ／ 金南鎭 : 聽說今天下午已經押到京城裏來了. ／ 崔槿光 : (驚急)哎呀, 糟糕! 他們怎麼這樣的不小心呢! ／ 樸韻玉 : (驚問) 這可跟你有關系嗎? ／ 崔槿光 : (只好承認) 唔, 他們這次都跟我有直接聯絡的。萬一…… ／ 金南鎭 : (擔憂地) 對啦, 萬一有什麼文件被敵人抄著, 有什麼線索被敵人盯著, 或者有什麼人受不了嚴刑拷打, 竟把你一口咬了出來 那……那倒真有麻煩!

법령이 엄해지면서 지하 독립운동을 하던 셋째아들은 결국 어머니 곁을 떠나 만주로 가게 된다. 그리고 2막에서는 다른 사건을 맞이하게 된다.

> 최씨 부인: (우려 섞인 목소리로) 내가 일러 줄 게 있다. 내 어젯밤에 꿈속에서 근광이를 봤느니라.[17]

이러한 꿈은 현실로 나타난다. 근광은 창바이산(長白山)에서 한바탕 전쟁을 치렀지만 그 이후 그가 이끄는 부대의 소식을 알 수 없다는 사실을 김남진이 들려 준다. 그리고 이 막의 마지막에 가서 최씨 부인은 "'망한 나라의 국왕'이 서거하신 거야, '망한 나라의 국왕'이 이 세상을 떠나셨어, 우리 조선의 군주마저 이렇게 몹쓸 수에 걸려들었으니 우리 같은 일반 백성들이야 닭이나 양 한 마리처럼 마음대로 아무 때나 그들의 희생 재물이 되겠구나!(這就是"亡國之君"的下場! "亡國之君"的下場! 連我們朝鮮的君主都遭到了這樣的毒手, 像我們老百姓, 不跟一只雞, 一只羊一樣, 隨時也都可以聽人家來宰殺的麽!)"라고 하여 앞으로 벌어질 엄청난 일들에 대한 상황을 예고하고 있다. 그것은 곧 많은 수의 조선 민중이 일제에 의해 함부로 유린당할 무력한 상황에 돌입했음을 말하는 것이다. 따라서 3막이 되면 어머니는 '밝은 빛'이라는 은유적 표현으로 막을 열면서 2막의 불안한 분위기에 긍정적인 힘이 작용할 것임을 예고한다.

> [바깥에 마침 장화 소리가 울린다]

---

17 崔老太太 : (憂感地) 告訴你, 我昨晚做了一個夢我夢著了槿光啦!

박운옥: (놀라 손가락으로 가리키며) 들어보세요! 사람의 발자국 소리잖아요!

최씨 부인: (귀 기울여 들으며 약간 불안하여) 흥, 정말 생각지도 못했구나. 날이 이제 막 밝았으니 저런 것들은 사라질 게야.[18]

결국 이 막에서 이 이야기의 하이라이트, 즉 진짜 '빛'과 같은 사건인 3 · 1 독립운동 시위 장면이 벌어지고 어머니는 시위에 참가하게 된다. 그리고 4막에서 어머니는 그 행동의 결과 감옥에 갇혀 있게 된다. 하지만 여기에서 어머니는 군중을 이끄는 종교계 지도자와 같은 맥락으로 앞장서 있다.

[강렬한 불빛은 남녀 감옥의 죄수들을 일사불란히 비추고 그들은 의연히 매우 엄숙하게 주기도문과 기도문을 외우며 모두가 강철처럼 꼼짝도 않고 그들 마음속의 분노와 원한을 표시한다!]

[잠시 후에 주기도문과 주문이 그치고 남녀 감옥의 죄수들은 갑자기 죄수복을 벗어서 땅바닥에 집어던지고 윤중도와 최씨 부인의 인도 하에 연연히 일제히 감옥문 쪽으로 다가간다][19] (4막 지문)

어머니는 이렇게 밖에서 벌어질 일, 희생양, 빛 등과 같은 은유적 표현을 쓰다가 결국 실질적인 행동을 보여 주게 되는 것이다. 따라서 결말 역시 어머니의 독립에 대한 의지를 강력히 드러내고 마무리를 하고

---

18 [室外, 正在響著靴聲] ／ 樸韻玉：(驚指) 您聽哪! 這就是他的腳步聲! ／ 崔老太太：(傾聽 有點不安)哼 真沒想到, 天才剛亮, 這些家夥卻又來光顧了!

19 〔強烈的燈光, 卻射不亂男女獄室中的囚犯, 他們還是依然很嚴肅地做著禱告, 念著咒語, 一個個都象在用鐵一般的鎮定, 來表示他們心中的憤恨!〕/〔過了一會 禱告和心告都完畢了, 男女獄室中的囚犯們忽然把囚衣脫下來丟擲在地上, 在尹重道和崔老太太的帶領下, 宛如上陣一般一齊走近獄門邊去了.〕

있다.

최근광: (경의를 표하며 감동하면서) 네 어머님! 다음 기회에 다시 어머님과 가족들을 보겠습니다.

최씨 부인: (고통을 참을 수 없지만) 좋다, 내가 너를 보고 있겠다, 운옥이도 나와 같이 너를 기다릴 거다. (격려하며) 다음번에 다시 우리를 보러 올 때는 우리의 조국이 이미 광복이 되었으면 좋겠구나, 그리고 그때는 다시는 우리를 떠나지 않아도 되었으면 좋겠구나.

최근광: 반드시 그렇게 될 거예요, 제가 다음번엔 다시는 가족을 떠나지 않게 될 거예요.

최씨 부인: 아 하늘이 진짜 맑구나! 어서 가보아라 어서![20] (5막)

여기서도 어머니는 '하늘이 맑다'는 표현을 하고 있다. 이것은 3막에서의 '밝은 빛'과 같은 앞으로의 긍정적인 해결을 뜻하는 것이다. 결국 작가는 어머니의 입을 빌려 개인적으로 접할 수 있는 사건과 선택들을 표현하고 '빛' 혹은 '맑은 날씨' 등과 같은 상징적인 단어로써 독립에 대한 확고한 긍정적 의지를 보여 준 것이라고 할 수 있다. 이것은 전면적으로 나서지 않는 어머니의 독립에 대한 의지를 나타내고 있는 매우 모호한 배치라고 할 수 있다. 어머니는 공식적인 독립투사로서의 루트를 가지지 않았기 때문에 정확한 언사를 쓸 수 없다. 항상 빗대어진 말로 그의 뜻을 표명해야 하는 음적인 존재로 그려지는 것이다.

그렇다면 어머니를 이 서사의 중심 인물로 정한 양한성의 생각을 정

20 崔槿光：(敬領, 感動地)啊, 媽媽! 下次有機會我再來看你老人家吧! ／ 崔老太太：(忍著痛走) 好, 我望著你, 韻玉也會跟我一樣的望著你, (激勵地) 不過你下次再來看我的時候, 我希望我們祖國已經光複, 你回來以後可也不會再離開我們的了! ／ 崔槿光：那一定的, 我下次來再也不會離開你們的了! 崔老太太：啊, 天真快亮了呢! 你快去吧! 快去吧!

리해 봐야 한다. 왜 조선의 독립을 그리면서 어머니를 서사의 중심적 인물로 선택했을까? 그것은 다음의 세 가지 면에서 고찰이 가능하다. 우선 '양한셩이 3 · 1 독립운동을 어떻게 바라보았는가' 하는 문제에서 접근 가능하다. 그는 3 · 1 독립운동을 민족주의의 경향에서 분석했다. 양한셩은 민족주의자이기 이전에 공산당원이었지만 당시의 공산당의 입장은 '항일로써 민중을 사로잡아야' 한다는 것이기 때문에 그러한 당의 방침대로 '항일'이라는 민족주의 노선을 내세웠다. 국내 학자들 사이에는 3 · 1운동의 성격을 무엇으로 볼 것인가에 대해 대개 두 가지 방향으로 나뉜다고 할 수 있다. 한 가지는 '상층부에 의한 것'이라고 보는 견해이고 또 한 가지는 '민중 자발적인 운동'이라는 것이다. 그것이 상층부 일부의 운동이었다고 보는 견해를 가진 연구자들은 3 · 1 독립선언서를 낭독한 33명 대표에 초점을 맞춘다. 따라서 그들은 이날의 시위가 종교계 지도자와 엘리트 계층인 학생들에 의해 이루어진 엘리트 집단 운동이라고 본다. 반면 3 · 1운동을 민중 자발적이라고 보는 견해를 가진 연구자들은 3월 1일 독립운동 이후에도 지속된 전국에서 이루어졌던 산발성의 모임에 주목해 3 · 1운동이 전국적인 조직망을 가졌으며 이것은 충분히 소수의 엘리트 운동이 아닌 대규모 민중운동이라고 볼 수 있는 근거를 제공한다고 본다.[21] 중국 작가인 양한셩은 이러한 시각 가운데 후자의 경우인 3 · 1운동이 민중의 힘으로 조직된 민중의 시위라고

21 가령 안병직은 3 · 1운동의 지도자가 교사 및 학생을 주로 하는 지식 계층 유력자 및 각종 선언문 등이었다고 본다(안병직, 「3 · 1운동에 참가한 사회계층과 그 사상」, 『역사학보』, 역사학회, 1970, 33쪽). 그는 노동자와 농민이 가장 큰 혁명적 역량이 되긴 했으나 결코 노동자와 농민에 의한 운동이 아니었으며(위의 글, 40쪽), 결국 부르주아 민족운동이라고 볼 수 있다고 한다(위의 글, 51쪽). 특히 그는 여기서 권력욕이 강한 천도교의 손병희(孫秉熙)를 공격함으로써 천도교에 의한 조직력을 거부하고 있다. 하지만 민중조직의 힘으로 3 · 1운동을 간파하고 있는 이현희의 경우는 민중의 산발적 모임 자체가 천도교의 조직력과 긴밀히 연결되어 있음을 강조하면서(이현희, 『한국근대여성개화사』, 경기도: 한국학술정보(주), 2003, 2쇄, 238쪽) 3 · 1운동이 민중과 연결되어 있다고 밝히고 있다.

판단했다. 말하자면 그는 3·1운동이라는 사건 속에 엘리트 계층이 아닌 '민중'을 선택해야 한다는 역사적 시각을 가지고 있었던 것이다.

다시 양한성이 그러한 사건 가운데 있는 민중을 찾아내기 위해 어떠한 구체적인 사건들과 연관시켰는가를 알아보아야 할 것이다. 그는 일찍이 중국의 태평천국의 난을 매우 이상적인 민중의 난으로 보았다. 그리고 태평천국의 농민 반란적 성격이 3·1운동의 어느 것과 맞닿아 있을 거라고 판단했다. 그리고 그는 그곳에서 천도교를 발견했다. 천도교는 1860년에 일어난 동학교단이 완전히 국가에 의해 절멸되었다가 3대 교주 손병희(孫秉熙)에 의해 새롭게 태어난 동학(東學)의 끄트머리였다.[22] 물론 동학은 글자 그대로 서학(西學)에 반대하는 의미로서 '동학(東學)'이라고 이름붙인 종교적 성격이 짙은 집단이었고, 천도교는 종교적 성분보다는 민족운동의 정치적 성향을 짙게 띤 집단[23]으로 동학과 천도교를 그 성질이 같다고 단순히 말할 수는 없다. 하지만 중국인인 그는 두 가지를 한 연장선상에서 파악해 천도교에 접근했다. 그가 천도교와 민중을 연결시킨 데에는 두 가지 가능성을 상정해 볼 수 있다. 하나는 천도교가 개명하기 이전의 동학의 성격에 초점을 맞추었을 가능성과 또 하나는 공산당에서 천도교를 조선 국내 공작의 거점으로 지목했다는 사실[24]에 비추어 그의 정치적 성향을 드러냈을 가능성이다. 말

---

22 안병직은 손병희가 원래 일진회(一進會) 멤버들과 친했으나 그들과 정치적 반목 상태에 놓임에 따라 동학의 기존 세력을 이용해 자신의 권력을 확고히 하고자 천도교를 창설했다고 말하고 있다(안병직, 위의 글, 28쪽).

23 천도교는 시대적으로 천주교나 기독교가 합법화되어 포교하는 상황에서 서학이라는 이름을 더 이상 유지할 필요가 없다고 판단했으며, 국민의 지탄을 받고 있는 일진회와의 관계 단절을 위해서라도 동학과는 달라질 필요가 있었다(최기용, 「한말 동학의 천도교로의 개편에 관한 검토」, 『한국학보』, 20집, 1994, 115–117쪽). 또한 천도교를 '동학의 종교 되기'라고도 볼 수 있지만, 문명 개화의 노선에 있음으로써 초기의 동학의 종교적 성분은 희석되어 가게 되었다(김용휘, 「한말 동학의 천도교 개편과 인내천 교리화의 성격」, 『한국사상사학』, 25집, 한국사상사학회, 2005, 234쪽).

24 이명영, 「오익제는 왜 갔나」, 『한국논단』 99집, 1997, 150쪽.

하자면 동학의 민중적 성격과 공산주의에서 생각하는 '민중(人民)'에 의한 정치라는 방향이 함께 결합했을 가능성인 것이다. 어쨌든 그는 동학(혹은 천도교)이 태평천국의 농민 반란적 성격을 지니고 있다고 판단해 이 둘을 매우 유사하다고 보았으며,[25] 구체적인 사건으로 바로 이러한 '천도교(동학)'와 민중을 연결시키게 된다.

그가 찾아낸 것은 쉽게 말해서 '태평천국의 난 – 동학 – 3 · 1운동'이라는 도식이다. 하지만 3 · 1운동을 주도한 종교계 세력은 엄밀하게는 천도교만이 아니며 기독교와 불교계도 포함된다. 하지만 그는 어머니의 외부 인사인 불교계 인사로서 법능 그리고 천주교 인사로서 윤중도를 어머니의 보조로 내세운다. 즉 3 · 1운동은 조선의 종교계와 연관성이 있다고 보았으며, 그 중에서도 어머니 즉 천도교를 가장 우위에 세우고 있는 것이다. 따라서 어머니는 그의 작품 속에서 3 · 1운동이라는 거대한 사건 속에 종교계와 연관성을 띤 민중적 운동의 대표자격으로 위치지어지는 것이다.

둘째, 양한셩이 '민중'을 어떻게 바라보는가 하는 문제로 접근 가능하다. 이것은 그의 '민중을 위한 문학'이라는 창작 경향에서 출발한다. 그는 일찍이 좌익 희극계에서 '민중화' 운동을 전개했던 1930년에서 32년에 걸쳐 두 차례 문예민중화 토론에 적극 참여했다.[26] 따라서 그의 극작은 늘 그러한 민중을 염두에 두었으며 서사의 중심도 그들에게 가 있었다.[27] 하지만 그는 민중을 언제나 권력을 가지지 못한 곳에 속하는 음

25 실제로 동학을 3 · 1운동의 연장선상에서 파악한 경우가 조찬례에게서 보인다(조찬례, 「동학운동과 삼일운동의 비교연구」, 『한국정치학회 제7회 합동학술대회 논문집』, 1987年 7회, 51쪽). 여기서 그는 농민 반란적 성격과 비폭력적 방법의 선택이 그것을 서로 연장선상에 있게 만들었다고 한다.

26 廖全京, 「陽翰笙抗戰時期劇作的美學風格」, 『社會科學研究』, 1984年 3期, 72쪽.

27 그의 작품 가운데 『李秀成之死』(1937)와 『天國春秋』(1941), 『草莽英雄』(1942)은 모두가 농민 반란을 주제로 삼고 있다.

지와 약함으로 파악했던 것 같다. 가령 그는 태평천국의 난을 농민운동의 좋은 형태로 분석했다. 그리고 그는 이러한 태평천국을 소재로 한 극에서 여성 주체를 서사의 중심에 놓고 있다. 그는 민중의 반 이상을 이루고 있는 '여성'이 철저하게 역사 속에서 배제됨으로써 사회의 원동력으로서 무시당했음에 주목했던 것이다. 말하자면 그에게 민중은 늘 역사에서 배제되어 온 자들이며, 특히 여성이란 존재는 이중 삼중으로 역사의 먼 장에 속해 있었기 때문에 그들이야말로 진정한 민중의 모습을 대변할 수 있다고 여겼던 것이다. 여성이 서사의 주체가 된 작품들은 사실 당시에 그만의 독특함은 아니었다. 그러나 그의 작품에서 여성은 기존의 여성 주인공 작품과 다른 '새로운 여성의 유형(新型婦女)'으로서 평가받고 있다.[28] 그리고 여기서 말하는 '새롭다'는 것에 대해 살펴보게 되면 바로 그가 민중을 해석하는 방법에 대해 알게 된다. 거기에는 양가댁 규수(『전야(前夜)』에서의 백청홍(白青虹) 혹은 태평천국의 난이라는 특이한 상황 하에서 장원 급제한 여성(『천국춘추(天國春秋)』에서 부선상(傅善祥), 심지어 이민족(『새상풍진(塞上風雲)』에서 금화아(金花兒) 등이 포함되어 있다. 그들은 이 시기 막 권력자에게 도전하는 새로운 유형의 서양의 지식을 전수받은 지식인 '신(新, modern) 여성'이 아니라 오히려 전통적인 권력 사회로부터 유리된 소수의 약자들이다. 그는 이런 식으로 민중의 문제를 소외된 계층에서 접근했고, 그 중에서도 특히 집안에서 가족을 위해 헌신만을 강요당하는 가장 약한 지위에 있는 여성이 바로 민중을 대변하는 것이라고 여겼던 것이다. 따라서 양한셩에게 어머니는 바로 그러한 민중 속에서도 가장 힘없는 여성, 그리고 그러한 여성 가운데에서도 자신의 이름이 없이 가족들에게 온전히

28 雷濤, 「陽翰笙戲劇作簡論」, 『西南民族學院學報』, 2000年 7期, 64쪽.

희생을 강요당한 가장 약한 여성이며, 바로 그러한 미미한 위치가 바로 민중의 대변인이 될 것이라는 그만의 이해 맥락에 서 있는 것이다.

셋째, 양한성이 조선의 사건과 인물을 다루면서 그 초점을 가부장적 구조 속에서 파악했다는 점에서 접근 가능하다. 즉, 그는 가부장제라고 하는 봉건적 제도 장치 하에서 희생된 어머니가 새로운 시간과 공간 속의 새로운 주인이 될 것임을 파악했다. 즉, 조선 시대의 어머니라는 존재는 전체 조선사회로 봤을 때 전혀 공적인 지위가 없었고 사적으로도 신분의 여하에 따라 그 위치는 보장되지 못한 상태였다. 조선사회에서 어머니란 존재는 그렇게 그의 이름을 가지지 않은 채 그냥 '어머니'로 살아갈 뿐이었다. 개별적인 조명을 하기가 힘든 위치에 있었던 것이 객관적 사실이다. 하지만 그는 그러한 독특하지 않음에 주의를 기울인 것으로 보인다. 그것은 곧 무명으로 살아가는 일반 민중의 삶이고, 또한 유교라는 테두리 밖에서 충분히 자신만의 영역을 가지고 있는 이들의 삶이었다. 특별히 그가 관심을 가진 것은 조선이라고 하는 가부장적 사회에서 권력자인 남성들로부터 철저하게 배제된 영역에 있는 어머니의 삶이었다. 따라서 어머니는 가부장제의 전형이라고 할 수 있는 남성 위주의 권력 구조 하에 희생되는 사람으로 그려진다. 극중 이난수의 아버지인 이영수(李永壽)는 바로 그러한 가부장제 억압 기제의 극단적 인물로 묘사된다. 그는 이난수를 강제로 다른 곳으로 시집보내려 할 뿐 아니라 최씨 부인에게 경제적 착취까지 행하는 사람으로 그려진다. 그렇게 되면 어머니는 일제라는 정치적 압박 속에 민족적 차별을 당하며 동시에 가부장제 속에서 여성의 권리를 박탈당하고, 그리고 기형화된 자본주의 하에서 경제권을 잃어버리게 되는 이중삼중의 압박 속에 위치지어진다. 따라서 조선이라는 가부장제과 일제라는 특수 상황, 그리고 기형적 자본주의라는 억압 구조 속에 놓인 '어머니'가 상정되는 것이다.

그러나 어떻게 민중의 대변인으로 남성이 아닌 여성을, 그 가운데에서도 '어머니'를 설정하게 되었는가? 가령 단지 민중이면서 어머니라는 사실에만 초점을 맞추게 되면 농촌 출신의 여성도 고려할 수 있다. 또, 이 시기에 공식적으로 남성들의 가부장제에 가시적으로 억눌림을 당한 사람들을 주인공으로 삼는다면 개화기의 신지식을 갖춘 여성이 될 수도 있다. 하지만 작가는 조선의 어머니를 택했다. 무엇보다도 그의 작품에서 3·1운동이라는 사건을 다루면서 중심 인물을 어머니로 선정한 것은 이 사건의 주체를 누구로 선정하느냐와 관련 있다고 볼 수 있다. 3·1운동의 주체적 세력은 일제의 집회 탄압을 벗어난 두 부류, 즉 학교와 종교단체 중심이었다.[29] 따라서 사건의 인물들은 적어도 이 두 부류와 관련이 있어야 했다. 작가는 종교계에 투신한 인물로서 '어머니'를, 그리고 그의 아들들을 '학생'으로 선정해 한 집안의 이야기로 이끌어야 했다. 가령 농촌의 여성이라면 이중삼중고를 받고 있는 민중에는 해당되지만 학생인 아들을 둘 수 없다. 또한 조선에서 농촌 여성들에게 근대 의식을 심어 주는 여성 농민운동을 펼친 것은 3·1 독립운동 이후의 일이 되므로[30] 아직 농민 여성이 지도력을 가지고 전면에 나설 수는 없었다. 따라서 극에서 안대수와 조삼수 아낙 둘은 단지 천도교 조직의 일원으로서 '참가'하는 정도에 불과하게 된 것이다. 또 신지식인 여성을 주인공으로 삼는다면 두 가지 문제가 발생하는데, 먼저 신지식인 여성의 종교가 맞지 않는다는 점이다. 일반적으로 이 시기 신지식인 여성은 모두 기독교도였다. 이 점은 매우 중요하다. 그가 상정한 종교계는 천

---

29 일제 식민지 무단 탄압 속에서 완전히 없애지 못한 두 조직이 바로 학교와 종교단체였다(신용하, 앞의 글, 34쪽).

30 여성 농민운동은 1924~25년경 농민 여성에게 야학이나 강습회 등을 통해 의식을 계몽시키는 운동으로 촉발되었다(전경옥 등, 앞의 글, 305쪽).

도교, 불교, 천도교 이렇게 세 종류였는데, 사실 33인 대표에 천주교 대표는 없었다. 오히려 기독교가 당시 3·1운동의 주체 세력이었다고 보는 견해도 있다.[31] 하지만 공산당원인 그는 이런 사정을 굳이 외면할 필요가 있었던 것이다. 또 한 가지는 이 시기 신지식인 여성은 학생 단계에 머물러 있었으므로 남성 독립투사와의 관계를 성립하는 데에 무리가 있었던 것이다. 따라서 작가는 가부장제에 놓여 있으면서 학생 아들을 두고 천주교에 몸을 담고 있는 여성, 즉 가부장적 가정 속의 여성인 '어머니'를 택함으로써 그녀를 조선의 민중으로 상정하는 것이 가장 적합하다고 보았던 것이다.

2. 어머니의 영역

그렇다면 어머니는 어떻게 그의 영역을 확보하면서 독립운동의 한 부분을 차지하게 되었는가? 이 문제는 사실 조선 어머니들에게 공통적으로 주어진 '공간'에 대한 접근으로 시작해야 한다. 그것은 조선의 어머니들의 생각과 의지를 담을 수 있는 공간이 무엇인가에 대한 것을 말하는 것이다. 작가는 이 모든 공간이 양지가 아닌 음지에 속하게 함으로써 온전히 어머니의 희생은 겉으로 드러나지 않으면서도 강력한 힘을 발휘하는 데 주목했다.

첫 번째 영역은 어머니의 정신적 영역이다. 위에서 지적했다시피 작가는 어머니를 천도교와 연결시키고 있다. 천도교는 천도교라고 개명하기 이전까지는 국가의 공식적인 종교집단이 아니었으며, 더구나 조선시대에는 '유교'만이 공식적 종교의 자리를 차지하고 있었다는 것은 주

31 주요한, 「3·1운동의 역사적 의의」, 『지방행정』, 대한지방행정공제회, 1955, 10쪽.

지의 사실이다. 3막을 시작하는 배경 지문에는 어머니가 천도교를 믿기 때문에 정화수를 떠놓고 108염주를 만지며 염불하는 모습이 나온다. 물론 천도교라는 것 자체가 불교와 유교 혹은 기타 여러 종교의 잡신적인 성분을 모두 섞어놓은 것이기 때문에 그것은 일면 조선 어머니들의 샤머니즘이라는 연결선상에 있다. 그것은 유교 이외의 모든 신앙이 제도권 밖으로 밀려나면서 서로 결합한 듯한 모습으로서 보여지는 것이다. 어머니는 이렇듯 남성으로 대표되는 국가 공식 종교 기구에 반대되는 항으로서 천도교에 몸을 담고 있는데, 이렇게 어머니가 공식 종교인 '유교' 외의 자신만의 기복신앙을 갖는 것은 조선 시대 내내 공식적으로 굳어진 행태였으며, 조선은 이러한 이중적 종교 생활의 공존을 묵인했다.[32] 즉, 어머니는 남성들의 이데올로기 테두리 밖에서 자신의 정신적 활동을 펼치고 있었다. 또한 이러한 영역은 비단 음지로만의 역할이 아니라 그들에게 새로운 근대 의식을 심어 주는 계기로 작용하기도 했다.[33] 천도교에 있는 반차별적 평등 사상은 가부장제에 있던 여성들에게 새로운 성 평등 이데올로기를 심어 줌으로써 어머니가 만세 시위와 같은 공적인 일에 적극 가담할 수 있는 이론적 장이 되어 주었다. 따라서 어머니의 비공식적 정치 활동의 힘은 이러한 어머니의 정신적 영역에서 나온다고 봐야 한다.

두 번째는 어머니의 간접적인 통로를 통한 객관적 사실의 습득으로서의 사적인 독립 활동 영역이다. 이 영역은 어머니의 정보 수집의 출처와 관련된 독립 활동의 또 다른 영역이 된다. 어머니는 늘 다른 사람에게 들었다거나 혹은 종교적 집회에서 그 소식을 접하게 된다. 말하자

32 『조선 전기 가부장제와 여성』, 서울: 아카넷, 2000, 256쪽.

33 전경옥 등, 앞의 책, 245쪽. 특히 민중 종교로서 천도교는 소외 계층이었던 여성에게 큰 영향을 미쳤다(앞의 책, 261쪽).

면 어머니의 공식적 사건은 간접 형식으로 파악되고 있는 것이다.

최씨 부인: …… 우리 교주 손병희 선생님의 말씀만 들어봐도 이전에는 그가 절대로 시국에 대해 말을 하지 않으셨는데 요즘은 특이하게도 많이 하시거든. 매일 사람들한테 시국을 토론하라고 하는 거야.[34] (3막)

여기서 어머니의 공식적인 소식통 중 한 가지가 밝혀진다. 그것은 종교적 집회에서의 교주의 말이다. 이것은 천도교라는 종교 집회에서 벌어진 여성 교육과도 연결된다. 여성들은 공식적으로 뉴스를 전달받을 방법을 차단당했기 때문에 천도교에서는 간접적으로는 잡지나 혹은 신문의 형태 혹은 직접적으로는 교리에 대한 설명 등을 통해 뉴스를 전달하려 했다. 즉, 어머니는 비공식적이지만 암묵적으로 공인된 종교 활동 속에서 그 종교의 대표자인 남성을 통해 공식적 소식을 접할 수 있을 뿐이다. 또 하나는 극중의 김남진이라는 독립투사이다. 2막에서는 3·1운동의 외부적 요인들이 그에 의해 전달된다.

김남진: (황망히) 근휘야 너 알고 있니? 이태왕 붕어하셨다는 사실?

최근휘: (겁을 집어먹고는) 네?

[최씨 부인과 운옥이도 실내에서 나온다]

최씨 부인, 박운옥: (놀라서 같이 소리친다) 뭐라구, 이태왕이 붕어를 하셨다구?[35] (2막)

---

34 崔老太太 : …… 就拿我們的教主孫秉熙先生來說吧, 從前他是絕口不談時局的, 現在可怪得很, 他卻天天都叫人來跟我們討論起國事來了呢.

35 金南鎮 : (驚惶) 槿輝! 你知道嗎? 李太王死了? ／ 崔槿輝 : (吃驚) 哦! ／[崔老太太和韻玉也從内室奔出來了] ／崔老太太, 韻玉 : (驚問, 同聲地) 什麼李太王死了?

최씨 부인: (몸을 돌려 김남진 쪽을 향하여) 남진아, 너 오래도록 우리 집에 오지 않았구나, 요 며칠 새 바깥은 어떠니?

김남진: (흥분하여) 지금 독일이 참패해서 유럽전쟁이 끝나고 소련의 혁명이 성공을 했대요, 미국 대통령은 전 세계에 민족 자결 원칙을 선포했습니다. 그래서 우리 국내국외의 조선독립운동은 바야흐로 전성기를 맞이했지요. 방금 어머님이 보지 않으셨습니까. 스님과 목사님들까지도 모두 우리와 같이 손을 잡고 있다구요. 우리 조국수복운동에 아직도 희망이 없다고 보세요?[36] (2막)

여기서 두 가지 3·1운동의 직접적 원인들이 객관적으로 기술되고 있다. 한 가지는 윌슨의 자결주의이고, 또 한 가지는 바로 이태왕의 죽음 즉 광무(光武) 황제의 붕어이다. 이러한 중요한 사실은 사실 극중 대사에 어울리는 것은 아니며, 뉴스 속의 공식적 언사와도 같다. 종교계의 대표자 이외에 오로지 접할 수 있는 공식적 통로는 집안으로 공식적 소식을 몰고 오는 김남진이라고 하는 남성 개인뿐인 것이다. 하지만 어머니는 바로 이러한 간접적 통로를 통한 객관적 사실을 접함만으로도 그의 의지를 확인하게 된다.

김남진: (말을 할수록 흥분하여) 총부의 결정에 따르자면 우리 전 민족의 33명의 대표단이 오늘 이른 새벽에 태화관에 집합하여 정식으로 우리 조선의 독립을 선포했대요. 그리고 우리의 독립선언문을 총독부로 보내서 일본이 당장 우리 조선에서 떠날 것을 요구했다는군요. (열광적으로) 아,

36 崔老太太 :(轉身向金) 南鎮! 你好久沒有到我們這裏來了, 這幾天外邊的情形怎么樣? ／ 金南鎮 :(興奮地) 現在德國慘敗, 歐戰告終, 俄國的革命成功, 美國大總統又對全世界宣布了民族自決的原則 所以, 我們國內國外的獨立運動, 正在風起雲湧地起來。您剛才是親眼瞧見的, 就連和尚牧師都跟我們攜起手來了, 您想想看, 我們的複國運動還會沒有希望麼?

어머님, 이제 두고 보세요! 오늘부터 3일 이내에 사그라지지 않고 우리의 독립운동의 화염의 불꽃은 우리들의 조선을 환하게 비추어 줄 거예요.

최씨 부인: (역시 매우 격동적으로) 그거 참 잘 되었구나. 아주 좋아![37]

(3막)

여기에는 민족대표 33명의 독립선언서에 대한 내용이 나온다. 이것은 확실히 김남진이 바로 이 글의 주인공인 독립투사로서가 아닌－물론 그는 독립투사이지만－외부 세계와 단절된 상태에서 정보의 한계를 안고 있는 어머니에게 객관적 자료의 성격인 '뉴스(news)'의 전달자로 작용한다는 것을 보여 준다.[38] 그는 독립투사이지만 어머니는 일반 민중에 불과한 것이다. 즉, 어머니는 공식적으로 허락된 외출, 즉 종교적 바깥 외출 혹은 집안으로 들어오는 뉴스 전달자에 의해 그의 정보를 수집한다. 그리고 그 모든 말은 종교계 대표자 혹은 김남진이라고 하는 '남성'에 의해 이루어지고 있다. 어머니는 직접적으로 언론을 접할 수 없었으며 교육의 기회도 박탈된 상태이기 때문이다. 그녀는 역사적 사건에 가담하기 가장 불리한 위치에 서 있다. 바로 이러한 고립된 민중의 모습이 바로 어머니의 모습과 연관되는 것이다. 사실 이러한 공식적 소식에 대한 간접 접함 형태는 조선의 민중들의 일반적인 형태였으며, 특히 조선 시대의 여성이라는 신분은 결코 공적인 일과 맞닿을 수 없는 상태임을 드러낸다. 따라서 어머니의 의지는 남성 영역이라고 간주되는 것 밖에 위치한다.

---

37 金南鎭 : (越說越興奮) 根據我們總部的決定, 我們全民族的三十三代表, 就在今天早晨, 一齊集合在太和館正式宣布我們朝鮮獨立. 然後將我們的獨立宣言送交總督府, 要求日本立即從我們朝鮮撤退! (狂熱地)啊, 老太太! 你瞧吧! 從今天起, 只消三天, 我們獨立運動的火炬, 就會把我們的朝鮮成一片光明了! ／ 崔老太太 : (也很激動)那太好了! 太好了!

38 이것은 극중에 뉴스를 전달하는 민중극의 형식으로 봐야 할 것이다.

최씨 부인: (의연하게) 내 어제는 남진이와 의논을 좀 했다. 그래서 난 이곳에 남아 그들을 돌보기로 결정했다. 나는 이미 늙었으니 조국을 위해 뭐 별달리 할 일이 없다. 하지만 이런 일이라면 내가 그래도 좀 할 수 있을 거 같다. 그래서 내 여기서 저 젊은이들의 엄마로 또 저 늙은이들의 형제로 남아 있기로 결심했다. 생각해 보아라 이것이 얼마나 뜻있는 일인지 운옥아! 이전에는 난 우리 아이들만 예뻐할 줄 알았지만 지금은 그들의 그 마음도 사랑할 수 있단다, 나아가 저 고통받는 조선인들도 사랑할 수 있단다![39] (5막)

이와 같은 어머니의 능력 안에서 독립운동에 대한 구체적인 계획은 확실히 남성 독립투사들의 공적(公的) 영역과 다른 영역에 있음이 드러난다. 그것은 독립을 위한 직접적 활동이 아닌 바로, '간접' 통로 위에 세워진 사적인 독립 활동의 영역인 것이다.

세 번째 어머니의 영역은 온전히 남성으로 대변되는 권력자에게 수탈당한 힘없는 약자의 공간이 된다. 그것은 동양척식주식회사의 이영수에 의해 이루어진다. 그는 어머니가 서대문 경찰서에 가 있는 사이 그녀의 재산을 몰수해 백화점으로 바꾸면서 어머니의 재산권을 박탈한다. 그녀는 이렇게 외부 세력에 의해 강제적으로 재산권을 박탈당했다. 이러한 경제적 수탈의 폐해는 고스란히 그녀에게 돌아온다. 그녀는 대가댁이 아닌 형무소 옆의 쓰러져 가는 집으로 근거지를 옮기게 된다. 물론 어머니의 선택은 감옥에 있는 동지들을 위해 희생하는 것이 의미가 있다고는 하지만 그녀의 경제적 재산권에 대한 박탈은 확실히 그녀

39 崔老太太 : (毅然) 我昨天已經跟南鎮商量過了, 我決定留在這兒照料他們. 我年老了, 別的事情不能替祖國趕, 象這樣的事情, 我總還可以做一做的, 所以我決心留在這兒去做那些青人的媽媽, 做那些年老者的姊妹. 你想這是多麼有意思的事情啊, 韻玉! 從前我只懂得疼愛我的兒子們, 現在我可要用我疼愛他們的那顆心, 去疼愛那些受苦受難的朝鮮人呀!

를 허술한 공간으로 내몰았다. 따라서 어머니의 재산권 박탈 역시 작가에 의해 매우 고의적으로 설정되었다는 것을 알 수 있다. 이 시기는 일제 식민 지배에 의한 기형적 자본주의가 자리를 잡고 있었다. 조선 시대에 어머니란 존재는 물론 개인으로서 드러나지는 않았지만 가정 내에서 경영권을 가지고 있었다. 하지만 일제 식민지로 오면서 어머니는 어머니만의 고유한 영역을 빼앗기게 되는 것이다. 왜냐하면 조선의 어머니들은 그녀들의 경제권만큼은 가내에서 확실히 하고 있었기 때문인데, 이러한 경제권 박탈이라는 것은 어머니의 유일한 지위 자체를 뿌리째 뽑는 일이기 때문이다. 작가는 하지만 가내에서의 재산권 박탈을 식민 자본주의 하에서 철저하게 수탈되는 대상인 민중으로 넓게 확대 적용했고, 그 속에 '어머니'를 위치시켰던 것이다.

3. 어머니의 선택

어머니는 작품에서 여러 가지 선택을 한다. 무엇보다 중요한 것은 그의 아들을 지속적으로 위험한 상태에 놓이게 할 것인가의 문제가 나온다. 그것은 처음에는 날씨가 추우니 옷을 껴입어야 한다는 아주 세심한 걱정에서부터 밖에서 무엇을 하고 돌아다니는가 하는 일체의 간섭, 그리고 나아가서 아들이 세상 밖으로 나가지 않았으면 하는 아주 단순한 부모로서의 바람에서 그 예쁜 아들을 거사에 투입시킬 것인가의 문제를 가지고 고민하는 모습이 나온다.

> 최씨 부인: (분통해 하며 긴 한숨을 내쉰다) 아이고 하느님! 왜 하필 내 셋째아들입니까, 또……
>
> [근광은 고통의 늪으로 빠져든다]

[주위도 같이 침묵한다]

최근광: (생각에 잠기다가 갑자기 최씨에게 다가가) 어머님! 남진이랑 애들은 늘 주도면밀하게 생각을 해요, 상황을 보니 도망가지 않으면 안 될 것 같아요. 어머니 보시기에는 어떠세요?

박운옥: 어머님! ……

김남진: 어머님! 근광이를 잠시 떠나 보내지 않으면 안 될 거 같습니다.

최씨 부인: (고통스럽게 생각하다가 아주 무겁게) 좋다. 가거라![40] (1막)

여기서 아들과 어머니의 관계에 대해 조명을 해봐야 한다. 즉, 가부장적 논리에 의거해 어머니가 남성 이데올로기에 헌신하고 있다고 볼 것인가 아니면 모성애라는 이데올로기로 포장할 것인가의 문제인데, 여기서 확실한 것은 '어머니' 역시 투사라는 관점에서 이 문제에 접근해야 한다는 점이다. 물론 여기서 나오는 이런 일반적인 어머니의 아들에 대한 관심 정도는 모성 신화 속에 싸여 있는 듯하다. 하지만 그것은 결국 아들 대신 감옥의 동지라는 항으로 대치하게 만들었고 집안이라는 사적 공간에서 감옥이라는 공적 공간으로 옮겨가면서 그러한 모자 관계의 패턴을 국가로 확대해 이어가고 있는 것을 발견할 수 있다.

박운옥: …… 지금은 근휘 도련님도 나오셨는데 우리가 왜 아직도 여기서 살아야 해요?

최씨 부인: (전혀 동요치 않고) 아니다, 얘야 운옥아, 난 이 쓰러져 가는 집이 정말 좋구나, 난 앞으로도 계속 여기서 살까 한다.

---

40 崔老太太：(痛憤 長喊)哦，天哪! 難道我的第三個兒子, 又……／ [槿光陷入了痛苦的沉思中]／ [半響的沉默]／ 崔槿光：(沉思了一會, 忽走向崔)媽! 南鎮他們考慮的很周到, 看樣子不走是不行了. 你看怎麼樣?／ 樸韻玉：姑媽! ……／ 金南鎮：伯母! 您可不能不讓槿光暫時離開您一下了.／ 崔老太太：(在痛苦中想了一會 很沉重地)好! 你走吧!

박운옥: (이해할 수 없다는 듯이) 왜요?

최씨 부인: (해석해 주며 자상하게) 너 알아두어라, 우리가 비록 감옥소를 나오긴 했다만 많은 우리의 동료들이 아직도 감옥소를 나오지 못했다는 걸![41] (5막)

뢰이타오(雷濤)는 양한셩이 이 작품에서 '모자의 정'이라는 보편적인 정을 민족해방 투쟁이라는 역사 배경에 놓아 관중들에게 민족주의를 불어넣었다고 평가했다.[42] 당연히 공산주의적 관점에서 바라보게 되면 이것은 어머니의 선택이자 곧 민족적 선택이랄 수 있는 것이다. 작가 양한셩은 이러한 민족주의적 관점에서 어머니의 선택을 해결했던 것이다. 그러나 이것을 여성주의적 시각에서 본다면 사적인 가족에 대한 감정을 공적인 '민족'이라는 감정으로 대치하는 '새로운 형태의 가족'으로 판명된다.[43] 즉, 어머니는 민족이라는 거대한 집 속에 모든 독립투사 아들들을 양육하는 이로 변모하게 되는 것이다. 확실히 그 지점은 민족이라는 필요성에 의해 남성들의 좌절과 열망이 투여되는 곳이었다. 양한셩의 '민족적' 어머니는 그렇게 정치적 입장에 서 있던 공산당원의 열망을 함께 담은 형태로서 구축되었으며, 따라서 민족적 선택에 의한 대변자가 될 수밖에 없었던 것이다.

두 번째 선택은 어머니 자신의 공적인 행동에 대한 직접 참여이다. 그것은 먼저 참관자의 입장에서 직접 태극기를 휘두르고 만세를 부르

41 樸韻玉 : …… 現在您和輝第都出來了, 我們還住在這兒幹什麼呢? / 崔老太太 : (毫不動搖) 不! 我可很喜歡這間破房子, 我卻還想在這裏住下去啦! / 樸韻玉 : (不解)那爲什麼呢? / 崔老太太 : (解釋 慈祥地) 你要知道, 我們可有許許多多的朋友卻還沒有出獄呀!

42 雷濤, 「陽翰笙戲劇作簡論」, 『西南民族學院學報』, 2000年 7期, 62쪽.

43 이 용어는 김미숙이 북한의 사회주의 체제의 민족국가 담론을 분석하면서 사용했다(김미숙, 「북한교과서에 나타난 민족국가 담론과 젠더분석」, 『여/성이론』 통권 4호, 여성문화이론연구소, 1998, 122쪽).

다가, 같은 조선인이면서 경찰 노릇을 하는 이를 훈계하는 적극적 행동으로 나아가 감옥행을 선택하는 모습으로 나아갔다. 무엇보다 이러한 공적인 곳으로의 노출에서 중요한 것은 어머니가 비폭력이라는 방법을 동원함으로써 어머니다운 결정을 한다는 것이다. 어머니는 남자 감옥에서 들려오는 노랫소리에 맞추어 노래를 한다. 여기서 두 가지의 노래가 나온다. 하나는 낙화암이고, 또 하나는 아리랑이다. 작가의 선택은 너무도 절묘하다. 낙화암은 백제의 마지막 왕이 떨어져 죽은 지점이고 아리랑은 힘든 고개를 넘어야 한다는 가사를 지닌 의미 있는 노래이다. 즉, 조선이 망한 지점에서 그들은 아리랑고개와도 같은 힘든 길을 가야만 하는 것이다. 하지만 어머니는 이러한 상황에 비폭력적으로 저항한다. 양한셩은 조선 어머니들의 망국에 대한 저항으로 비폭력적인 선택을 하며 말없이 한을 달래고 있는 것으로 보았던 것이다. 조선의 어머니들은 직접적으로 폭력을 휘두르거나 사납게 달려들지 않는다. 가만히 앉아서 그대로 자신의 뜻을 표명할 뿐이다. 그러면서도 어머니의 태도는 단호하다.

> 최씨 부인: (생각을 하고서 다시 굳건하게) 얘 운옥아, 우리가 뭐 더 생각할 게 있니? (가려 하면서) 가자꾸나, 가자 가.
>
> 박운옥: (목소리를 떨면서) 좋아요, 어머님 제가 함께 가겠어요![44] (3막)

어머니는 비폭력이라는 무력한 방법을 선택했지만 그녀의 의지만큼은 나약하지 않은 강인함이 있음을 보여 준다.

---

44 崔老太太 :(想了一想, 忽很堅毅地)啊! 韻玉, 我們還有什麼想頭呢! (欲行)走吧! 走吧! ／ 樸韻玉 : (顫聲地)好, 姑媽我也跟您一道走!

최씨 부인: (전혀 겁을 내지 않으며 화를 내면서) 좋다, 너희들 총을 쏘려면 쏘아 보아라! 나는 이 늙은 생명을 너희에게 바칠 수 있다! (멈추지 않고 옥문을 흔들며) 너희에게 주겠노라![45] (4막)

이러한 행동은 사회주의 여성 담론에 보이는 여성의 남성화된 민족투사로서의 재현 혹은 직접적 신체적 공격 또는 접촉의 방식이 아닌 혁명정신을 지키는 몸으로서 재현되는 것[46]을 그대로 보여 주는 전형적인 예인 것이다. 즉, 어머니의 비폭력적 선택은 천도교의 종교적 선택으로 포장된 양한성의 정치적 담론의 투사라고 할 수 있다. 그리고 또한 권력 앞에서 무력한 어머니의 '부드러운 저항' 방식으로 포장된 것이다.

마지막으로 어머니가 선택한 상징적 도구에 대해 살펴볼 필요가 있다. 극 속에서 보면 어머니가 셋째아들이 만주로 떠날 때 마당에 놓여 있는 무궁화 아래 흙을 한 움큼 쥐는 부분이 있다. 어머니는 아들에게 "기억하여라, 이건 우리 집안에서 자란 나라의 꽃이 있었던 흙이다. 이건 내가 직접 손으로 뜬 거다. 만약에 네가 타향 땅에서 어떠한 고통스러움을 당하더라도 넌 이걸 물에 개어서 마셔라, 두려움이 생기면 한 모금 마시는 거다. 너의 질병과 고통은 그로써 말끔히 없어질 것이다, 근광아, 잊지 말아라! 이 한 줌의 흙은 비록 보잘것없지만 지니고 있는 뜻은 크다. 여기에는 너의 집과 고국과 어머니의 마음이 있느니라."[47]라고 한다. 셋째아들이 만주에서 잠시 귀국해 어머니를 만났을 때에도 어

45 崔老太太 :(毫不膽怯, 狂怒地) 好! 你們要開槍就開吧! 我要把這條老命跟你們拚了! (不停地掀捶著獄門) 跟你們拚了!

46 김미숙, 앞의 글, 134쪽.

47 你記著, 這是我們的家園中, 培養那國化的泥土, 是我親手挖來把它捏成這樣一小塊的. 要是你在異鄉得了什麽病痛, 你只要把它拿一點來沖成水喝, 哪怕你就只喝一口吧! 你的病苦, 立刻也就可以消除的. 槿光! 你別忘記, 這塊泥土雖小, 可包含得有你的家園, 你的故國, 你的媽媽的一顆心阿!

머니는 그에게 같은 행동을 한다. 흙을 보며 아들은 독립운동을 할 것이다. 그리고 그 흙이 감싸고 있던 '무궁화'는 어떤 상징적인 물건이 될 것이다.

그렇다면 극의 제목인 '무궁화의 노래'와 관련해, 도대체 그가 말하는 '무궁화'라는 것은 직접적으로 무엇과 관련되어 있는지 알아볼 필요가 있다.

> 『무궁화의 노래』는 조선혁명당의 항일 파시스트(a fascist) 투쟁을 반영하고 있다. 조선 혁명가들은 자유와 민주를 위해 어렵고 험난하며 고된 상황에서도 굳건하게 꿋꿋이 참으면서 애써 열렬한 투쟁을 벌이고 있다. 그들의 행적은 더럽혀진 땅에서도 피고 지는 무궁화와도 같다.[48]

이것은 결국 악전고투하며 독립을 위해 싸우는 독립지사 하나하나가 모두 '무궁화'에 해당된다는 말이다. 무궁화의 노래는 결국 대한 독립지사의 노래인 것이다. 어머니는 그러한 무궁화를 택한 것이다. 즉, 어머니는 무궁화와 그 아래 덮인 흙을 아들에게 건넴으로써 조국을 상징하는 '희망'으로 그것을 선택한다.

무궁화는 나라의 꽃이기도 하지만 어머니에게 고된 겨울과 같은 일제 치하를 무난히 견뎌내고 어느 날 꿋꿋이 피어날 희망의 그 무엇으로 설정된다. 눈 속에 핀 매화도 있고 봄을 알리는 버들가지도 있지만 어머니는 무궁화를 선택했다. 그것은 곧 양한성의 선택이기도 한데, 무궁화라는 한낱 '꽃'에 불과한 것을 선택한 것은 그가 어머니를 선택한

---

48 李篁, 〈看槿花之歌〉, 『新蜀報』(曹健戎, 앞의 글, 18쪽 재인용).
본문은 다음과 같다. 『槿花之歌』 反映了朝鮮革命黨人反抗日本法西斯的斗爭. …… 朝鮮革命人民爲追求自由民主, 在艱險困苦的局面下, 堅韌不拔之開展了慘烈的斗爭, 他們的事迹像槿花一樣開放在被汚辱的土地上.

이유와 같다. 어머니는 무궁화와 같이 연약한 꽃에 불과하지만 결국은 조국을 위해 싸우고 있는 독립투사의 모습 그대로를 상징하는 것이라고 보았던 것이다. 무궁화는 언제라도 밟힐 수 있는 무력한 '꽃'이지만, 흙 속에서 다시 피어나는 생명력을 가진 강인함을 지녔다. 따라서 '무궁화'는 그 자체가 곧 조선의 민중의 가슴속에 지니고 있는 독립 의지를 반영한 것이라고 말할 수 있는 것이다.

그 다음은 태극기이다. 근휘 손에 들린 태극기는 형수인 박운옥에 의해 수놓아졌고, 결국은 어머니 행동으로 그것을 옮겨 시위 참가에 이용하게 된다.

[군중들의 화내는 소리가 마치 밀려오는 듯 쏟아져 나오는 듯하다]

최씨 부인: (창 앞으로 다가가서 보고는 놀라 기뻐하며) 아이고 진짜 그들이 오는구나, 어어 봐라 사람들 진짜 많구나!

박운옥: (흔쾌히) 네 어머님도 보이시죠? 저기 빈 하늘에 날아다니는 전단지요? 저기 이리저리 펄럭이는 국기도요!

최씨 부인: (기뻐서) 그래. 그래 다 보인다. 다 보여. (이상하게 감동하면서 갑자기 몸을 몇 번 더듬어 내려간다) 아이고, 근휘 국기가 어디 있더라.

박운옥: 아까 가지고 가셨잖아요.

최씨 부인: (몇 발자국 가서) 아이고 내가 어디 두었더라? (다시 한 번 만져보고는 갑자기 몸에서 꺼내 크게 기뻐하면서) 아이고, 여기 있네, 여기 있어!

[최씨 부인은 창 입구로 달려가서 태극기를 펼치고는 쉬지 않고 창 밖에 대고 군중들에게 흔들어 준다]

[군중의 포효하는 소리가 더욱더 가까이 들린다]

[이때에 경찰이 갑자기 황망하게 뛰어 들어오고 마침 최씨 부인과 운옥이 모두 놀라 멈칫한다]

경찰: (최씨 부인의 손에 들린 태극기를 가리키며 큰소리로) 그 국기를 이리 주시오![49] (3막)

박용옥은 3 · 1운동 당시 생명줄인 선언서의 전달과 인쇄, 태극기 제작에서 여성의 역할을 빼놓을 수 없는 중요한 부분이라고 지적한다.[50] 이러한 태극기를 만들어 준 조선의 여인네는 바로 박운옥인 것이다. 어머니는 태극기가 매우 위험하다고 여겼다. 하지만 그것은 어머니에 의해 다시 중시되고 결국은 그를 감시하던 일본 소속 조선인 경찰에게 넘겨진다. 어머니는 그렇게 조국을 상징하는 '태극기'를 직접 손에 넣음으로써 독립운동의 주체가 되고 있다.

말하자면 박운옥이라고 하는 여성의 손에 의해 만들어진 태극기는 남성인 근휘에게 직접 전달되지 않고 또 다른 여성인 어머니에게로 간다. 그리고 다시 여성인 어머니는 남성인 경찰에게 그것을 쥐어 줌으로써 태극기를 전달하게 된다. 즉, 역사의 공식적 활동은 이러한 여성들의 손을 거쳐 탄생된 것으로 보이는 것이다. 태극기가 조선을 상징하는 물건이라면 바로 그것의 체현은 여성인 어머니의 손에서 남성에게 전달됨으로써 획득되는 것이다.

49 [群衆的怒吼聲, 象狂流似的, 洶湧出來了!] ／ 崔老太太：(奔到窗前, 看了一看, 驚喜地) 嗳呀! 真是他們來了啦! 啊啊, 你瞧! 人真多得很呀! ／ 樸韻玉：(歡快) 啊, 姑媽您看見了嗎? 那些在半空中飛著的傳單! 那些飄來飄去的國旗! ／ 崔老太太：(狂喜) 唔, 唔, 我都看見了! 我都看見了! (異常感動, 忽然在身上摸了幾下)噫, 你輝第那面國旗呢? ／ 樸韻玉：您不是早就拿來了麼? ／崔老太太：(走了幾步) 嗳呀! 我放到哪裏去了呢? (再一摸, 忽然從身上拿了出來, 大喜地) 啊! 在這兒! 在這兒! / [崔老太太奔近窗口, 一下把太極旗展開, 不停地對著窗外的群衆搖動著]／ [群衆的狂吼聲越近] / [這時, 警察突然慌慌張張地奔了進來, 這可把崔老太太和韻玉都驚住了] ／ 警察:(指著崔老太太手中的國旗, 大聲地)把那旗子給我!

50 박용옥, 앞의 글, 475쪽.

Ⅲ. 작품에 대한 평가

'항일(抗日)'이라는 특별한 구호 아래 진행된 한 중국 작가의 조선의 독립 이야기는 '조선의 어머니'를 중심으로 그려졌다. 그렇다면 이러한 중국 작가 양한셩의 '조선 어머니 위치지음'은 정당한가?

첫째, 양한셩이라는 중국의 항일 작가에게 '어머니'가 전형적인 '민중'의 형태로 보였다는 점을 지적할 수 있다. 그것이 그의 정치적 성향인 공산주의 노선에서 출발하든 혹은 그렇지 않든 간에 민족 담론 속에 충분히 논해질 수 있는 '민중'의 성격으로 간파된 것은 사실이라는 것이다. 여기서 어머니는 사적인 관계인 모자 관계를 넘어서서 공적인 독립투사로서의 성격을 보여 준다. 이것은 1940년 당시 양한셩이 공연을 하던 중칭(重慶)이라는 공간에서 아들 김구(金九)를 뒷바라지하면서 함께 독립운동을 펼친 김구의 어머니 곽락원 여사라든가 만주의 조선족 여성들의 항일 혁명을 벌인 당시의 실제적인 여성 독립운동으로 그것이 증명된다.[51] 그가 민족 담론 속에서 '조선의 어머니'를 위치지은 것이 정치적 설정에 의한 것이기는 하지만, 그렇다고 해서 그것이 역사적 사실에 위배되지 않는다는 점은 매우 중요하다. 그것은 당시 독립투사를 자녀로 둔 '조선 어머니'들의 비공식적인 정치 활동이었으며, 작가가 이미 지적했듯이 조선 어머니라면 누구나 이러한 사건을 지닐 수 있는 개연성을 지니고 있는 것이다. 따라서 나약한 민중이지만 그리고 전혀 개인적 이름을 갖지 않는 '어머니'이지만,[52] 그러한 가장 민중적 위치에 있는 '어머니'가 결국은 3 · 1운동이라는 거대한 운동의 근본적인 힘이었다고 파악한 점에서 조선의 어머니의 위치를 3 · 1운동 속에 올바로

---

51 이현희, 앞의 책, 393쪽.

52 극중 어머니는 단지 '최씨 부인(崔老太太)'으로만 되어 있음이 그것을 증명하는 것이다.

위치시켜 주었다고 평가할 수 있다.

둘째, 양한성이 '무궁화'와 '노래'를 선택함으로써 조선의 어머니의 존재를 바로 그러한 상징적인 것과 관련시켰다는 점을 말할 수 있다. '무궁화'라는 것은 바로 약하지만 결코 쉽게 지지 않는 생명력을 지닌 약하지 않은 존재이며, '노래'는 저항의 도구로서는 매우 보잘것없는 것이지만 정신적으로 충분히 고무되는 방법이 되기도 한다. 그것은 한 떨기 보잘것없는 '꽃'으로 폭력이 존재하지 않는 '노래'의 형태로 불리었지만, 그러한 '무궁화'의 노래의 주체자인 조선의 어머니는 남성들이 드러나게 공적인 활동 영역에서 그들의 의지를 실행하는 방법과는 다르게 사적이고 또 아무 영향력이 없는 영역 안에서 그러한 나약하고 무력한 자신만의 방법으로 충분히 독립 의지를 나타내었다. '어머니'는 한낱 '무궁화'와 조선을 상징하는 물건인 '태극기'만으로 그의 의지를 보여 줌으로써 여전히 희망의 제언자로 역할하고 있었다. 따라서 그가 제목에서 시사하고 있는 '무궁화의 노래'라는 것은 곧 조선의 어머니가 음유적으로 지니는 자신만의 독특한 저항 방법에 대한 찬양이었던 것이다. 그것이 바로 조선의 힘이었으며 또한 진정한 민중이었음을 여실히 작품에서 드러내었다고 평가될 수 있는 부분이다. 또한 이러한 중국 작가에게 비추어진 조선의 어머니의 모습은 매우 정확하게 '민중'의 소용돌이 속에 온전히 자신의 위치를 지키고 있음을 보여 준 것이라고 할 수 있다.

〈참고 문헌〉

김미숙, 「북한 교과서에 나타난 민족국가 담론과 젠더분석」, 『여/성이론』 통권 4호, 여성문화이론연구소, 1998.

김상원, 「抗戰時期 解放區 文藝運動 小考」, 『중국문학연구』 제12집, 한국중문학회, 1994.
김용휘, 「한말 동학의 천도교 개편과 인내천 교리화의 성격」, 『한국사상사학』 제25집, 한국사상사학회, 2005.
노태구 편, 『한국 민족주의의 정치 이념』, 서울: 새밭, 1981.
박용옥, 『한국 여성 근대화의 역사적 맥락』, 서울: 지식산업사, 2003.
박재우, 「中國現代 韓人題材小說 試探」, 『中國硏究』 18권, 한국외국어대학교 중국문제연구소, 1996.
신용하, 「3 · 1독립운동의 역사적 동인과 내인 · 외인론의 제문제」, 『한국학보』, 1990.
안병직, 「3 · 1운동에 참가한 사회계층과 그 사상」, 『역사학보』, 역사학회, 1970.
이군호, 「일본의 중국 및 만주 침략과 남만주철도」, 『평화연구』 제12권 1호, 2003/2004 겨울.
이명영, 「오익제는 왜 갔나」, 『한국논단』 제99집, 1997.
이원호, 「천도교에 있어서 여성에 대한 사회교육적 기능」, 『종교교육학연구』 제4권, 한국종교교육학회, 1997.
이현희, 『한국근대여성개화사』, 경기도: 한국학술정보(주), 2003.
전경옥 등, 『한국여성정치사회사』, 서울: 숙명여자대학교 아시아여성연구소, 2004.
조찬례, 「동학운동과 삼일운동의 비교연구」, 『한국정치학회 제7회 합동학술대회 논문집』, 1987.
조희선, 「유교화와 여성의 신앙생활」, 『조선 전기 가부장제와 여성』, 서울: 아카넷, 2000.
주요한, 「3 · 1운동의 역사적 의의」, 『지방행정』, 대한지방행정공제회, 1955.
최기용, 「한말 동학의 천도교로의 개편에 관한 검토」, 『한국학보』 제20집, 1994.

한철호, 「개항기 일본의 치외법권 적용 논리와 한국의 대응」, 『한국사학보』 제 21호, 2005.

廖全京, 「陽翰笙抗戰時期劇作的美學風格」, 『社會科學研究』, 1984年 3期.

徐志福, 「第二次國共合作中的陽翰笙」, 『文史雜紙』, 2002年 5期.

徐志福, 「郭沫若, 陽翰笙歷史劇創作思想比析」, 『西華大學學報』, 2005年 3期.

曹健戎, 「抗日戰爭時期陽翰笙活動記略」, 『重慶師範大學學報』, 1984年 2期.

陳然, 「陽翰笙: 荷戟前行的戰士」, 『福建黨史月刊』, 2003年 3期.

陽翰笙, 『陽翰笙劇作集』 下卷, 北京: 中國戲劇出版社, 1982年 1次 印刷版.

韓日新, 「三,四十年代郭沫若, 陽翰笙, 阿英史劇比較」, 『藝術百家』, 1993年 2期.

凌受勛, 「在歷史和現實的交匯點拓展－論陽翰笙的歷史劇創作」, 『四川戲劇』, 2005年 1期.

청일전쟁 시기 『선바오(申報)』 사설에 나타난 '조선'과 '일본'에 대한 시각*

이경하

Ⅰ. 머리말

북핵 위기와 6자회담을 둘러싼 미 · 중 · 일 · 러 등 주변 열강들의 움직임은 100여 년 전 조선 말의 한반도(韓半島) 정세와 닮아 있다는 생각이 든다. 더불어 최근 6자회담의 의장국이자 중재국인 중국의 한반도 정세에서 차지하는 위치와 동북공정(東北工程)을 획책하는 일군의 움직임은 그들의 대한(對韓) 정책과 대북(對北) 정책, 나아가 대한반도(對韓半島) 정책의 기조를 파악해야 한다는 위기감을 느끼게 한다. 이와같이 한반도를 둘러싼 국제 정세의 유사성 때문에 청일전쟁 전후 근현대 중국 지식인들이 조선과 일본을 어떻게 바라보았을까 하는 것은 현대 중국 또는 현대 중국 지식인들의 동아시아관을 파악할 수 있는 중요한 단초를 제공할 것으로 판단된다. 이러한 문제 의식의 연장선상에서 조선에 대한 중국 지식인들의 인식이 어떠했는지에 대해 최근 중국 현

* 이 논문은 『중국어문학지』 제23집(2007년 4월)에 게재되었음.

대 문학 연구자들이 관심을 가지게 된 배경을 이해할 수 있을 것이다.[1] 2006년 상반기에 열린 중국학연구회(中國學硏究會)에서 박남용은 중국 현대시를 매개로 중국인들이 바라본 '대한 인식(對韓認識)'에 대해 발표하면서 캉바이칭(康白情)의 「압록강이동(鴨綠江以東)」에는 일본의 식민지로 전락되어 가는 조선을 반면교사(反面敎師)로 삼은 중국 지식인의 위기 의식이 잘 드러나 있다고 설명했다.[2] 캉바이칭은 조선을 자신들의 속국(屬國)으로 여기던 여느 지식인들과는 달리 조선을 하나의 독립국가로 인식했는데, 조선에 대한 그의 시각은 상당히 예외적이라고 볼 수 있다. 왜냐하면 당시에는 진보적인 지식인 몇몇을 제외하고는 조선을 청일전쟁을 계기로 중국의 영향권에서 벗어나 일본의 지배권에 놓이게 된 약소국으로 여기는 시각이 보편적이었기 때문이다. 루쉰(魯迅) 또한 이와 같은 중국인의 부적절한 조선관(朝鮮觀)에 대해 다음과 같이 지적한 적이 있다.

> 중국인 자신은 전쟁을 좋아하지도 않지만, 그렇다고 전쟁을 저주하지도 않는다. 자신은 전쟁에 나가고 싶어하지 않으면서, 전쟁에 나가고 싶어하지 않는 타인을 동정하지도 않는다. 비록 자신에게까지는 생각이 미치지만, 타인에게까지는 생각이 미치지 않는 것이다. 예를 들어 현재 일본이 조선을 병탄(倂呑)한 일을 논하면서, 사람들마다 '조선은 원래 우리 속방(屬邦)이었는데' 하는 따위의 말들을 하는데, 이런 말투는 듣기만 해도 사

---

1 관련된 선행 논문은 다음과 같다: 박재우, 「중국 현대 韓人題材小說의 심층적 연구」, 『中國硏究』 제33호, 한국외대 외국학종합연구센터 중국연구소, 2004; 김시준, 「중국문학 작품 속에 투영된 韓國人像」, 『中國文學』 제31호, 韓國中國語文學會, 1999; 김시준, 「魯迅이 만난 한국인」, 『中國現代文學』 제13호, 한국중국현대문학회, 1997.

2 박남용, 「中國 現代詩에 나타난 對韓認識과 상호정체성 試論」, 『제81차 중국학연구회 정기학술 발표회 발표논문집』, 중국학연구회, 2006년 5월, 6쪽.

람을 몹시 두렵게 한다.[3]

당시 조선을 바라보는 일반 중국인들의 시각이 어떠했는지 여실히 알 수 있는 대목이다. 그나마 조선에 대한 인식은 1905년 일본의 조선 합방 이후, 한반도와 중국에서 전개되고 있는 항일 운동으로 인해 많이 제고(提高)된 상황이었다. 그렇다면 조선이 아직도 봉건왕조의 기나긴 낮잠에서 깨어나지 못한 19세기 말, 그 당시 조선을 바라보는 중국인의 시각은 어떠했을까? 자신들의 내홍(內訌)과 세계 열강들의 침탈로 쑥대밭이 되어버린 중국에서 하나의 독립된 국가로서 조선을 바라보는 시각이 과연 존재했을까?

이러한 문제 의식에서 출발해 이 논문에서는 당시 중국의 대표 일간지인 『선바오(申報)』 사설을 통해 청일전쟁 시기 중국의 동아시아관, 즉 '조선'과 '일본'에 대한 인식이 어떠했는지 살펴보고자 한다. 우리는 1894년 한반도에서 일어난 청과 일본 두 외세 간의 전쟁을 '청일전쟁'이라고 부르지만, 중국에서는 '갑오전쟁(甲午戰爭)', 혹은 '중일갑오전쟁(中日甲午戰爭)'으로, 일본에서는 '일청전쟁(日淸戰爭)'이라고 부른다. 이 글에서는 우리나라에서 통상 사용되는 '청일전쟁'으로 표기함으로써 1937년 발생한 '중일전쟁'과 구별하고자 한다. 이 전쟁으로 인해 조선은 임진왜란 이래 최대의 위기를 맞이해 청일전쟁 종전(終戰) 10년 만에 일본의 보호국이 되어버리고, 5년 후에는 아예 일본의 식민지로 전락하고 말았다. 이와 같은 전쟁의 폐해는 전쟁터였던 조선뿐만 아니라, 참전국이었던 중국에도 큰 영향을 미쳤다. 선진적 중국인은 망국의 비운

---

3 "中國人自己誠然不善於戰爭, 卻並沒有詛咒戰爭 自己誠然不願出戰, 卻並未同情於不願出戰的他人; 雖然想到自己, 卻並沒有想到他人的自己. 譬如現在論及日本並呑朝鮮的事, 每每有'朝鮮本我藩屬' 這一類話,只要聽這口氣, 也足夠叫人害怕了." : 魯迅, 「一個青年的夢」譯者序二, 『魯迅全集』 第十卷, 人民文學出版社, 1996, 195쪽.

(悲運)을 가셔버리고 국가의 생존을 도모하기 위해 무술변법(戊戌變法)과 신해혁명(辛亥革命)을 일으키고, 5 · 4 애국운동을 전개했다. 이러한 대중 운동을 효과적으로 수행할 수 있도록 윤활유 역할을 해주고 시대 상황을 충실하게 전해 준 것이 바로 신문을 대표로 하는 언론매체였다. 그 중에서도 중국 각지에 발행처와 판매처를 둔 『선바오』는 일반 독자들이 쉽게 접근할 수 있는 일간지였다. 또 『선바오』에는 정치 논평과 사설이 많이 실렸는데, 이러한 글은 아잉(阿英)의 지적처럼 청일전쟁 시기에 그 역량을 충분히 드러냈다.[4] 따라서 청일전쟁 시기 중국이 어떻게 조선과 일본을 인식했는지 살펴볼 수 있는 좋은 자료로 『선바오』 사설의 의미가 크다고 할 수 있다. 이에 『선바오』에 실린 사설들을 통해 당시 중국의 동아시아관을 살펴보고자 한다.

Ⅱ. 『선바오』 소개 및 특징

1840년 영국과의 아편전쟁(鴉片戰爭)에서 중국은 참패했고, 굴욕적인 난징조약(南京條約)을 체결해야만 했다. 외국에 굳게 닫혀 있던 중국의 문호가 마침내 무력으로 열린 것이다. 서구의 상인들은 새로운 사업 세계로 물밀듯이 몰려들었고, 회사를 세워 폭리를 취했다. 당시 상하

4 "由於新聞事業的發達, 在清末產生了一種新型文學, 就是譚嗣同所說的報章文體, 也就是政論, 這種文字在當時影響很大, 敢於說話, 無所畏忌, 對於當時發生的事件, 時有極中肯的論斷. 這種政論, 在中日戰爭時代, 已顯出了它的力量……"신문사업의 발달로 인해 청말(清末)에 새로운 형태의 문학이 출현했는데, 바로 탄스통(譚嗣同)이 말한 신문체, 바로 정론문(政論文)이다. 이런 종류의 글은 당시에 영향력이 매우 커서, 두려워하고 꺼리는 바가 없을 정도였다고 감히 말할 수 있으며, 당시에 발생한 사건들에 대해 때로는 매우 정확한 논단(論斷)을 펼쳤다. 이런 종류의 정론(政論)은 중일전쟁(中日戰爭: 淸日戰爭을 가리킴: 역자 주) 시대에 이미 그 역량을 드러냈다……: 阿英, 『甲午中日戰爭文學集』, 中華書局, 1958, 23쪽.

이(上海)는 상공업이 발전함에 따라 인구 증가율이 급상승하고 있었고, 상공업을 위한 각종 신문이 생기기 시작했는데, 그 서막을 연 것이 바로 상하이 최초의 중국어판 신문이면서, 중국 전역(홍콩 제외) 최초의 신문이라고 볼 수 있는 『상하이신바오(上海新報)』(1861년)이다. 이 신문의 뒤를 이어, 1872년 영국인 사업가 어니스트 메이저(Ernest Major)와 그의 친구들이 『선바오』를 창간했는데,[5] 『선바오』는 1949년 5월 27일 종간(終刊)되어 중국 근현대 출판사상 가장 오랜 역사를 자랑하는 신문으로 꼽힌다.[6] '선바오'는 '선장신바오(申江新報)'의 줄임말로 당시 상하이 사람들은 '상하이'에 대한 별칭으로 '선(申)'을 즐겨 사용했기에 상하이를 대표하는 신문이라는 뜻에서 '선'자를, 또 황조(皇朝)가 출판하는 신문과의 차별성을 강조하기 위해 '신바오(新報)'라는 두 글자를 붙였다고 한다.[7] 『선바오』의 사장은 영국인이었지만, "가능한 한 중국적인 느낌이 나도록" "편집과 경영 업무에 중국인을 초빙해 분담"했고,[8] 초빙된 중국인들 대다수가 "봉건 귀족 가문 출신으로 상하이의 십리양장(十里洋場)에서 자라 유교 경전과 시고문사(詩古文辭)에 조예가 깊었고, 양무(洋務)에 대해서도 조예가 깊었다."[9] 따라서 이들이 사건을 바라보는 시각이나 사설의 논조는 서양인에 대한 무작정적인 편애 또는 중국인에 대한 편파적 시각에서 벗어나 중립적인 입장을 띠었다.[10] 또 이것은 창간사에도 드러났듯이 이 신문 발간의 목적이기도 했다.[11] 아울러 외국인

---

5 徐載平 · 徐瑞芳, 『清末四十年申報史料』, 新華出版社, 1988, 1–3쪽.

6 『申報』 影印說明, 上海書店, 1982年 10月.

7 徐載平 · 徐瑞芳, 『清末四十年申報史料』, 7쪽.

8 "盡可能地中國化", "編輯和經理工作都聘請中國人分擔": 方漢奇, 『中國近代報刊史』 上册, 山西人民出版社, 1981, 42쪽.

9 "這些人多數出身於封建簪纓之家, 生長於上海這個十裏洋場, 既受過封建教育,邃於儒家經典和詩古文辭, 又熟悉洋務": 方漢奇, 『中國近代報刊史』 上册, 47쪽.

10 『申報』, 1874年 5月 12日.

11 "一切可驚可愕可喜之事, 足以新人聽聞者, 靡不畢載. 務求眞翔實無妄, 使觀者明白易曉" 모든 놀

이 경영하는 신문답게 서양의 선진 과학과 사상을 알리는 동시에 중국 민중의 고통을 반영하고 봉건 통치 계층의 부패를 고발하는 데 일정 부분 긍정적인 역할을 담당했다.

근대 신문으로서 『선바오』가 가지는 가장 큰 특징은 중국 신문 최초로 사설을 실었다는 점이다. 『선바오』 창간 당시 상하이에는 『상하이신바오』가 있었지만, 이 신문에서는 사설을 발표하지 않았다. 이와 달리 『선바오』는 창간 때부터 사설 한 편을 신문 첫 페이지에 실음으로써 『상하이신바오』와는 다른 언론 보도 전략을 보였다. 이것은 『선바오』가 단순한 상업적 이익을 위해 발간된 신문이 아님을 증명하며, 어느 정도 정치적 경향성도 갖춘 신문임을 알려 줌과 동시에 세상사에 많은 관심을 보이던 중국인 독자, 특히 지식인들의 욕구를 충족시켜 줌으로써 판로 확대에 큰 영향을 미쳤음을 보여 준다. 신문 사설의 제재(題材) 면에서 살펴볼 때 창간 초기부터 1911년 신해혁명 전까지 국가 대사(大事)와 관련된 내용은 크게 양무, 외국과의 분쟁, 유신변법, 신해혁명으로 나뉜다. 이들은 모두 중국 근현대사의 중요 사건들이기 때문에 그 내용을 다룬 사설을 통해 우리는 『선바오』의 정치 성향을 짐작해 볼 수 있다. 근대 중국에서는 러시아 · 프랑스 · 미국 · 일본 등과 분쟁이 자주 발생했는데, 이러한 일련의 사건들에 대해 『선바오』는 주의를 기울였을 뿐만 아니라, 관련 사건에 대한 정확하고 신속한 보도를 위해 특파원을 현지에 파견하는 열의를 보였다. 청일 양국 간의 분쟁을 예로 들어 살펴보도록 하자. 1873년 4월 2일 『선바오』는 타이완(臺灣) 원주민이 류큐인(琉球人)을 살해한 사건을 빌미로 삼아 일본군이 타이완에 출동한 사

랍고도 기쁜 일들은 새 시대의 사람이 듣기에 족하므로 모두 기재하지 않을 수 없다. 상세함과 정확성을 추구해 거짓이 없도록 힘씀으로써, 보는 이들이 분명하고 쉽게 이해하도록 할 것이다(『申報』, 1872年 4月 30日).

건을 가장 먼저 알림으로써 정부와 국민의 관심을 이끌어냈다. 또, 청일전쟁 중에는 계속 싸울 것을 주장하며, 청 정부의 강화(講和) 시도를 반대했다. 이와 같은 취지에서 1895년 1월 10일부터 15일까지 6일 연속 「논의화잉불능폐전(論議和仍不能廢戰): 강화를 논해도 전쟁을 그만둘 순 없다」, 「의화유십요(議和有十要): 강화가 가지는 열 가지 요소」, 「의화수점편의설(議和需占便宜說): 강화는 유리한 조건에서 말해야 한다」 등과 같은 사설을 발표했다. 또, 양국 간에 시모노세키조약이 체결되자 『선바오』는 "중국 조정은 사람들의 멸시와 조소를 면할 수 없다. 그럼에도 다방면으로 민심을 다독이려 했지만 끝내 민심을 얻지 못하니, 오호라 후회해도 늦었구나"라고 말하면서 청조의 무능력을 강하게 비판했다.[12] 이와 같은 각종 외교 분쟁사건 속에서 『선바오』에서 주장한 '주전론(主戰論)'이나 철저한 자기 반성은 중화 민족의 애국심을 보여 주는 단서가 될 수 있다. 물론 이와 같은 주장이 외교적인 측면에서 실질적으로 유용했는지의 여부는 재고(再考)의 여지가 있다. 신문의 사설은 한 개인의 글에 머무는 것이 아니라, 신문사의 정치 성향을 대변하고 사회 여론을 이끌 수 있으므로 본고에서는 당시의 신문 언론을 대표하는 『선바오』 사설을 통해 청일전쟁 기간 중 중국이 조선과 일본을 어떤 시각과 입장에서 바라보았는지 살펴보고자 한다.

Ⅲ. 청일전쟁 관련 『선바오』 사설 분석

예전부터 한반도의 중요한 지정학적 위치로 말미암아 한반도는 주변

12 "中朝未免惹人恥笑, 仍欲多方撫輯民心終不服從, 嗚呼悔之晚矣." 「論臺民義憤」, 『申報』, 1895年 5月 19日.

의 동북아 국가뿐만 아니라, 세계 열강들의 뜨거운 관심을 한 몸에 받아왔다. 아편전쟁 이후 국력이 날로 쇠퇴해 가는 와중에서도 청 정부는 조선에 대한 관심을 점점 강화하는 한편 조선으로 군대를 파견하고 차관을 제공하며, 당시 중국에서도 최고의 인재들이라고 볼 수 있는 해외 유학파 엘리트들을 조선 정부의 고문(顧問)과 기술자로 파견했다. 그것은 당시 청 정부가 조선 문제를 중요하게 인식하고 있었음을 의미한다. 한마디로 조선 문제는 비록 근대 중국의 대외 관계에서 가장 중요한 문제는 아니었지만, 분명 당시 청 정부가 가장 힘을 기울였던 한 부분이라고 볼 수 있다. 반세기 전 청일전쟁 전후의 동북아 국제 관계 연구자로 저명했던 천웨이팡(陳偉芳)은 『조선문제여갑오전쟁(朝鮮問題與甲午戰爭): 조선문제와 갑오전쟁』이라는 저서에서 구미 자본주의 열강과 신흥 일본의 침략 야욕으로 중국을 중심으로 이루어진 동아시아의 전통적인 국제 질서가 무너져 가면서, 중국과 조선 그리고 일본 사이의 전통적인 관계도 새로운 변화를 가져오기 시작했고, 조선의 개항과 함께 이른바 '조선' 문제가 불거지게 되었다고 지적했다.[13] 당시 청 정부는 조선에 대한 구미 열강과 일본의 침략 야심에 자극을 받으면서도 조선의 독립과 자주를 적극 지지하고 상호 평등한 반침략동맹(反侵略同盟)을 맺은 것이 아니라, 오히려 조선에 대한 정책을 전통적인 불간섭주의(不干涉主義)로부터 좀 더 적극적인 간섭정책(干涉政策)으로 전환하며 전통적인 종번(宗藩) 관계를 한층 더 강화하려 들었다. 그러나 조선에 대한 청 정부의 적극적인 간섭정책은 조선인들의 민족 정서를 자극하고 일본과 미국의 조선 진출에 유리한 조건을 형성시켰을 뿐이다. 이에 대해 중국 역사 연구자인 전인영은 「중일갑오전쟁 전후 중국의 조선

13 陳偉芳, 『朝鮮問題與甲午戰爭』, 三聯書店, 1959／ 陳偉芳 지음, 權赫秀 옮김, 『淸日甲午戰爭과 朝鮮』, 백산자료원, 1999, 17-45쪽.

인식 변화」라는 논문에서 동치(同治)부터 광서 초기(光緒初期)까지 청은 조선을 "중국의 속방이나 정교금령(政教禁令)은 자주적으로 행하는" 중국의 전략적 요충지로, 1879년부터 청일전쟁까지는 반식민지화(半植民地化) 대상국으로 조선을 인식했다고 밝혔다.[14] 실제 『선바오』 사설에서도 이와 비슷한 논지의 글이 많이 실렸다. 1894년 7월 1일부터 1895년 5월 31일까지 11개월 사이 발행된 『선바오』(7612호~7941호)에서 청일전쟁 관련 사설은 230여 편으로 전체 사설 편수 중 70% 이상을 차지한다.[15] 그러나 그 내용은 주로 일본과의 전투 상황이나 일본에 대한 군사력 평가 등 일본 관련 사설이 대부분을 차지하고, 조선에 대한 언급은 몇 편에 불과하다. 이러한 통계 수치만 보아도 중국에서 조선과 일본이 차지하는 비중이 어떠한지 짐작해 볼 수 있다. 그렇다면 『선바오』 사설에 나타난 글을 중심으로 구체적인 예를 살펴보자.

1. '청일' 그들만의 전쟁 – 소외당한 '조선'

중국 근대사에서 청 정부는 다섯 차례 대규모 전쟁을 치르게 되는데, 그 결과는 모두 중국이 굴욕적인 불평등 조약에 날인하는 것으로 종결되었다. 아편전쟁이 외부 세계에 굳게 닫혔던 중국의 문호를 열게 해주었다면, 청일전쟁은 그 문을 아예 부숴버렸다. 따라서 중국의 역사학자 중에는 이 전쟁을 일본이 꾸민 음모로 인해 도발된 사건이자, "일본 제국주의가 중국을 침략한 전쟁"으로 보기도 한다.[16] 조선과 일본은 중

14 全寅永, 「中日甲午戰爭 前後 中國의 朝鮮認識 變化」, 『國史觀論叢』 제90집, 국사편찬위원회, 2000, 41–84쪽.

15 董叢林, 「對『申報』關於甲午戰爭的政論之考察」, 『甲午戰爭與近代中國和世界』, 人民出版社, 1995, 782쪽.

16 成偉明, 『甲午戰爭中國失敗的原因和教訓』, 湘潭師範學院學報(社會科學版) 第26卷 第6期, 2004年 11月, 50쪽.

국에 가까운 이웃으로서 문화 교류의 역사와 그 연원은 오래되었다. 문화 교류에서 우위를 차지하던 중국은 메이지유신(明治維新)과 청일전쟁을 계기로 일본에 대한 인식을 달리하게 된다. 일본의 메이지유신 이후 달라진 사회 모습에 대한 충격이 일부 지식인들을 중심으로 이루어졌다면, 청일전쟁은 '일본'의 존재에 대해 미처 깨닫지 못하고 있던 대다수 중국인에게 신흥 '일본'의 위력을 깨닫게 해 주었다. 양국 간의 갈등은 이미 예전부터 존재했었는데, 그 예고는 『선바오』 사설 속에서도 드러난다. 1894년 7월 들어 청일전쟁과 관련된 사설들이 22편이나 실렸다. 이 사설들 속에서 조선을 직접 언급한 것은 6편에 불과하다. 게다가 그 내용을 살펴보면 서술의 중심은 조선이 아니었다. 나머지 사설들 또한 청일 양국과 관련된 내용들이었는데, 그 예로 7월 12일자 사설을 자세히 살펴보도록 하자.

> 중일 양국은 고려의 난으로, 아마 교전에까지 이르게 될 것이다. 그러한즉 일본 병제의 요직에 있는 자를 알지 않으면 안 된다. 조사에 의하면 일본 육군은 예전부터 7개 사단으로 나뉘었는데, 그 각각은 소장(少將)에 의해 통솔된다. 태평 시절에는 그 수가 병사 56,561명, 의용군 95,951명, 예비군이 97,762명에 이르고, 전시(戰時)가 되면 병사는 250,274명, 통솔 장교 595명, 하급 장교 3,587명, 사관 10,581명으로 장교와 군사를 모두 합치면 총 269,620명이나 된다. 거기에 영내에서 잡일을 보는 병사 1,000명, 기마병 부대 소속 1,500명이 더 있다. 영내의 규율은 모두 유럽 제도를 따랐다……[17]

17 "中日兩國因高麗之亂, 恐致交兵, 然則日本兵制當軸者所不可不知也. 考日本陸軍向分七省, 各以少將領之, 太平之日, 額兵五萬六千五百六十一名, 義勇九萬五千九百五十一名, 民團九萬七千七百六十二名, 迨至戰爭之時, 其兵可至二十五萬零二百七十四名, 統將共五百九十五員, 稗將共三千五百八十七員, 士官共一萬零五百八十一員, 合其將兵,計共至二十六萬九千六百二十人,

이와같이 두 나라가 개전(開戰)하기 이전에는 일본 군대에 대한 분석이나 일본측 전력(戰力)에 대한 평가나 예측이 주를 이루었다. 그러나 일본 군사력에 대한 조사 자료의 정확성 여부보다 더욱 중요한 것은 청 정부의 핵심 인사들은 메이지유신 이후 변화된 일본에 대해 어느 정도 인지하고 있으면서도, 전쟁 전까지는 일본의 야욕이 중국까지 겨냥한 것임을 크게 의심하는 사람이 드물었다는 사실이다. 이처럼 자만심과 방만함에 빠진 중국이 오랫동안 치밀하게 전쟁을 준비해 온 일본의 적수가 되지 못할 것은 너무나 자명한 일이다. 그들은 허황된 우월 의식에 빠져 적을 제대로 파악하지 못했다. 전쟁이 시작되면 당연히 중국이 이길 것이라고 대다수의 사람이 예견했기 때문에 전쟁으로 인해 중국이 입게 될 군사적인 피해나 정국(政局)에 미칠 파장에 대해서는 생각도 하지 못했던 것이다. 7월 3일부터 『선바오』는 일본 국내의 뉴스를 전문적으로 번역 소개하는 '일보역등(日報譯登)'을 1면에 확보해 일본의 동정(動靜)에 대해서도 상세하고 신속하게 전해 주었지만, 그들이 바라보는 일본의 모습은 한계성을 극복하지 못했다. 예를 들어 일본에서 벌어지고 있는 제반의 움직임에 대해 종합적인 사유가 아닌 단순한 분석에만 그쳤기 때문이다. 따라서 청일 양국 간의 관계 악화를 바라보는 시각 또한 민간 경제에 미치는 영향에만 국한되었을 뿐이었다.

> 고려사건 이후부터, 일본은 수차례 병사를 출병해 우리 중국을 난처하게 하고자 했고, 일본에 거주하며 무역업에 종사하는 화교들은 오래전부터 들은 바가 있는데다, 매일 각 신문사에 위급함을 알리는 글들이 연이어 출현하니 두려움과 당혹감을 느끼지 않을 수 없어, 귀국을 계획하는

中有兵士千名在營中充當雜差者, 複有千五百名歸馬兵隊中者, 至其營規,悉循歐洲制度." 「論日本之朝鮮將爲俄人所誤」, 『申報』, 1894年 7月 12日.

> 자들이 있게 되었다. 일본 내 오사카(大阪)의 각 화교 상인들은 귀국하기 위해 배의 접근이 용이한 고베(神戸)로 대부분 이주했다. 요코하마(横濱) 화교 상인의 수는 비교적 많았는데, 이른바 건장한 사람들이 평소에 늘 화교들에게 돌을 던지고 기물을 더럽혔다. 이즈음에는 폭동이 더욱 심상치 않아, 한 번 일어나면 밤까지 계속되어 화교들은 조계(租界) 바깥으로 나갈 엄두가 나지 않았다. …… 광둥(廣東)은 땅이 좁고 인구가 많아 먹고 살 방도가 없는데, 요 몇 년 이래 조선 한 곳이 이윤의 거점지가 되자, 지금 생계 문제로 사람들은 서로 다투게 되었다. 화교들 중 이미 조선에 간 사람들은 모두 가족을 이끌고 짐을 싸서 건너왔는데, 아직 가지 못한 자들은 이러지도 저러지도 못한 채, 직업을 잃고 떠돌며 절망감에 빠져 지내고 있다.[18]

국가 간의 불협화음은 정치적 긴장으로 연결될 뿐만 아니라, 민간 경제에도 큰 영향을 미친다. 이처럼 일본 군인들이 조선에 간 이후, 잘못된 소문이 백방으로 퍼져 일본의 화교 상인들은 불안에 떨게 되었고, "요코하마 화교들 중 귀국한 자가 이미 적지 않으며, 오사카 화교들은 고베로 이주했다"고 한다.[19] 조선에서의 동학혁명으로 인한 일본의 출병, 그 후 야기된 문제는 바로 청일 두 나라 간의 교통 두절을 낳았고, 일본 거주 화교 상인들에게 큰 불편함을 초래했을 뿐만 아니라, 양국

18 "自高麗事起, 日本屢次出兵意欲與我中國爲難, 華人之旅居日本通商務口者, 聞有舊報頻來, 且每日各新聞館迭附章告急, 不免爲之惶惑, 因有作回國計者. 日内大阪各華商均遷至神戶以便附船回國, 橫濱華商爲數較多, 有所謂壯士者, 平時輒向華人投石辱器, 至此益暴亂異常. 一至晚上, 華人竟不敢至租界之外.…… 廣東地窄民稠無以謀生, 近年以來, 每以朝鮮一處爲利藪, 今以口人構釁, 華人之已往朝鮮者, 皆挈裝内渡, 未往者亦裹足不前, 失業流落, 不免向隅想." 「閱日使上朝鮮國王疏憤而書此」, 『申報』, 1894年 7月 18日.

19 "神戶華人回國者已不少, 大阪華人則遷至神戶." 「論保朝鮮攻日本宜以全力」, 『申報』, 1894年 7月 30日.

간의 무역에 심각한 영향을 미쳤다. 일본에 살던 화교와 중국계 일본인 대부분이 본국으로 쫓겨가게 되면서 두 나라 간의 무역은 심각한 타격을 받게 되었고, 한반도의 정치적 불안과 소요는 새로운 삶을 모색하기 위해 조선으로 이주해 온 화교들에게도 큰 위험 요소가 되어버렸다. 그러나 위의 글은 양국 간의 관계 악화로 인한 경제적인 피해에 대해서만 우려할 뿐, 냉정한 시각으로 전쟁이 향후 어떻게 전개될 것인지, 또 그 파장이 어디까지 미칠 것인지에 대해서는 언급하지 않고 있다. 또한 '동학혁명'을 '고려사건'으로 칭하는 등 조선에 대한 호칭마저 통일되어 있지 않았다. 이처럼 전쟁 관련 보도는 점차 많은 지면을 차지하게 되었지만, 그것은 어디까지나 교전 상대국인 일본에 대한 관심에 머물렀고, 조선은 그저 그들의 전쟁터로서 존재할 뿐이었다. 결국 중국과 일본에 '조선'은 자신들의 권력다툼을 벌일 장소 혹은 자신들의 더 나은 이권(利權)을 위해 내디뎌야 할 디딤돌 같은 대상에 불과했던 것이다. 또 일본에 대한 인식 또한 낮은 수준에 머물러 있었다.

> 우리 위풍당당한 천조(天朝)는 땅이 드넓고 백성이 많으며, 재물과 조세가 풍부하고 군사력이 강하다. 너희보다 열 배나 되는데도, 너희는 자신들의 힘을 헤아리지 않은 채, 쉽게 병사를 일으켰는데, 이는 대소지세(大小之勢)를 알지 못했기 때문이다.[20]

논자(論者)는 청 정부를 '천조'라고 칭하며, 면적 · 인구 · 자원 등에서 우월한 위치에 있는 중국을 부각시켰다. 따라서 만일 전쟁이 일어난다고 해도 중국의 낙승을 예견하며, 최근 들어 일어나고 있는 일본의 군

20 "以我堂堂天朝, 幅順之廣大, 人民之多, 財賦之厚, 兵卒之精, 十倍於爾, 爾乃不自量力, 輕啟兵端是不明乎大小之勢矣."「先發制人說」,『申報』, 1894年 7月 28日.

사적 책동을 자신들의 능력을 과대 평가해 저지르는 행위로 간주했다. 또 중국인에 대한 선민사상(先民思想)과 일본에 대한 폄하와 멸시는 구체적으로 신체적인 특징에 대한 비하에서도 드러났다.

> 일본인은 본래 난장이처럼 왜소하여, 키가 4척이 되는 사람이 지금까지 없었다. 중국인의 우람한 신체와 위풍당당한 풍채와는 다르다.[21]

중국 지식인은 위와같이 일본인보다 우수한 신체 조건을 예로 들면서 전쟁이 일단 시작되더라도 중국 병사의 덩치가 더 크기 때문에 작은 덩치를 가진 일본 병사를 물리치는 것은 당연하다고 생각하며, 도리어 일본 측의 피해를 염려하는 발언을 했다. 이러한 예를 통해 우리는 중국 사회에 만연된 이웃 나라에 대한 안하무인적인 태도를 엿볼 수 있다. 대다수의 중국인은 청일전쟁 전 이미 괄목할 만한 성장 속도로 중국보다 강한 국력을 갖게 된 일본에 대해 전혀 알지 못했고 구태의연한 전통 관념에 맴돌 뿐이었다. 지피지기(知彼知己)이면 백전백승(百戰百勝)이라는 선조(先祖)의 명언은 망각한 채, 결국 일본이 계획한 시나리오대로 움직여 주었던 것이다.

조선에서의 동학혁명 봉기 후 조선 정부의 요청으로 청 정부가 군대를 파병하자, 톈진조약(天津條約)을 근거로 그 뒤를 이어 일본군이 조선에 도착했다. 이때 일본측이 내세운 직접적인 개전 사유는 조선의 내정개혁이었다. 설득력이 약한 이유를 들어 전쟁을 시작하려 했기 때문에 가쓰 가이슈(勝海舟)는 청일전쟁을 명분 없는 군대 동원이었다고 논한 바 있고, 메이지(明治) 천황 역시 개전에 대해 소극적인 태도를 보였

21 "日人本短小若侏儒, 從無高至四尺以上者, 不似華人之身體高大體態昂藏." 「日事近聞」, 『申報』, 1894年 7月 20日.

다. 이러한 까닭에 청군의 조선 출병 통지를 듣고 6월 초에 이미 무쓰 무네미쓰(陸奧宗光) 외상과 가와카미 소로쿠(川上操六) 참모본부 차장이 비밀리에 개전(開戰)을 결정했음에도 불구하고 개전은 7월 25일에나 시작된 것이다. 풍도 앞바다의 해전으로 전쟁이 현실화되기까지 두 달 정도의 시간이 소요되었다는 것은 일본 측이 직접적인 개전 구실을 찾는 데 난항을 겪었음을 시사해 준다.[22] 한반도에서의 벌어질 전쟁의 폭풍은 피할 수 없는 운명이 되어버렸고, 7월 25일 새벽 일본군이 청군에 대해 군사 행동을 시작함으로써 양국 간의 전쟁은 시작되었다. 그러나 전쟁에 대한 결과 예측은 전투가 벌어진 첫날 본격적인 싸움이 시작되기도 전에 만천하에 드러났다. 아산만 밖의 풍도 해상에서 일본 군함이 아산으로 지원군을 수송하던 중국의 병선과 군함을 습격해 중국 군함 광을호(廣乙號)를 크게 격파하고, 청군을 수송하던 영국 국적의 상선 고승호(高昇號)를 격침해 그 배에 탑승했던 청군 장병 1,000명이 사망하는 사건이 발생한 것이다. 이어 일본군은 7월 28일 아산에서 예즈차오(葉志超)와 니에스청(聶士成)이 인솔한 청군을 공격했다. 당시 아산에서 동북 방향의 성환에 주둔하고 있던 니에스청의 부대가 먼저 일본군의 포위 공격을 받고 패하자 공주에 주둔해 있던 예즈차오는 황급히 군을 거느리고 북으로 철퇴했다. 청 정부는 일본 측이 이처럼 전쟁을 도발하자 주일공사(駐日公使)를 소환하고 8월 1일 대일(對日) 선전 포고를 하게 되었다.[23]

전쟁이 본격적으로 진행된 8월에는 7월보다 많은 전쟁 관련 사설이 실렸다. 그 수는 총 27편에나 달했는데, 그 중에서 조선을 중심으로 쓴 것은 8월 7일 사설 「논조선실여동북상유계(論朝鮮實與東北相維係): 조

22 후지무라 미치오 지음, 허남린 옮김, 『청일전쟁』, 도서출판 소화, 1997, 서문 7쪽 참고.

23 陳偉芳 지음 · 權赫秀 옮김, 『淸日甲午戰爭과 朝鮮』, 백산자료원, 1999, 195쪽.

선이 실제 동북과 긴밀한 관계를 유지하고 있음을 논함」과 8월 13일 사설 「논조선대국(論朝鮮大局): 조선의 정세를 논함」 2편뿐으로 조선에 대한 언급은 본국의 이익과 관련되었을 때 논의되는 정도에 그쳤다. 이처럼 『선바오』는 전쟁 상대국인 일본에 대해 더 많은 관심을 보였다. 조선이 오래전부터 조공(朝貢) 관계를 맺어온 사이인데 비해 일본은 좀 더 생소했기 때문이고, 이번 전쟁이 조선 문제 때문에 불거진 것이긴 하지만, 전쟁이 갖는 의미는 훨씬 복잡한 양상을 초래할 수 있음을 간파했기 때문이다.

> 중국의 영토는 일본의 열 배이고, 중국인의 수도 일본의 열 배이지만, 중국은 강해 보이지 않고, 일본은 약해 보이지 않으니, 어째서인가? 일본이 서양을 본받는 데 전념할 수 있었던 까닭에 모든 정치 · 교육 호령(號令)은 모두 유럽의 하는 바를 따르고, 활기 없는 오랜 습관을 일변한 까닭에, 유신 이래로 휴식을 취하며 동해에서 영웅으로 자처하니, 유럽의 여러 나라 또한 일본이 자신들을 받들고 영향권에 있음을 기뻐했다.[24]

이처럼 중국의 관심은 조선보다는 일본에 있었으며, 일본 역시 조선을 이웃 나라가 아닌 일본 군대의 전쟁터로밖에 여기지 않았다. 근대 일본 군대의 성격은 1880년대에 들어 점차 외정군(外征軍)으로서의 성격이 나타나게 되는데, 1880년 11월에 당시 참모 본부장에 취임했던 야마가타 아리토모(山縣有朋)가 메이지 천황에게 제출했던 「진린방병비략표(進隣邦兵備略表): 이웃 나라 진입에 필요한 군비 표」에서 '린방(隣

---

24 "中國之地雖十倍於日本, 中國之人雖數十倍於日本, 而中國不見甚强, 日本不見甚弱, 何也? 以日本之能專心西法, 一切政教號令皆一遵夫泰西之所爲, 一變其從前委靡之積習以故, 自維新以來, 寢寢乎稱雄於東海, 而泰西諸國亦皆喜其能拜下風也." 「聞中國屢捷喜而書此」, 『申報』, 1894年 8月 4日.

邦)'이라고 불리던 대상은 중국이었다. 일본의 진짜 이웃 국가인 조선에 대해서는 언급이 없으며, 일본 육군에 조선은 국가로서 인정받지 못한 존재였다. 이것은 일본이 조선을 일본과 대등한 국가로서 인식하고 있지 않았다는 것을 의미한다. 즉, 일본 육군의 전력 속에서 조선은 대(對)러시아, 대(對)청국 정책 속에 포함된 지정학적인 존재에 불과했던 것이다.[25] 이처럼 조선의 오랜 이웃 나라는 모두 조선 땅에서 전쟁을 벌이면서도 조선을 진정한 이웃으로 여긴 것이 아니라, 자신들의 이익을 위해 반드시 사수해야 할 대상으로만 보았던 것이다. 사실 1894년 6월 말에 동학당(東學黨)의 봉기는 거의 평정되었다. 애초에 동학당 진압을 위해 고종이 청군 파병을 요청했음을 떠올려 볼 때, 청군의 임무는 다한 것이다. 그러나 일본이 톈진조약을 내세워 대규모 군대를 조선에 투입시킴으로써 청일 간 심각한 군사 대치가 한반도에서 벌어지게 되었다. 어떻게든 이번 청일 간의 한판 승부를 통해 조선에 대한 우위를 선점하고 이후 중국 침략을 모색했던 일본과 달리 청의 최고 통치권을 대표하던 리훙장(李鴻章)은 평화적 협상을 통해 조선 문제를 적당한 선에서 타협하기를 기대했다. 그것은 일본과의 전쟁에서 이길 자신이 없었기 때문이었다.[26] 결국 청일전쟁은 일본의 압승으로 끝났고 일본을 아시아의 강자로 부상(浮上)시키는 데 크게 일조했다. 조선은 약 1년이나 소요된 이 전쟁에서 두 강대국 사이에 끼어 양측으로부터 철저히 소외되었으며, 그 어느 쪽도 자신의 이익을 위할 뿐 조선이라는 이웃나라에 대한 진정한 마음을 갖지 않았다. 종전 후 일본의 강력한 요구

---

25 大江志乃夫, 『日本の參謀本部』, 中公新書, 1985, 37–38쪽. 서민교, 「1894–5년 중일전쟁기의 일본군과 조선」 5, 『용과 사무라이의 결투–중(청)일전쟁의 국제정치와 군사전략』, 리북, 2006, 153쪽에서 재인용.

26 李鴻章 校改, 『李文忠公尺牘』, 749–750쪽. 권혁수, 『李鴻章의 朝鮮認識과 政策研究(1870–1895)』, 韓國精神文化研究院 박사학위논문, 1999, 306쪽에서 재인용.

대로 조선은 청으로부터 독립국임을 보장받을 수 있었다. 그러나 이것은 중국과 조선 사이에 존재해 온 주종(主從) 관계의 고리를 끊어버림으로써 향후 조선에 대한 중국의 영향력을 약화시키고, 나아가서는 조선을 발판으로 한 일본의 대륙 침탈 계획을 실현하기 위해서였다. 이처럼 조선은 동아시아 국제 질서를 알려 주는 외적 표상으로 19세기 말 존재했고, 이와 같은 조선의 처지는 『선바오』 사설 속에 주체적 대상이 아닌 소외된 객체로 그대로 드러났던 것이다.

2. '일본'과 '조선'에 대한 시각

(1) '일본'에 대한 경시

조선에서 동학혁명이 발생하자 중국 국내 여론 또한 조선 문제에 관심을 기울이고 청일 간의 분쟁에 주의하기 시작했다. 『선바오』는 조선의 정세가 더욱 악화됨에 따라 청일 간 분쟁 상황을 신속하게 알리기 위해 전용보도란(專用報道欄)을 개설했다.[27] 일본군의 대규모 조선 파병 이후 청 정부가 적극적으로 조선을 돕고 전쟁을 준비해야 한다는 여론이 들끓게 되자, 『선바오』는 조선에 머물고 있는 일본군의 일거수일투족에 촉각을 곤두세우며 밀착 보도했다. 그 중의 하나가 일본의 선박 구입과 병사 운용에 관한 소식이다.

> 고려 동학당 발생 후, 일본 정부는 각 상사에 전보를 쳐서 선박 할당을 명령하고, 조용히 대기하다가 군인을 실어 여행객을 보호하러 (조선으로) 떠나라고 지시했다. 어제 오전 풍문에 따르면 (일본의) 모 상사가 외국의

27 당시 개설된 조선 관련 혹은 전시 관련 전용보도란의 제목은 다음과 같다: "政論", "本館接奉電音", "東報姑譯", "金陵備日", "西電譯要", "西電照譯", "窺日要言", "華船得勝記", "牙山戰記."

> 모 상사를 통해 증기선 10척을 구입하고자 하여, 그 즉시 6척을 구입했으나, 4척이 부족해 따로 다른 상사로부터 빌렸다는데, 무엇을 획책하려고 그러는지 모르겠다. 고려에서 방위군으로 활동하는 중국 육군은 모두 14,000명인데, 일본 육군은 12,000명밖에 안 되므로, 결코 (조선) 땅에 오를 수 없을 것이다.[28]

위의 글을 통해 개전(開戰) 전 중국은 일본의 의도를 정확하게 몰랐다고 볼 수 있다. 또 설사 알았다손 치더라도 일본 군사력에 대한 분석은 미비했음을 짐작해 볼 수 있다. 청일 위기가 점차 가속화됨에 따라 중국 여론은 일본과의 전쟁이 불가피함을 깨닫고 일본과 한판 전쟁을 벌이자고 주장하는데, 여기에는 중국인들의 애국심과 일본 군사력에 대한 부정확한 판단력이 작용했다. 이처럼 당시 대다수의 중국인은 일본의 군사력보다 자신들이 우위에 있다는 낙관적인 전망을 갖고 있었다. 이와 같은 잘못된 예측은 일본에 대한 터무니없는 경시와 중국의 무조건적인 승리라는 장밋빛 환상 속에서 청군을 전쟁터로 내몰게 한 주요 원인이 되었다.

두 나라 간의 전쟁 전 허루장(何如璋, 1838-1891) · 황준셴(黃遵憲, 1848-1905) 등은 일본의 정치 · 사회 · 경제 · 문화에 대해 비교적 체계적인 이해를 갖고 있었지만, 일반 국민은 메이지유신 이후 일본의 변화에 대해 아는 바가 적었으며, 심지어는 야만국이라고 무시하는 이도 많았다. 일본이 철저하게 서구의 선진 문물을 배우는 것에 대해서도 많은 중국인이 동양의 전통문화에 서구의 것을 도입하는 것은 맞지도 않는

---

28 "高麗東學黨肇亂後, 日本政府電飭各商社派定船隻, 靜候裝兵前往保護旅人, 昨日上午又風聞某商社欲向某洋行轉購輪船十艘, 旋購定六艘, 尚少四艘, 另向他行租賃, 不知其作何調度也. 至中國陸軍之在高麗保守者共有一萬四千名, 日本則有陸軍一萬二千名,然並不登岸."『申報』, 1894年 6月 19日.

신발을 신는 것처럼 우스꽝스럽다고 조롱했다. 전쟁 전에는 일본군이 감히 일격을 가하지 못할 거라고 줄곧 강조했으며, 심지어는 "우리는 바야흐로 이 기회를 틈타 일본을 징계해야 하고, 류큐(琉球)를 다시 차지하도록 계획해야 하니, 가히 한 번의 수고로움으로 영원한 안식을 얻을 수 있다",[29] "군인 급료에 대해 말하자면, 중국의 땅은 넓고 물건이 많아, 재물이 넘쳐나며, 연해 각 관문의 수입관세, 내지 각 관문소의 화물세, 그리고 경부성고(京部省庫)에 저장된 것들은 아무리 가져다 써도 다함이 없고, 아무리 사용해도 없어지지 않는다", "일본이라는 조그만 섬나라는 광물 생산에 한계가 있고, 창고에 저장된 것 또한 없다. 전쟁이 일어나면 지폐가 유통될 수 없어, 상인들은 이 때문에 멀리 떠나가게 될 것이고, 얼마 남지 않은 시장도 침체되어, 아마도 저장된 물건이 다 떨어지게 되면, 생활이 곤궁해져 서서 기다리게 될 것이다"라고 전망하는 등 망상에 빠지기도 했다.[30] 이처럼 중국 국내 여론은 조그만 섬나라 일본을 안중에도 두지 않았고, 대다수 중국인의 뇌리에는 중국이 아시아의 강자라는 인식이 깊이 뿌리박혀 있었다. 따라서 중국과 일본의 국력을 상호 비교하는 것 자체에 대해 불편한 심사를 드러냈다.

> 오대주를 합쳐 논하더라도 중국은 강대국이다. 오대주 중의 강대국을 동해의 조그만 섬나라와 서로 비교해 보면, 너무 보잘것없어 비교할 수도 없음을 알게 된다. 광활한 국토, 많은 백성, 풍부한 자원이 어찌 왜놈에

---

29 "我正宜乘機懲戒日本, 規覆琉球, 乃可一勞永逸."「論日本情見勢絀中國宜乘機制勝」,『申報』, 1894年 8月 24日.

30 "以餉項言, 中國地大物博, 財力充盈, 沿海各關之洋稅, 內地各卡之貨厘, 與夫京部省庫之所藏正自取之無窮, 用之不竭", "日本蕞爾島國, 礦產有限, 庫藏空虛, 一有戰事, 則紙幣不能流通, 商賈爲之遠引, 厘市蕭條, 蓋藏告匱, 其困乏可立而待也."「論中國爲朝鮮事不可不與日本一戰」,『申報』, 1894年 7月 21日.

비해 열 배, 백 배뿐이랴.[31]

세상의 중심이 자신들의 조국이라고 굳게 믿고 살아온 중국인들은 1840년 아편전쟁을 통해 그 환상을 여지없이 깨버리게 되었지만, 그 후 30여 년에 걸친 양무운동(洋務運動)을 통해 어느 정도 자신감을 회복했다. 양무운동은 일종의 군벌자강운동(軍閥自强運動)으로 중국은 외국 열강의 지지하에 군사공업을 건립하고 서양의 군사 기술을 배우는 한편 봉건 통치 질서를 유지하고 군벌 집단의 세력을 확대하려고 했다.[32] 과거에 비해 선진화된 군사시설을 갖추게 되었다는 착각에서 그들은 자신 있게 일본과의 전쟁에서 낙승을 예견했던 것이다.

> 오늘의 중국은 이미 예전과는 비할 바도 아니다. 각 성에는 국창(局廠)이 설립되고, 세비와 거금을 들여 군용선을 만들어 날이 갈수록 더욱 발전하고 있다. 총과 대포는 모두 신식이라, 견고한 적의 진지를 격파 명중시킬 수 있으며 적의 침략을 막아낼 수 있도록 충분히 준비되어 있어, 그야말로 사기가 진작되었을 때 군대를 부리는 것이다. 훈신들과 노련한 장군들은 몸소 많은 전쟁을 경험해 위세가 당당하고 지휘는 안정된 듯해, 충분히 일본과의 싸움에서 힘을 발휘할 것이다. 몇 해 동안 쌓인 분개를 떨쳐내어, 온 누리의 인심을 유쾌하게 해줄 것이며, 또한 전쟁을 일으킨 나라로 하여금 중국은 큰 나라이며 사람들이 많다는 것을 알게 하여, 가벼운 마음을 감히 품지 못 하게 할 것이니, 대세는 이 한 번의 행동으로

31 "合五大洲而論, 中國亦强大之國也以五大洲中强大之國與東海區區一島國相較, 知其渺乎不足比數矣, 土地之大, 人民之衆, 物產之富, 何啻十倍於倭、百倍於倭而已."「論議和有十難」, 『申報』, 1895年 1月 12日.

32 陳偉芳 지음, 權赫秀 옮김, 『淸日甲午戰爭과 朝鮮』, 21쪽.

만회되리라.[33]

대다수의 중국인은 자신들이 양무운동을 전개하는 동안 일본 역시 메이지유신을 실현했음을 간과했던 것이다. 중국이 외피(外皮)로만 서양의 것을 모방한 데 그친 반면, 일본은 적극적인 태도로 자본주의 개혁을 실시했다. 처음에는 군사와 국방에 중점을 두었지만, 점차 그 범위를 확대시켜 서방의 정치 제도를 도입해 중앙정부를 개편하고 참의원을 설립했으며, 헌법을 제정하는 등 대대적인 정치 개혁을 단행했다. 따라서 청일 두 나라 간의 전쟁이 발생했을 때 중국인의 기대와는 달리 청군은 참패를 모면할 수 없었던 것이다. 전세가 더욱 불리하게 전개되자, 중국 여론도 허황된 자만심에서 현실에 대한 반성으로 방향 전환을 하지 않을 수 없었다. 『선바오』는 현재의 일본은 예전의 일본이 아니어서, 지금의 중국보다 정치 · 군사 · 경제 · 관리 등 다방면에서 뛰어나다고 솔직하게 고백하게 되었고,[34] 일본이 아시아의 강자로 대두될 수 있었던 데에는 문호 개방이 크게 작용했음을 깨달았다.[35] 또 이와 같은 성찰은 몇 년 후 있을 변법자강운동에 대해 긍정적인 평가를 이끈 원동력이 되었다. 그러나 이러한 성찰이 여러 차례 『선바오』 사설에 실렸지만, 일본에 대한 고압적인 자세가 완전히 사라진 것은 아니었다. 청군의 일방적인 패배 속에서 중국 여론은 화의론(和議論)과 주전론(主戰論)으로 시끄러웠다. 현실적으로 화의론이 제기되는 와중에서도 예전

33 "今日之中國已非往日可比, 各省設立局廠, 歲費巨款制造兵船, 日已而月新. 槍炮皆系新式, 摧堅命中足備禦侮之用, 正可及鋒而試, 勳臣宿將身經百戰叱吒生風, 指揮若定, 大可與日本從事於疆場, 伸曆年之積忿, 快薄海之人心, 且使戰國者知中國大有人在, 不敢存輕量之心, 挽回大局在此一舉." 「攘日議」, 『申報』, 1894年 7月 9日.

34 "氣盛于我, 謀裕于我, 器利于我, 兵練于我." 「兵事蠡測」, 『申報』, 1895年 1月 4日.

35 "倭國當二十餘年前, 閉關謝客, 英、法、美諸國兵船泛海東來, 叩關求互市, 倭起而拒之, 大爲諸國所創, 于是幡然變計." 「制倭策」, 『申報』, 1894年 12月 25日.

의 자아독존(自我獨尊)적인 태도를 버리지는 못했다.

> 위풍당당한 중국의 넓은 토지와 넉넉한 군향(軍餉), 많은 백성을 조그마한 섬나라 일본과 비교해 보자면, 어찌 열 배만 되겠는가. 진실로 싸우고자 하는 주장을 견지할 수 있다면, 저들이 싸움에서 수차례 이기고 우리가 싸움에서 수차례 지더라도, 양군이 서로 만난 것이니 패자는 당연히 많이 잃었을 것이요, 승자 또한 조금의 손실이 없을 수 없다. 서로 대치한 지 오래되어 병사와 군향 모두 다해가니, 고개를 숙이고 화의를 청하는 것은 당연히 일본에서 나올 것이다.[36]

이와 같은 내용이 1895년 4월 17일 일본의 전쟁 승리를 공식화한 시모노세키조약 체결 이후 발표되었다는 점에 주목해야 할 필요가 있다. 국토 크기나 인구 면에서 중국은 일본보다 대국임에 틀림없다. 그러나 몇 천 년 이어진 중화사상의 폐해는 군사적인 면에서 명백히 일본보다 열세인 상황을 제대로 직시하지 못하게 만들었다. 그들은 중국이 조그만 섬나라 일본에 졌다는 사실을 알면서도, 자신들의 피해도 크지만 일본 측 또한 적지 않은 피해를 입었기 때문에 전쟁이 장기전으로 치닫게 된다면 바다 건너 원정에 나선 일본이 버티기 힘들 거라는 논리를 폈다. 따라서 전쟁을 그만하자는 화의론 역시 당연히 일본에서 먼저 제기할 것으로 보았던 것이다. 4월 23일, 러시아 · 프랑스 · 독일 '3국 간섭'으로 5월 5일 일본은 어쩔 수 없이 랴오둥(遼東) 반도의 반환에 동의를 하게 되는데, 이러한 과정을 통해 중국인들은 또 한 번의 착각에 빠

---

36 "以堂堂中國, 土地之廣, 軍餉之充, 人民之衆, 以視日本區區一島國, 過之奚啻十倍. 苟能堅持戰議, 雖彼戰屢勝, 我戰屢敗, 然兩軍相見, 敗者固多喪失, 勝者亦不能毫無損傷.相持既久, 兵餉俱窮, 俯首請成當出於日本."「綜論中日和局」,『申報』, 1895年 5月 17日.

진 게 아닌가 싶다. 사실 외국 열강의 간섭으로 인해 위기감을 느낀 일본이 최소한의 양보로 더 큰 밥그릇을 안전하게 챙긴 것에 불과한데, 이러한 일본 측의 태도를 보고 마치 중국의 위협에 굴복한 것으로 상황을 호도한 것이다.

(2) 보호 대상국으로서 '조선'

그렇다면 조선에 대한 중국인들의 인식은 어떠했을까? 조선과의 관계에서 중국은 예부터 양국을 순치(脣齒)적 상호 관계, 때로는 영욕(榮辱)의 조공 관계로 보았다. 근대에 이르러 양국은 동시에 서구 열강의 먹잇감이 되는 치욕을 경험하면서 양국을 둘러싼 안정적인 정치 관계의 상황은 급변했다. 일본이 조선 침략 의도를 드러내자, 『선바오』에는 조선은 중국의 속국이기 때문에 자신들이 지켜야 한다는 논지의 글들이 속속 등장했다.

> 고려는 중국의 속국으로 불침불반(不侵不叛)하며, 철마다 조공하고 사관이 끊이지 않게 기록한 지 2백여 년에 이른다. 중국은 고려를 아들처럼 여기고, 고려는 중국 조정을 아버지처럼 여겼다. 평소에는 고관을 파견해 근무하게 하고, 모든 것을 관리하게 했는데, 이것은 마치 아들이 일상 중에 아프게 되면 아버지가 음식을 먹여 주고 간호해 주는 것과 같다. 동란이 발생했으나 고려 스스로 평정할 수 없게 되자, 중국에 도움을 청했는데, 이것은 병든 아들이 아버지에게 도움을 청한 것과 같다. 중국은 고려에 난이 발생했다는 소식을 듣자마자 병사를 파견했으니, 이는 아버지가 아들이 아프다는 이야기를 듣고 의사를 보내 돌보게 한 것과 같다. 남이라면 역시 똑같이 그렇게 할 수 있겠는가. 만일 아이에게 병이 있는 것을 틈타 다른 사람이 함부로 군다면, 그로 인해 아버지는 화가 끓어오르

> 게 될 것이며, 다른 사람에게 함부로 희롱하지 못하게 할 것이다. 이것이 바로 필연의 이치로, 고려의 일은 이와 같지 않음이 없다. 일본 사람들이 고려를 우습게 알고, 사람들을 너무 못살게 괴롭히는데, 이 지경에 이르렀는데도 중국은 그저 앉아서 바라만 볼 뿐 도와 주지 않겠다는 것인가?[37]

위의 글에서는 조선을 도와야만 하는 필연성을 강조하기 위해 중국과 조선과의 관계를 하늘이 내려준 혈연 관계에 빗대어 비유했다. 이보다 앞서 청의 총리아문(總理衙門)에서는 조선과 수교를 맺으면서 조선과 중국의 관계를 묻는 질문을 받고 '조선'의 정체성을 "중국에 소속된 나라로서 중국에 소속된 영토와는 다르지만 수호조규(修好條規)의 '양국소속방토불가초유침월(兩國所屬邦土不可稍有侵越: 양국에 소속된 나라와 영토를 조금이라도 침범해서는 안 된다)'라는 내용과 부합되는 면에서는 한가지이다"라고 정의했다. 더 나아가 "대개 조공을 실행하고 우리의 역법을 만들어 사용하는 것은 조선이 중국에게 마땅히 해야 할 본분이고 돈과 양곡을 거두고 정사를 다스리는 것은 조선이 스스로 하는 것인 바, 이것이 바로 속방의 실질 내용이다"라고 밝혔다.[38] 이처럼 중국은 조선을 자신의 나라는 아니지만 '속방'으로서 대했고, 조선에 대한 일본의 침략 야욕을 가만히 묵인할 수 없었다. 당시 청 정부는 이미

---

37 "夫高麗爲中國藩服, 不侵不叛, 歲時貢獻, 史不絕書, 二百餘年於茲矣. 中國之視高麗也如子, 高麗之視中朝也如父, 平日撥派大員, 駐紮其地, 爲之經理一切, 是猶父之於子起居則噢咻之飲則調護之. 高麗有亂不能自平, 乞援中國, 是猶子有疾病而呼救於父也. 中國一聞高麗亂耗, 立即遣兵前往, 是猶父聞子病而遣醫往視也, 與他人亦複何幹? 若乘孺子之偶有疾病而輒欲玩之於股掌之上, 則爲之父者必勃然作色, 怫然動怒, 必不任他人之任意玩弄, 此必然之理也, 高麗之事得無類此. 日人玩視高麗, 未免逼人太甚, 至而謂中國肯坐視不救乎?"「論日本不應與中國構兵」, 『申報』, 1894年 7月 4日.

38 "……朝鮮爲中國所屬之邦, 與中國所屬之土有異, 而其合於修好條規兩國所屬邦土不可稍有侵越之言者則一", "蓋修其貢獻, 奉我正朔, 朝鮮之於中國應盡之分也. 收其錢糧, 齊其政令, 朝鮮之所自爲也. 此屬邦之實也.": 中央研究院近代史研究所編, 「總署發日使森有禮照會」, 『清季中日韓關係史料』 第2卷, 295쪽.

서양 열강과 근대적인 조약 관계를 맺고 있으면서도 조선에 대한 조공 관계 체제를 그대로 고집했고, 서양 각국의 조선 진출 요구에 대해서도 오히려 조선의 내정을 간섭하지 않는다는 조공 관계의 원칙을 이유로 한사코 거절했다.[39]

1882년 임오군란(壬午軍亂) 이후 청의 정치적 · 군사적 외압은 조공 체제라는 전통적 관계를 바탕으로 하고 있었으나, 현실적으로는 그 이전과 질적인 변화를 보였다. 중국과 조공 관계를 유지하고 있는 여러 국가 중 조선만이 중원(中原)의 방어적 요충지이고, 다른 어느 번방(藩邦)보다도 청조의 안보와 밀접한 관계에 있기 때문이다. 더욱이 만주를 건국의 모태지로 삼고 있는 청 정부의 특성상 조선의 안보적 가치는 순망치한(脣亡齒寒) 이상의 의미를 띠었기 때문이다. 이러한 까닭에 중국은 일본의 조선 침략을 중국에 대한 도전으로 보았다. 근대 지식인들의 조공관(朝貢觀) 또한 현대에 들어서도 별반 다르지 않았다. 중국의 대표적 사상운동가인 쑨원(孫文)은 1920년대 한 신문에 발표한 글에서 다음과 같이 자신의 조공관을 밝힌 적이 있다.

> 가령 500년 이전부터 2천 년을 거슬러 올라간 기간까지 중국은 세계 정상의 국가였고, 중국의 지위는 현재의 영국 · 미국과 같았습니다. 영국 · 미국의 현재의 강성(强性)은 열강(列强)이고 중국의 종전의 강성은 독강(獨强)이었습니다. 중국이 홀로 강성했을 때 각 약소민족과 국가는 모두 중국을 상방(上邦)으로 모시고 중국에 와서 조공하려고 했습니다. 중국으로 하여금 그들을 번속(藩屬)으로 받아들이게 하고 중국에 가서 조공하는 것을 영광으로 여기고 조공할 수 없는 것을 치욕으로 여겼습니다. ……

39 권혁수, 『李鴻章의 朝鮮認識과 政策硏究(1870–1895)』, 韓國精神文化硏究院 박사학위 논문, 1999, 310쪽.

중국은 완전히 왕도를 가지고 그들을 감화시켰습니다. 그들은 중국의 덕을 그리워하며 기꺼이 진심으로 원해 조공한 것입니다. 그들은 일단 중국 왕도의 감화를 받으면 중국에 한 차례 와서 조공하고 마는 것이 아니라 자자손손 조공하러 오려고 합니다.[40]

이것은 분명 강대국의 입장에서 본 것으로 조공을 바쳐야만 안전을 보장받았던 약소국의 어찌할 수 없는 처지가 전혀 고려되지 않았다. 그러나 조공을 했던 당사국의 생각은 달랐다. 청일전쟁에서 청의 패인에 대해 안중근(安重根)은 "청국은 물자가 풍부하고 땅이 넓어 일본에 비하면 수십 배는 족히 되는데 어떻게 해서 이와같이 패했는가?"라고 질문하며 그 원인을 다음과 같이 꼽았다. "예로부터 청국인은 스스로를 중화대국이라 일컫고 다른 나라를 오랑캐라 일러 교만이 극심했으며, 더구나 권신척족(權臣戚族)이 멋대로 국권을 농간하고 하니 신민(臣民)이 원수 관계를 맺어 상하가 불화했기 때문에 이와같이 욕을 당한 것이다."[41] 이 글에서는 대국에 대한 존경이나 감사가 아닌 깊은 원망과 배척이 드러나 있다. 그러나 무능력했던 조선의 최고 통치권자는 자신의 정치적 역량 확대와 보호를 위해 '상국(上國)'으로 군림하고 싶어하는 청 정부에 굴욕적인 구원 요청 편지를 보냈다.

지금 종사(宗社)의 안위(安危)가 일시에 위급해져서 날마다 천사(天師)의 동원(東援)만을 기다리고 있습니다. 요즘 듣건대 대부대가 연이어 출정했다고 하니 이는 참으로 다시 소생할 때입니다. 엎드려 바라옵건대 상국은 일본에 붙어 매국하는 무리들을 일소하시어 하루속히 초미지급(焦

---

40 쑨원, 「대아시아주의」, 『동아시아인의 '동양' 인식: 19-20세기』, 문학과지성사, 1997, 172-173쪽.
41 안중근, 「동양평화론」, 『동아시아인의 '동양' 인식: 19-20세기』, 209쪽.

眉之急)에서 벗어나게 해 주시기를 피눈물로 기원하고 또 기원합니다.[42]

위의 편지는 일본군이 평양을 점령했을 때 노획한 중요한 문서 가운데 하나로서 8월 28일에 대원군이 청나라 장군 앞으로 보낸 것이다. 이러한 지도자가 있었거늘 어찌 타국끼리의 전쟁터로 변한 조선의 비운을 남의 탓으로만 돌리겠는가? 청 정부는 조공국과의 '예'를 지키려는 명분과 자국의 변방 보호라는 실질적인 필요에서 조선 정부의 요청에 응했다. 이와 동시에 조선을 보호해야 한다는 여론 또한 들끓었다.

> 조선 한 줌의 땅이라도 절대로 타인의 침탈을 용납할 수 없다. 조그만 일본이 자신의 덕행과 능력을 헤아리지 못하고, 류큐와 타이완을 삼킨 전쟁은 공론상 동정할 수 없으며, 도리상 재고의 가치도 없는데, 늘 제멋대로 거침없이 행동하더니, 그대로 중국인의 마음마저도 얕잡아봤다.[43]

자국의 이익을 가장 우선시하는 냉정한 국제사회에서 중국은 왜 일본의 침략 행위에 대해 이런 비분강개한 태도를 보이고, 그 의미를 중국인에 대한 멸시로까지 확대 해석하는가? 그것은 중국 지식인들의 뇌리에 조선이 이웃 국가가 아닌 '속방'으로 자리 잡고 있으며, 심지어는 조선을 '타이완'처럼 중국 영토의 일부분으로 보았기 때문이다. 그러나 그 내면적 이유를 살펴보면 현실적 필요에 의한 선택이었음이 드러난다. 그것은 조선의 지리적 조건이 군사전략 측면에서 매우 중요하다는 사실이다. 이러한 지적은 『선바오』 사설을 통해서도 쉽게 찾아볼 수 있다.

---

42 田保橋, 「近代日本關係の研究」, 『동아시아인의 '동양' 인식: 19–20세기』, 165쪽.

43 "朝鮮之寸土尺壤, 斷不容他人之攘奪. 區區日本, 不度德不量力, 狃於琉球台灣諸役謂公論足恤, 情理不足顧, 輒敢肆行無忌, 馴馴乎有輕視中國之心." 「攘日議」, 『申報』, 1894年 7月 9日.

> 고려의 영토는 비록 작으나, 형세를 말하자면, 실로 중국의 울타리이면서 일본의 울타리가 된다. 저들은 옆에서 호시탐탐 오랫동안 기회를 노렸고, 이미 별의별 궁리를 짜내 목적을 이루기를 희망했다. 중일 양국은 서로 밀접한 관계, 순망치한의 관계를 마땅히 고려해야 하고, 아무런 일이 없을 때에는 서로 국교를 공고히 하여, 상대에 대한 속임이 없어야 하며, 유사시에는 함께 협력해 외국의 침략과 압박에 항거해야 한다. 이와 같은 후에야 고려가 안정되고, 고려가 안정되어야 동방의 전체 정세가 보장될 수 있다.[44]

청 정부는 만주 지역을 중심으로 권력을 잡았기 때문에 자신들의 심장부라고 볼 수 있는 만주가 국제적 분쟁에 휩싸일 수 있는 조선 가까이 있음이 늘 마음에 걸렸을 것이다. 따라서 안팎으로 곤경에 처한 청 정부로서는 조선의 현 상황이 더 악화되지 않기만을 바라고 있었다. 또, 조선에 대한 청 정부의 집착은 동남아시아의 정세와 무관치 않았다. 당시 "월남은 프랑스에 병합되고, 미얀마는 영국에 병합되었으며, 사이암(태국의 옛 이름)은 영국과 프랑스에 의해 분할 점령되었고, 류큐는 일본에 병합되어 오키나와의 한 현으로 바뀌어", 사방을 살펴보았을 때 중국 주변에 남아 있는 중화권의 국가로는 "오직 조선밖에 없었"던 것이다.[45] 또 일찍이 1875년 리훙장의 막빈(幕賓)이 된 양무 관료 슈에푸청(薛福成)은 중국과 조공 관계에 있는 여섯 나라(조선, 류큐, 월남, 미얀마, 태국, 남장) 중 '조선'과 '류큐'가 가장 공손했고, '월남'이

44 "高麗一國壤地雖小, 以形勢言, 實爲中國之屛蔽, 亦卽日本之屛蔽也, 彼眈眈窺伺其旁者久, 已處心積慮冀得一逞, 則中日兩國當念輔車相唇亡齒寒之誼, 無事則共輯邦交, 爾無我詐, 我無爾虞, 有事則各禦外侮, 夫如是而後高麗安, 高麗安而後東方大局可保."「論日本不應與中國構兵」, 『申報』, 1894年 7月 4日.

45 "越南則並於法矣, 緬甸則並於英矣, 暹羅又爲英法所割據矣, 琉球則並於日本, 且改爲沖繩一縣矣. 環顧四方, …… 今日所僅存者獨有一朝鮮耳."『申報』, 1894年 6月 26日.

그 다음이라고 밝혔었다.[46] 이런 이유에서 조선은 중국에게 꼭 보호받아야 할 사랑스러운 누이동생 같은 대상이었던 것이다.

중국과 조선 양국은 지정학적인 면에서 긴밀한 관계를 띠었는데, 조선은 중국의 '관문'이 되어 줄 수 있을 뿐만 아니라, '방어막'이 되어 줄 수도 있었기 때문이다. 청일전쟁이 일어나기 약 20 여 년 전에 리훙장은 이미 "왜가 조선을 침략한다면 랴오닝(遼寧)과 경기 지역에 근본적인 우려가 될 것"이라고 총서(總署)에 보고를 올렸다.[47] 이러한 견해는 일본과 전쟁이 일어나기 직전 『선바오』 사설에서도 강조되었다.

> 진실로 조선의 국력은 비록 미약하고, 조선의 땅은 비록 작지만, 그것이 전반적인 정세에 미치는 영향은 실로 적지 않으니, 어찌 조선을 보존하는 것으로 밀접한 관계에서의 이익을 얻으려 하지 않는가. 조선을 잃게 되면 순망치한이 있을 것이다. 사람들은 단지 조선이 동쪽 3성의 관문이며, 수도와 가까운 곳이라는 사실만을 알 뿐, 옌타이(煙臺)의 방어막이라는 사실은 모른다. 황해도의 대동만에서부터 서쪽으로는 계명도 학경의 길목을 따라가면 바로 옌타이에 이르게 된다. 장애물도 없고 길도 험하지 않으니, 만일 조선이 적의 점령 하에 놓인다면, (일본에게는) 군사를 주둔시키고 군량을 비축할 장소가 생기게 되어, 우리의 요충지를 차지하고 우리와 다투게 될 것이다.[48]

---

46 薛福成, 『薛福成全集』 中卷(臺北: 廣文書局, 1963), 9쪽. 全寅永, 「中日甲午戰爭 前後 中國의 朝鮮認識 變化」, 52쪽에서 재인용.

47 『李文忠公全集』 譯書函稿(第1卷), 49쪽. 全寅永, 「中日甲午戰爭 前後 中國의 朝鮮認識 變化」, 49-50쪽에서 재인용.

48 "誠以朝鮮之國雖微, 朝鮮之地雖小, 其有關於大局者實非淺鮮, 豈不以朝鮮存則獲輔車相依之益, 朝鮮失則有唇亡齒寒之虞哉, 人第知朝鮮爲東三省之門戶, 順京之肘腋而不知尤爲煙台之屛蔽, 自黃海道之大東灣而西沿雞鳴島郝慶口即可直抵煙台, 並無險阻之相限,亦非屈曲而難通, 倘一旦朝鮮爲敵人所據, 則屯兵有所, 籌餉有所, 據我咽喉之地以與我爭, ……" 「論必保朝鮮以固東圉」, 『申報』, 1894年 7月 16日.

위의 사설은 리훙장이 예전에 우려했던 내용을 좀 더 구체화한 내용이라고 볼 수 있다. 이러한 우려에서 1879년 이후부터 1894년 갑오전쟁까지 청 정부는 조선을 반식민지화하려는 음모를 갖기 시작했다. 청 정부는 조선이 자국의 속방이었다는 것을 이용해 근대 국제법 체제 하에서도 속국으로 만들고자 노력했다. 당시 청조의 강경하고도 적극적인 대(對)조선 간섭정책의 근간은 리훙장 · 위안스카이(袁世凱)의 내외적 호응(呼應)을 통해 이루어졌다. 사실 위안스카이가 조선에 부임한 동안 속방 체제에 장애가 되는 사항에 대해서는 온갖 횡포를 자행했기에 조선은 청의 정치적 굴레에서 벗어날 수 없었다.[49] 이런 과정에서 청은 조선이 지원병을 요청했을 때 조공 대상국으로서 속방의 어려움을 외면할 수 없는 전근대 조공 관계의 현실을 고려해 조선에 대규모 군단을 파병했다. 그러나 일본은 이 기회에 조선에 대한 청 정부의 영향력을 약화시켜 조선을 일본의 지배 하에 둘 목적으로 속방 문제를 거론하며 조선 내정에 개입했던 것이다.[50] 중국과의 전쟁을 통해 섬나라 일본은 더 이상 동북아시아의 지역 강대국이 아니라 국제 체제 수준에서 명실상부한 강대국 지위에 올라섰지만, 오랫동안 동북아시아의 패권 국가였던 중국은 열강 반열에서 밀려나는 세기적 수모를 겪어야만 했다. 중국은 오랜 세월 아시아의 제왕으로 군림했다. 이러한 자긍심에서 중국은 이웃 나라의 역량에 대해 과소 평가하곤 했는데, 동아시아의 새로운 패자(覇者)로 떠오른 일본이나 군사지리 측면에서 그들의 순망치한적 역할을 해온 조선에 대한 인식이 그러하다. 앞에서 언급한 『선바오』 사설에서도 드러났듯 중국은 일본에 대해서는 철저한 무시로 일관했고, 조선에 대해서는 측은지심(惻隱之心)의 태도를 보였다. 그러나 조선에 대

49 全寅永, 「中日甲午戰爭 前後 中國의 朝鮮認識 變化」, 68쪽.
50 구선희, 『韓國近代 對淸政策史 硏究』, 도서출판 혜안, 1999, 245쪽 참고.

한 중국의 측은지심이 결코 약자를 염려하는 순수한 마음에서 비롯된 것이 아니라, 오랜 세월 자신들이 마음대로 권력을 휘둘렀던 속방이 하나씩 사라지는 서글픈 현실을 바라보며 마지막 보루처럼 존재해 온 조선만은 지켜야 한다는 비분강개함에서 나온 것일 뿐이었다.

Ⅳ. 맺음말

청일전쟁 시기 『선바오』 사설을 살펴본 결과, 사설의 편수와 내용 면에서 당시 중국의 관심은 조선이 아니라 일본에 있음을 알 수 있었다. 일본이 조선을 이웃 나라가 아닌 대륙 진출을 위한 교두보이자 전쟁터로밖에 여기지 않았던 것처럼 말이다. 중국은 자기 자신에 대해서는 선민사상(先民思想)을 갖고 있었고, 일본에 대해서는 무시와 멸시로 일관했으며, 조선에 대해서는 순망치한적 상호 관계나 조공 대상국이라는 시각에서만 바라보았다. 이러한 까닭에 중국은 일본의 조선 침략을 중국 중심의 국제 질서에 대한 도전으로 인식했을 뿐, 그것이 중국 대륙을 호시탐탐 노리고 있었던 일본의 야심이라는 사실을 파악하지 못하고, 근대적 군대시설과 정예부대로 무장된 일본군에게 큰 패배를 맛봐야만 했다.

조선에 대한 낮은 인식은 청에만 국한된 것이 아니라 서구 열강에도 마찬가지였다. 서구 열강에게 청과 일본의 지위는 좀 더 구체적으로 명시화되어 있는 반면, 조선의 가치는 상대화되었다는 점에서 그러하다. 예를 들어 "조선은 영국에게 있어서 대등한 교섭 상대로 여겨지지 않는 주변부로 간주(거문도사건)되고, 러시아에겐 핵심적 이익지대인 만주의 외연(삼국 간섭)이거나 기껏해야 그것의 대체물 정도로 흥정할 만한 가치"에 지나지 않았다.[51] 전쟁 이후 조선은 열강의 이권침탈(利權侵奪)의 장(場)이 되었고, 중국 역시 열강에 의해 영토 분할이 가속화되었다. 한 나라의 역사가 열강들의 간섭에 의해 뒤바뀔 뻔했던 100여 년 전 과거의 현실 속에서 힘에 의해 돌아가는 국제 질서의 냉혹함이 느껴진다. 전쟁이 조선에서 전개되는 동안 청군과 일본군 모두 전쟁 물자에서부터 식량 등을 거의 조선에서 충족하고 민간에 큰 피해를 입히면서 일반 민중의 삶은 더욱 피폐해져 갔다. 이런 상황 속에서 가슴 아픈 현실은 강대국 사이의 권력 게임에 끼인 조선을 어느 나라도 진정한 독립국으로 생각하지 않았다는 사실이다. 국제정치를 지배하는 힘의 원리와 한반도의 지정학적 중요성은 100여 년 전이나 지금이나 다르지 않다. 본고를 비롯한 근현대 동아시아 각국의 정치 · 문화 · 역사 등에 관한 연구가 새로운 동아시아 관계 형성에 대한 관심을 촉발할 수 있기를 조심스럽게 기대해 보며 글을 마친다.

〈참고 문헌〉

강성학 편저, 『용과 사무라이의 결투–중(청)일전쟁의 국제정치와 군사전략』, 리북, 2006.

구선희, 『韓國近代 對淸政策史 硏究』, 도서출판 혜안, 1999.

국사편찬위원회, 『한국사 40: 청일전쟁과 갑오개혁』, 국사편찬위원회, 2000.

권혁수, 『李鴻章의 朝鮮認識과 政策研究(1870-1895)』, 韓國精神文化研究院 박사학위 논문, 1999.

51 金鍊廣, 『청일전쟁과 러일전쟁기 한반도의 국제환경 변화』, 韓國精神文化研究院 韓國學研究院, 2002年 11月, 26쪽.

金鍊廣, 『청일전쟁과 러일전쟁기 한반도의 국제환경 변화』, 韓國精神文化研究院 석사학위 논문, 2002.

박남용, 「中國 現代詩에 나타난 對韓認識과 상호정체성 試論」, 『제81차 중국학연구회 정기학술 발표회 발표논문집』, 중국학연구회, 2006년 5월.

全寅永, 「中日甲午戰爭 前後 中國의 朝鮮認識 變化」, 『國史觀論叢』 제90집, 국사편찬위원회, 2000.

陳偉芳 지음, 權赫秀 옮김, 『清日甲午戰爭과 朝鮮』, 백산자료원, 1999.

후지무라 미치오 지음, 허남린 옮김, 『청일전쟁』, 도서출판 소화, 1997.

《申報》

韓小林, 「『申報』對研究中日甲午戰爭的史料價值」, 『天府新論』, 2004年 第2期.

李麗穎, 「『申報』與中國新聞史之最」, 『蘭州學刊』, 2001年 第5期.

張鳳英, 「略論『申報』及其文獻價值」, 『湘潭大學學報(社會科學版)』, 1991.

位青, 「中國走向世界中的『申報』」, 『東方論壇』, 2003年 第4期.

錢曉文, 「論早期『申報』言論的傾向性」, 『新聞大學』, 1998年春.

成偉明, 「甲午戰爭中國失敗的原因和教訓」, 『湘潭師範學院學報(社會科學版)』 第26卷 第6期, 2004年 11月.

魯迅, 「一個青年的梦」 譯者序二, 『魯迅全集』 第十卷, 人民文學出版社, 1996.

阿英, 『甲午中日戰争文學集』, 中華書局, 1958.

徐載平 · 徐瑞芳, 『清末四十年申報史料』, 新華出版社, 1988.

方漢奇, 『中國近代報刊史』 上册, 人民出版社, 1981.

戚其章等主編, 『甲午戰争與近代中國和世界』, 人民出版社, 1995.

林明德, 『袁世凱與朝鮮』, 中央研究院近代史研究所, 1970.

李惠, 「『申報』對中日甲午戰爭的回應」, 四川大學歷史系碩士論文, 2005.

『내셔널 지오그래픽』이 본 코리아*

- 1890년 이후 시선의 변화와 의미 -

김영훈

Ⅰ. 머리말

최근 한국에서는 지나간 과거의 모습을 되돌아보는 각종 기획전, 전시회 등이 열리고 있다. 1876년 개항 이후 지난 100여 년의 모습을 유물과 사진 등 각종 시각 자료를 통해 살펴보는 박물관 전시가 대중의 관심을 끌고 있고 관련 주제의 책과 논문들이 출판되고 있다.[1]

이러한 상황의 배경에는 급속한 근대화와 도시화의 결과로 이제 기억 속에 남아 있는 과거의 모습을 재현해 보고자 하는 과거와 전통에 대한 향수가 있다. 이러한 향수는 특정 세대에게만 해당될 수도 있는 것이지만 지나간 과거에 대한 새로운 재평가, 진지한 재검토를 통한 현

---

* 이 논문은 『한국문화연구』 제10집(2006년 4월)에 게재되었음.

1 경기도박물관 편, 『먼 나라 꼬레』, 경인문화사, 2003.
National Geographic, 『은자의 나라』, YBM si-sa, 2003.
조지 로스, 『호주 사진가의 눈을 통해 본 한국 1904』, 교보문고, 2004.
서울시립박물관, 『다큐먼트, 사진아카이브의 지형도』, 2004.
서울대학교박물관, 『그들의 시선으로 본 근대』, 2004.

재의 한국, 미래의 한국에 관련된 정체성 세우기와도 긴밀히 관련되어 있다. 특히 2002년 월드컵 축구대회 이후 변화된 한국의 이미지, 한국의 정체성에 대한 관심 등이 그 배경에 있다. 과연 한국인은 누구인가, 한국 문화의 특징은 무엇인가 등의 질문들이 급격한 경제적 성장과 정치적 민주화와 더불어 한국인의 일상 생활의 변화와 관련해 주요 관심사로 등장하고 있다. 일반 대중들에게 월드컵 4강 진출은 단순한 역사적 사실을 넘어 한국인들이 이룩해 낸 신화로 인식되며, 그 결과 스스로에 대한 새로운 이미지와 담론이 생산되고 있다. 한국의 국제 공항은 물론 도심 곳곳에 "다이내믹 코리아, 아시아의 허브(Dynamic Korea, The Hub of Asia)"라는 문구가 장식되고 있으며, 이는 새로운 자기 인식을 반영하고 있다. 한국은 더 이상 '조용한 아침의 나라', '은자(隱者)의 왕국'이 아니다. 세계적 다국적 기업으로 성장한 삼성전자와 현대자동차 등의 성공 사례는 현대 한국인들에게는 매우 중요한 자부심의 원천이자 동시에 새로운 정체성을 찾게 되는 계기가 되고 있다. 이러한 맥락에서 지난 백 년에 관한 전시회와 출판물들은 단순한 과거의 복원과 향수를 넘어 정체성의 정치학적 맥락과 연관되어 있는 것이 분명하다.

스스로의 정체성에 대한 새로운 관심 속에서 특히 외국인들이 본 한국의 모습 등이 새롭게 조명되고 있다. 외부자들에 의해 이미지화된 한국, 개항 이후 근대 그리고 현대에 이르는 과정에서 생성된 한국의 이미지들에 대한 평가와 비판이 이루어지고 있다. 이를 위해 각종 자료가 박물관 등을 중심으로 수집, 발굴되고 있으며, 그에 따른 학문적 논의가 전개되고 있다. 이 과정에서 흥미로운 것은 단순히 서양인이 본 한국에서 관심이 더욱 세분화되며 미국인, 이탈리아인, 러시아인, 스웨덴인 등 다양한 자료들이 소개되고 있다. 한국인이 아닌 모든 외부자를 일반화시킨 '서양의 시선'에서 아직 기초적이기 하지만 관찰자의 국가별, 문화권별, 성별 특성 등이 논의되기 시작했다. 이러한 논의는 기본적으로 오리엔탈리즘적 시선에 대한 비판이라는 공통 분모를 가지고 있지만 동시에 시선과 재현을 둘러싼 차이를 다양한 변수를 통해 읽어내려는 새롭고 중요한 시도로 판단된다. 이러한 시도는 오리엔탈리즘의 극복을 위해서도 매우 의미 있는 것으로 앞으로 구체적인 성과가 기대된다.

이를 배경으로 이 글에서는 미국인이 본 한국에서 나아가 특정 매체인 『내셔널 지오그래픽 매거진(*National Geographic Magazine*: 이하 『내셔널 지오그래픽』)』[2]을 집중적으로 분석해 보고자 한다. 이 연구의 목적은 1890년 첫 기사를 쓴 이후 100여 년이 넘게 한국을 취재해 온 한 잡지의 기사와 사진을 통해 한국에 관한 시선을 살펴보고 그 내용과 특성을 밝히는 것이다. 본격적인 논의에 앞서 이 글의 출발점에서 밝혀두고 싶은 것은 『내셔널 지오그래픽』이 본 한국에 대한 시선이 미국인들 전체의 시선을 일반화하고 있다고 보지 않는다는 점이다. 이 연구의 중요한 관점 중의 하나는 우리가 자주 개념화하고 있는 전체주의적 시선은 여러 복합적인 시선의 충돌과 타협의 결과이며, 이 연구는 『내셔널 지오그래픽』이 본 한국을 분석함으로써 특정 매체의 특성과 독자, 그리고 당시 시대적 상황이 어떻게 시선적 재현과 연관되는가를 살펴볼 수 있다는 점에 그 의의가 있다.

---

2 1888년 설립된 세계 최대의 과학-교육기관인 National Geographic Society가 "지리학 지식의 증대와 확산(to increase and diffuse geographical knowledge)"을 위해 창간한 잡지이다. 초대 회장은 가디너 그린 허바드(Gardiner Green Hubbard)로 초기에는 전문 지리학자의 논문을 수록했으나 점차 대중과학지로 변모하게 되었다.

Ⅱ. 연구 방법론

이 연구에 대한 기초적 관심은 지금부터 11년 전에 읽었던 한 논문에서 시작되었다 해도 과언이 아니다. 그 논문은 미국영상인류학회에서 발간하는 학회지에 실렸던 캐서린 럿츠(Catherine Luts)와 조앤 콜린스(Joan Collins)의 것이다. “The Photograph as an Intersection of Gazes: The Example of National Geographic”이라는 논문에서 두 저자는 『내셔널 지오그래픽』에 실린 비서구인, 비서구 문화의 모습을 담은 사진을 읽어내는 과정에 존재하는 다양한 시선에 대해 논하고 있다. 사진은 단순히 현실 복사가 아니며 해석이라는 사실은 다양한 인식 지평이 존재함을 의미한다. 저자들은 사진가의 시선, 잡지사의 시선, 독자의 시선, 이를 분석해 내는 학자들에 시선 등 총 7개의 다양한 시선을 설정하고, 이들 시선이 읽어내는 사진의 형식적 특성과 의미들을 밝히는 것이다. 사진에 대한 시선의 다양한 층위를 밝혀내고 그로 인해 발생하는 열린 의미 구조를 밝혀낸 매우 흥미로운 논문으로서 시각적 재현 과정에서 드러나는 특성 등을 지적하고 있다. 그러나 위 논문은 특정 주제 또는 특정 문화권에 초점을 맞춰 분석하지 않고 단순히 ‘비서구인(non-Westerner)’ 전체에 대한 사진들을 다룸으로써 지나친 일반화의 위험을 담고 있는 것도 사실이다.

이 연구는 기본적으로 위 두 저자가 지적한대로 시각적 재현에 작용하는 다양한 변수가 존재함을 인정하면서 한국을 다룬 기사들을 중점적으로 살펴보고자 한다. 그러나 이 연구의 주요 특성 중의 하나는 위 논문과 달리 사진뿐 아니라 기사 내용, 사진의 설명까지도 분석에 동원된다는 점에서 차이가 있다. 사진을 강조하는 『내셔널 지오그래픽』의 역사적 변화 과정에 대해 다시 지적되겠지만 대중적 효과를 위한 시각

이미지는 잡지의 매우 중요한 특징이지만 동시에 텍스트인 기사와의 상관 관계를 검토하는 것 또한 매우 필수적인 부분이다. 두말할 나위 없이 사진과 기사는 긴밀히 연결되어 있다. 특히 사진에 대한 설명 또한 사진의 의미를 고정화하는 장치로서 사진의 의미를 읽어내는 데 반드시 검토되어야 할 부분이다.

이 연구가 가진 가장 큰 한계 중에 하나는 실제 사진 촬영자와 기사 작성자, 그리고 편집자들에 대한 직접적인 조사가 아직 이루어지지 못한 점이다. 이 연구는 자료의 수집과 기초 검토 과정을 마친 상태이며 추후 잠정적 분석 결과를 미국 현지조사와 당사자들과 인터뷰를 통해 검증해야 할 것이다. 물론 미국 현지조사를 통해서도 이미 오래전에 생산된 사진과 기사 작성자, 당시 기사에 영향력을 행사했던 편집자들을 쉽게 만날 수 있다는 보장은 없다. 더불어 그들이 제작했던 사진과 기사의 방향에 분명 영향을 끼쳤을 당시 미국 독자들의 분위기와 기대를 역사적으로 재구성해 보는 과정도 다분히 해석적 추론에 머무를 수밖에 없는 한계가 있다.

그러나 이와 같은 한계에도 불구하고 전 세계의 문화를 소개하며 대중적 영향력[3]에서 특별한 위치를 차지하는 『내셔널 지오그래픽』의 자료에서 한국 관련 자료를 종합하고 그 시선적 특성을 살펴보는 것은 매우 의미 있는 작업이라고 생각된다.

위와 같은 목적을 가지고 이 연구는 기사 작성자[4]의 인적 배경을 비롯해 기사의 내용을 우선적으로 검토하고 단순히 무엇을 보았는가를 넘어 한국의 모습을 어떻게 보았는가에 초점을 맞추어 논의했다. 이와

---

3 『내셔널 지오그래픽 매거진(*National Geographic Magazine*)』은 현재 전 세계 170국에서 23개 언어로 매달 900만 부가 팔리는 세계적인 잡지이다. 한국어판은 2000년 1월부터 출간되고 있다.

4 기사를 작성한 사람들의 출신을 보면 여행가, 정치인, 군인, 내셔널 지오그래픽 소속 작가 등 다양한 분포를 보이는데 이 글에서는 기사 작성자로 통괄해 부르고자 한다.

관련해 기사 및 사진의 형식적 특성들도 검토 대상에 포함시켰다.

Ⅲ. 분석 대상

다양한 자료들이 각종 전시와 출판물에 실리고 있지만 외국인들에 의해 생산된 한국 관련 자료 중에서 『내셔널 지오그래픽』의 기사와 사진은 몇 가지 측면에서 매우 특별한 가치를 갖고 있다.

첫째, 『내셔널 지오그래픽』은 가장 지속적으로 한국에 관한 취재를 해 오고 있다. 특정 개인과 기관에 의한 저작들과 비교해 볼 때 가장 오랫동안 지속적으로 한국 관련 기사를 실어 왔다. 1890년 첫 기사를 시작으로 평균 5~6년 주기[5]로 한국을 방문, 직접 취재하고 관련 사진 자료를 제작해 온 유일한 외국 전문 잡지이다. 이러한 점에서 그 특성과 변화를 장기적인 관점에서 살펴볼 수 있는 매우 중요한 자료로 평가된다.

둘째, 사진과 그것을 해석해 낸 기사 간의 상관 관계가 명확하고 사진 자료의 경우 여타 자료에 비해 기록성과 표현력이 뛰어나다. (그러나 개항 이후 1910년대에 이르는 과정에서 제작된 사진 자료들은 여러 외국인의 저작에서 중복적으로 출판되었고 지금에 와서 정확히 제작자와 원본 출처를 밝혀내는 것은 거의 불가능한 상황이다.)

셋째, 특정 잡지의 내용을 일관성 있게 분석함으로써 『내셔널 지오그래픽』만의 시각과 접근이 존재하는지 그 특성과 변수들은 무엇인지를 논의할 수 있다.

---

5 가장 긴 공백 기간은 1953년에서 1969년 사이로 16년이고 가장 짧았던 기간은 1974년과 1975년 연이어 취재한 1년이다. 예외적으로 1988년의 경우 한 해에 두 개의 기사가 동시에 실렸다.

1890년 8월호를 시작으로 『내셔널 지오그래픽』에 기록된 한국 관련 기사와 사진 자료의 양은 방대하다. 2005년 현재까지 총 21여 회의 기사가 작성되었으며, 각 기사에 실린 사진과 도표 등의 수는 5백여 건에 이른다. 각 기사의 시기와 분량, 지도, 도표 및 사진 매수는 〈표 1〉과 같다.

〈표 1〉 『내셔널 지오그래픽』의 한국 관련 기사 목록

연번	연도	기사 제목	해당 면(면수)	시각 자료 (종류/수량)	비고
1	1890. 8	Korea and the Koreans	231–243(13)	지도 1	흑백
2	1900. 4	Korea the Hermit Nation	145–155(11)	사진 7	흑백
3	1904. 2	Geographic Notes – some facts about Korea	페이지 없음(1)	사진 없음	·
4	1906. 10	The Passing of Korea	575–581(7)	사진 5	흑백
5	1908. 7	Notes and Scenes from Korea	498–508(11)	사진 14	흑백
6	1908. 12	Scenes from the Land Where Everybody Dresses in White	871–877(7)	사진 10	흑백
7	1910. 11	Glimpses of Korea and China	895–934(40)	사진 50	흑백 11/ 컬러 39
8	1919. 7	Exploring Unknown Corners of the Hermit Kingdom	25–48(24)	지도 1/사진 31	흑백
9	1924. 10	In the Diamond Mountains	353–374(22)	지도 1/사진 21	흑백
10	1933. 10	Chosen – Land of Morning Calm	421–448(28)	지도 1/사진 33	흑백 21/ 컬러 13
11	1945. 10	Jap Rule in the Hermit Nation	429–451(23)	지도 1/삽화 1/ 사진 18	흑백
12	1947. 6	With the U.S. Army in Korea	829–840(12)	지도 1/사진 8	흑백
13	1950. 6	Roaming Korea South of the Iron Curtain	777–808(32)	지도 1/사진 30	흑백 11/ 컬러 20
14	1953. 5	The GI and the Kids of Korea	635–664(30)	사진 30	흑백 10/ 컬러 20
15	1969. 3	South Korea : Success Story in Asia	301–345(45)	지도 1/사진 54	컬러

16	1974. 8	Rare Look at North Korea	252–277(26)	사진 27	컬러
17	1975. 9	South Korea : what next?	394–427(34)	사진 38	컬러
18	1979. 12	Seoul : Korean Showcase	770–797(28)	사진 33	컬러
19	1988. 8	The South Koreans	232–257(26)	지도 1/사진 28	컬러
20	1988. 8	Kyongju, where Korea began	259–268(10)	지도 1/사진 7	컬러
21	2003. 7	Korea's Dangerous Divide DMZ	2–27(26)	지도 1/사진 23	all 컬러

표에서 보는 것과 같이 분석되어야 할 텍스트와 시각 자료(사진, 지도 및 삽화)의 양이 매우 광범위해서 짧은 기간에 충분히 분석하기 어렵다. 단계별로 장기적 연구가 필수적이며 분석 방식에서도 다양한 주제에 초점을 맞춘 복수의 연구보고서가 필요하다. 이 연구는 제1차 연도의 결과로 우선 자료를 수집[6]하고 전체를 조망하기 위한 큰 그림을 제공하는 것이 목적이다. 결과적으로 이 글에서는 개별 자료에 대한 설명과 심층적 분석보다 유형적 특성을 시기 구분과 관련해 살펴보고자 한다.

시기 구분을 통한 단계별 기사 및 사진 자료 분석에서 고려된 점은 일반적으로 통용되고 있는 한국 근대사의 시기 설정과 동시에 전쟁이나 그 밖의 역사적 사건 등 한국의 상황을 고려해 『내셔널 지오그래픽』이 고려했을 취재 시점이다. 우선 1876년 일본과의 국제 조약을 통해 시작된 한국의 개항과 초기 개화 시기, 1910년에 1945에 이르는 일제 강점기, 그리고 해방 후 한국전쟁과 분단 이후 초기 경제 개발 시기

6 『내셔널 지오그래픽』에 실린 한국 관련 기사들 중 최근의 것은 비교적 찾기가 쉬웠지만 초기의 기사들은 한국의 도서관에 마이크로필름으로도 보관되어 있지 않다. 초기의 기사들은 PDF 파일 형식으로 내셔널 지오그래픽사가 제작한 CD-Rom을 통해 확인할 수 있었지만 이미지의 해상도가 낮아 사진 설명과 같은 작은 크기의 텍스트들과 사진을 정확히 파악하기 어렵다.

는 한국 근대사 연구에서 일반적으로 사용되고 있는 시기 구분이다. 마지막으로 1988년 서울올림픽과 2003년 『내셔널 지오그래픽』의 최근 기사에 이르는 시기를 추가했다.

이러한 시기 구분 자체는 이 연구의 분석 결과와 의미 있는 연관을 가지고 있지만 동시에 엄격히 적용될 수 있는 배타적 경계가 아님을 밝힌다. 『내셔널 지오그래픽』의 시선적 변화는 다양한 변수를 고려해야 한다. 실제 이러한 변화를 이해하기 위해서는 한국의 역사적 상황은 물론 잡지를 발행하고 있는 회사 자체의 판매 및 기사 작성 전략, 미국 독자들을 포함한 당시 미국 내 문화 지형과도 연관된 복합적인 조건들을 검토해야 하는 것이다. 일단 논의의 출발점으로 한국 근현대사의 주요 지점을 중심으로 5단계의 시기 구분을 잡았다.

(1) 1890년~1909년: 개항 및 외국과의 수교
(2) 1910년~1945년: 일제 시기
(3) 1946년~1959년: 해방 후 국가 수립, 한국전쟁, 전쟁 복구 시기
(4) 1960년~1987년: 박정희 정권의 등장과 경제 개발 시기
(5) 1988년~현재: 1988년 서울올림픽과 그 이후

Ⅳ. 자료 분석

1. 1890년~1909년: 개항 및 외국과의 수교

한국에 관한 최초의 기사는 1890년 8월호에 실린다. 한국이 문호를 열어 외국과 정식 외교 관계를 맺기 시작한 것이 1876년이니까 그로부

터 14년, 1882년 미국과의 수교로부터 8년, 1884년 갑신정변[7]으로부터 따지자면 6년 후의 일이다. 1910년 일본의 식민지가 되기까지 구한말의 역사적 정황은 어쩌면 한국 근대사에서 가장 의미심장한 시기로 조선을 둘러싼 열강들의 움직임과 외세에 대응하기 위한 내부적 변화도 매우 급박하게 이루어졌던 격동의 시기였다.

미국이 일본에 이어 두 번째로 한국과 외교 통상 관계를 맺은 것은 1882년이지만 미국과 조선의 관계는 그보다 더 거슬러 올라간다. 일본을 개항시킨 미국의 페리(Matthew C. Perry) 함대가 동북아시아에 등장한 것이 1854년이며 제너럴 셔먼 호가 대동강을 거슬러 올라 평양에 나타난 것은 1866년이다. 평양 관민에 의해 제너럴 셔먼 호의 승무원 전원이 살해됨으로써 1871년 로저스(John Rodgers, 1812-1882) 제독이 이끄는 미국 함대는 강화도 일대의 조선 병력을 초토화시키며 미국의 힘을 과시한다. 이것이 1871년 발생한 신미양요(辛未洋擾)이다. 그러나 조선정부는 무기력한 패배에도 불구하고 외국 병력이 물러난 후 척화비를 세우며 다시 한 번 반외세 정책을 강화한다. 같은 시기 조선의 문을 두드리며 등장한 외국 함대는 미국뿐이 아니었다. 일본, 프랑스, 영국, 러시아 등이 조선에 개입하고 있었으며, 조선은 더 이상 문을 닫고만 있을 수 없는 상황이었다.

『내셔널 지오그래픽』이 창간된 것이 1888년임을 감안할 때, 한국 관련 기사는 창간 후 3년째에 실린 것으로 매우 빠르다고 볼 수 있다. 예를 들어 일본의 경우 1894년에 첫 기사[8]가 실렸다.

1890년에서 1910년에 이르는 기간 동안 한국 관련 기사는 총 7편이

---

7 김옥균, 박영효 등 급진 개화파가 입헌 군주제 개혁을 추진함.

8 "세계에 문을 연 메이지 신국가의 지도자"라는 제목으로 당시 일본 정부에 의해 고용된 외국인 신분이었던 스티븐스(D. W. Stevens)가 쓴 글이다.

다. 1904년 2월호는 한 페이지 분량의 짧은 보고서 성격이며, 1908년 12월호의 경우는 기사 없이 사진만 실렸지만 당시의 상황에 대한 매우 귀중한 정보와 사진들을 담고 있어 분석에 포함시켰다.

저자를 알 수 없는 1904년 2월호를 제외하면 미국 해군 제독을 포함해 저자는 총 6명이다.

1890년 첫 기사는 미국 해군 장교이며 조선에는 1883년 9월에 입국한 버나두(J. B. Bernadou)에 의해 작성된 것이다. 첫 번째와 두 번째 기사가 미국 해군 장교와 장성에 의해 작성된 것으로 보더라도 한국은 우선 '탐사'되어야 할 대상이었다. 초기의 기사가 탐사보고서의 성격이 강한 것은 『내셔널 지오그래픽』의 창간 동기가 세계의 자연지리에 대한 탐사를 목적으로 한 전문 지리서의 성격으로 출발한 사실과 관련이 있다. 미국 독자에게 한국이 어디에 있고 지리적 특성은 무엇이며 한국인은 어떤 사람들인가는 가장 기초적인 관심이었을 것이다. 첫 기사에는 세 장의 지도가 실려 있고[9] 한국인이 쓰는 말과 문자에 관한 기초적인 내용이 담겨 있다. 그러나 당시 실렸던 지도의 내용처럼 한국에 관한 지리적 정보도 매우 빈약한 것이었으며 버나두가 지적한 대로 그나마 외국인에 의해 제작된 한국 내륙에 관한 믿을 만한 지도는 존재하지 않았다.[10]

미국 해군 소속 장교로서 당시 푸트(Lucius Howard Foote) 공사의 요청으로 입국한 저자의 임무는 한국 내륙에 대한 지형적 특성 등 지리적 상황을 조사하는 것이었다. 당시 정황을 정확히 밝혀내기 어렵지만 미국 스미소니언 자연사박물관의 사무총장도 버나두에게 한국의 물질 문화를 수집할 것을 요청하고 한국 공사관의 스미소니언 촉탁

9 『내셔널 지오그래픽』에 최초로 사진이 실리기 시작한 것은 1896년이다.

10 지도 참조(*National Geographic Magazine*, 1890.8), "Korea and the Koreans," pp.231-243.

(Smithsonian Attache)이란 공식 직함을 부여한다. 기본적으로 푸트 공사가 본국에 지리탐사 전문가를 요청했던 배경에는 한반도를 둘러싼 열강들의 경제적 관심, 곧 자원 수탈 경쟁 속에서 미국의 이해를 확고히 하기 위한 목적도 있었다.

앞서 소개한 지도에 나타나 있는 것처럼 버나두의 탐사에서 중요한 관심 중에 하나는 한국의 광물 자원, 특히 금광에 대한 것으로 지도에 그 위치를 표시하고 있다. 기사의 내용 중에 광물 자원에 관한 부분이 가장 집중적으로 다루어졌을 뿐 아니라 내용을 살펴보면 석탄을 채취한 후 샘플을 당시 제물포에 정박 중이던 앨러트(U. S. S.Alert) 호에서 실험해 보았다는 사실도 알 수 있다. 적어도 1년 이상 한국에 거주하면서 버나두는 한국에 금이 풍부하다는 사실을 확인한 것 말고도 한국에 관련된 다양한 물품을 수집해 본국에 보내게 된다.[11]

한국의 지하자원에 대한 관심은 웹스터(Harrie Webster) 해군 사령관이 작성한 두 번째 기사에도 계속된다. 입항지인 제물포(현재 인천)에서 한강을 거슬러 한양(현재 서울)에 이르는 여행 과정을 기술하면서 한국의 산악 지형은 물론 저자의 눈에 매우 특이하게 보였던 무덤의 모습 등을 기사에 담고 있다. 웹스터의 글에서 주목할 것은 버나두의 기사에서 직접적으로 다루지 않았던 당시 조선인(한국인)들에 대한 인상이 잘 드러나 있다. 이는 『내셔널 지오그래픽』이 전문적인 자연지리 보고서에서 인문지리적 성격으로 전환되는 것과 연관되어 있다. 1900년대를 전후해 『내셔널 지오그래픽』은 사람들의 생활상에 초점을 맞추는 기사들을 확대해 나간다.[12]

---

11 버나두(J. B. Bernadou)가 수집한 물품은 지금도 스미소니언 자연사박물관에 보관되어 매우 귀중한 자료적 가치를 가지고 있다.

12 사진 참조(*National Geographic Magazine*, 1900. 4).“Korea, the Hermit Nation,” pp.145–155.

개항 이후 그 수가 점차 늘어나고 있던 외국인들의 한국인이 가장 공통적으로 그랬던 것처럼 웹스터의 눈에도 한국인의 흰 의복과 상투, 그리고 특이한 형태의 모자인 갓은 주요 관찰 대상이 된다.

글의 기사 제목(Korea, The Hermit Nation)처럼 웹스터의 눈에 한국은 여전히 은둔의 나라였다. 특히 서양 외국인의 입장에서 한국인의 흰 의복을 묘사하면서 아직 외부 문명 세계에 의해 오염되지 않은 상징으로서 흰색의 의미를 읽어내고 있는 점이다. 웹스터의 기사에서 주목할 만한 또 다른 내용은 한국에 관련된 미국의 상업적 이해(interests)에 관한 것이다. 1899년 5월 17일 개통된 미국 전차가 한양의 도심을 달리고 있는 모습을 지켜보고 동시에 자신의 방문 후 몇 달 뒤에 개통될 미국 철도의 완공 소식을 언급하며 저자는 당시 한반도 내 영향력을 행사하는 국가 중 미국이 차지하는 위치에 대해 말한다. 저자는, 그의 표현을 그대로 빌리자면, "한국에게 미국은 다른 어떤 나라보다 가장 사심 없고 적극적인 도움을 주고 있다"는 평가를 내린다.

이러한 미국의 사심 없는 지원이라는 평가에도 불구하고 1904년 2월호에 실린 짧은 글[13]이 담고 있는 한국의 수출입 무역 통계와 광물 자원의 규모, 한국 내 미국 상업 자본의 활동 상황에 대한 내용을 볼 때 당시 미국이 가지고 있던 상업적 관심을 사심 없고 객관적인 지원으로만 보기 어렵다.

내셔널 지오그래픽사의 편집 방침에서도 웹스터가 평가한 미국의 사심 없는 관심이 무엇을 의미하는지 알 수 있는데, 이 시기 가장 좋은 예는 1906년 10월호에서 다룬 헐버트(Homer Bezaleel Hulbert, 1863-

13 Geographic Notes, Some Facts of Korea라는 제목의 비록 짧은 글이지만 당시 주요 수출 수입물품과 교역 규모, 당시 한국 거주 외국인들의 국가별 수 등을 알 수 있는 귀중한 자료로 평가된다.

1949)[14]의 글이다. 기사의 내용은 한말 활동했던 외국인들 중에 가장 중요한 인물 중 하나였던 헐버트의 책의 내용을 축약한 것이다. 흥미롭게도 그의 책에 실린 사진들을 선별해 싣고 있을 뿐 헐버트 자신이 그의 글에서 주로 다루고 있는 한국의 패망 과정, 1905년 일본에 의해 강압적으로 체결된 을사보호조약에 대한 언급은 찾아보기 어렵다. 오히려 당시 기사는 "한 국가가 국권을 잃는 것은 분명 슬픈 일이지만 세계의 발전 과정에서 때로 반드시 일어나야 하는" 사건으로 취급된다. 쓰러져 가는 한 나라의 운명을 그 누구보다 절실하게 느꼈던 헐버트의 주장은 기사에서 언급되지 않고 당시 정치적 상황과는 무척 거리가 느껴지는 한가한 조선인들의 사진들만이 기사의 대부분을 차지하고 있는 것은 당시 『내셔널 지오그래픽』의 한국관이 무엇인지를 말해 주고 있지 않은가.[15]

1908년 7월호에 당시 미국 총영사 새먼스(Thomas Sammons)[16]가 작성한 기사에서도 은둔의 나라인 한국이 근대화 과정에서 치러야 하는 대가는 불가피한 것으로 인정된다. 이미 한반도에서 절대적인 영향력을 행사하고 있는 일본이 세운 농업학교의 활동 내용 등을 언급하면서 앞선 문명으로 인정되는 식민 제국의 개입에 우호적인 태도를 보이고 있다. 당시 약소 국가들에 대한 식민 제국들의 개입은 정당한 것으로 인식되었다. 약한 인종들을 도와야 하는 것은 근대화에 앞선 백인들의 짐이자 의무로 인식되었고 인종과 국가 간의 불평등은 당시 풍미했던 사회진화론적 입장에서 불가피한 것으로 해석되었다.

『내셔널 지오그래픽』에 실린 최초의 한국 관련 사진은 1900년 4월호

14 1886년 고종의 뜻에 따라 설립한 육영공원의 교사로 초빙되어 한국에 왔다. *The Korea Review*의 편집을 주관했으며, 1905년 고종의 밀서를 가지고 미국의 정부 요인들과 접촉하면서 한국에 대한 일본의 정책에 미국이 개입해 줄 것을 요청했다. 1906년 *The Passing of Korea*를 출판했다.

15 사진 참조(*National Geographic Magazine*, 1906. 10), "The Passing of Korea," pp.575-581.

16 1905-1906 한국총영사, 후에 상하이 주재 총영사로 근무.

에 실린 것이다.[17]

한국의 마을을 원경으로 잡은 것으로 당시 기사에는 저자가 여행 중에 만났을 한국인들의 모습이 여러 장의 사진에 담겨져 있다. 하지만 초기 기사들에 실린 사진들은 대부분 그 출처가 명확하지 않아서 저자가 직접 촬영한 것인지 아니면 당시에 한양에서 유통되던 사진들을 수집해 실은 것인지 현재로서는 정확히 알기 어렵다.[18]

그뿐만 아니라 대부분의 사진에 붙여진 설명들을 살펴보면 기초적인 오류들이 발견되고 있고, 특정한 관심을 가지고 찍었던 것들임을 알 수 있다. 1908년 7월호와 12월호의 경우 가장 많은 사진이 실려 있을 뿐 아니라 촬영자의 이름들이 사진과 함께 실려 있어 매우 중요한 자료적 가치를 가지고 있다. 한국 이름 문요한이라 불렸던 무어(J. Z. Moore),[19] 해리스(M. C. Harris),[20] 폴웰(E. D. Follwell)[21] 등 평양 지역에서 활동했던 감리교 선교사들의 사진이 집중적으로 실려 있는데, 선교사의 입장에서 토착 신앙에 대한 특별한 관심에서 찍혀진 것이라는 점을 쉽게 알 수 있다. 불교 사원의 내부, 불교 조각상을 비롯해 산신당, 성황당의 모습 등이 사진 속에 담겨져 있어 당시의 모습을 나타나는 자료적 가치가 크다.[22] 특히 1908년 12월호의 경우 기사 없이 사진만 실려 있으나 당시 조선인의 일상 생활, 가정 내 활동 등이 포착되어 귀중한 자료로

---

17 사진 참조(*National Geographic Magazine*, 1904. 2), "Geographic Notes – Some Facts about Korea."

18 앞서 밝힌 헐버트의 책에 실린 사진들을 모두 저자가 촬영한 것으로 보기 어렵다. 당시 한국에 체류한 후 출판한 외국인들의 책들에서 동일한 사진들이 발견되는 것으로 봐서 촬영자를 명확히 알 수 없는 사진들이 유통되었음을 쉽게 알 수 있다.

19 1903년 내한 1941년까지 북한 선교 관리자로 활동.

20 1904년 북감리교 연회 감독으로 취임했으며 이후 동북아시아 총책임으로 임명됨.

21 의사이며 감리교 선교사로서 한국인들에게 성서 역사를 강의했으며 평양정의학교를 설립한 것으로 알려져 있다.

22 사진 참조(*National Geographic Magazine*, 1908. 12), "Scenes from the Land Where Everybody Dresses in White," pp.871–877.

평가된다. 그러나 동시에 제한된 사전 지식으로 인해 불분명한 설명이 보이고 우선 선교를 목적으로 한 토착 신앙을 단순히 이단 숭배로 인식하는 선교사의 제한된 시선에서 촬영된 사진 등임을 알 수 있다.[23]

1890년에서 1910년에 이르는 기간 중 『내셔널 지오그래픽』에 실린 기사 중에서 가장 직접적이며 풍부한 내용과 사진을 수록했고 동시에 가장 오리엔탈리스트적 시선을 담고 있는 기사는 1910년 11호의 기사이다. 직접 촬영하고 기사를 작성한 섀핀(William W. Chapin)은 전문 여행가로서 한국은 물론 중국 지역에 이르는 자신의 여행기를 39장의 사진과 함께 싣고 있다.[24] 이 중 한국 관련 사진은 30여 장에 이른다.

기사의 내용을 살펴보면 이름을 밝히고 있지 않지만 다른 사람과 동행한 것이 분명한데 증기선을 타고 일본 시모노세키(下關)에서 출발해 부산으로 입국한다. 부산항에 도착해 만나게 된 한국 짐꾼에 대한 인상을 시작으로 서울로 향하는 기차 속에서 바라본 풍경, 서울 도착 후 방문하게 된 여러 지역과 사람들에 대한 인상을 담고 있다. 한국기독청년회(YMCA)의 일원으로 소개된 통역관이자 여행 안내자인 신송(송씨인지 신씨인지 명확치 않다)의 도움으로 한국의 풍습을 여행가의 입장에서 기술하고 있다.[25]

섀핀은 1926년에 출간된 『*Glimpses of Foreign Lands and People*』의 저자로 잘 알려진 것처럼 미국 독자들에게 오지의 풍광과 풍속을 소개하는 맥락에서 한국과 중국을 담고 있다. 글의 첫머리에서 한일 합방에 이르는 비극적 상황을 간략히 언급하고 있지만 그가 표현한 대로

---

23 사진 참조(*National Geographic Magazine*, 1908. 12), "Scenes from the Land Where Everybody Dresses in White," pp.871–877.

24 1910년부터 컬러 사진이 등장한다. 지금의 컬러 사진과 달리 손으로 색을 칠한 것으로 지금의 기준으로 보면 거친 느낌의 색감을 드러낸다.

25 사진 참조(*National Geographic Magazine*, 1910. 11), "Glimpses of Korea and China," pp.895–934.

한국은 "기이한 풍속과 전형적인 동양의 비경으로 가득한" 곳으로 묘사된다. 서울의 도로에서는 진정 사진 찍기 좋은, 완벽한 코닥(Kodak)의 순간들이 널려 있다. 그의 눈에 특이할 수밖에 없는 전통 건축물부터 흰색의 부처 조각상 등이 사진에 담겨지고 죄수들이 길을 청소하는 것부터 남녀가 가운데 천을 드리우고 예배를 보는 특이한 모습들이 기사에 등장한다. 길거리에서 떡, 그의 표현대로 하자면 한국의 빵을 만드는 모습은 가장 비위생적인 동양적 요리 행위로 묘사하면서 "음식을 즐기려면 부엌을 보지 말라"라는 현지인의 속담을 곁들인다.[26]

하수도 시설이 되어 있지 않은 개천에서 빨래를 하는 여인들의 모습은 그의 눈에 정녕 모순일 수밖에 없다. 사실 그가 보고 쓴 기사와 직접 찍은 사진은 자신을 위한 것이라기보다 이국적 풍습과 자신들의 모습과 다른 비문명권의 이미지를 기대하는 서양 독자들을 위한 것이었다. 여행을 마치며 그가 쓴 마지막 문장의 일부분은 그 무엇보다 그와 당시 미국과 서양의 대중 독자들의 오리엔탈리즘적 시선을 압축해 보여 주고 있다. "이 사람들은 매우 신기하며, 매우 고대적이며, 또한 매우 독특하다."

2. 1910년~1945년: 일제 시기

이 시기에 『내셔널 지오그래픽』은 총 네 번 한국 기사를 실었다. 첫 번째 기사는 1919년 7월호의 것으로 마지막으로 한국을 취재한 뒤 9년째로 오랜만의 것이다. 또한 앞 시기에 평균 3년에 한 번꼴로 기사를 실은 것에 비해 이 기간 중 잡지에서 한국을 다룬 것은 평균 9년에 한 번

26 사진 참조(*National Geographic Magazine*, 1910. 11), "Glimpses of Korea and China," pp.895–934.

정도로 상대적으로 낮은 비율이다. 앞서 논의한 시기에 비해 취재 횟수는 적지만 기사의 분량과 사진의 수는 비약적으로 늘어난다. 이러한 변화의 배경에는 2대 회장인 벨(Alexander Graham Bell)과 후에 그의 사위가 된 편집장 그로스베너(Gilbert Hovey Grosvener)의 취임이 내셔널 지오그래픽사의 기사 편집 방향이 전문 지리학자를 위한 탐사보고서의 성격에서 일반 대중을 위한 잡지로 바뀌는 과정과 상관되어 있다. 특히 대중 독자들의 관심을 끌기 위한 시각적 디자인이 강조되고 그 결과 사진 중심의 기사를 싣고 글의 형식도 대중적인 성격을 띠게 된다.

오랜만의 방문이지만 이 시기 기사들의 기본적인 특징은 1910년 11월호의 기사를 비롯한 앞 시기의 시선과 크게 다르지 않다. 한국은 기사 제목 내에서 '은둔의 왕국', '조용한 아침의 나라'라 불리고 신기한 풍습과 전근대적 생활 양식, 신비스러운 경치를 갖고 있는 동양의 한 나라로 묘사하고 있다. 특히 1919년 7월호의 경우 1910년 11호 기사 못지않게 외부의 탐험자적 시각에서 한국인과 한국 문화를 소개하고 있다. 1919년에 이르기까지 한 번도 외국인, 백인을 보지 못한 현지인들과 파란 눈의 저자 자신을 설정한 대비 구조는 기사 전체에 기본적인 인식의 틀로 유지된다. 특히 북한 북부 지역의 산간을 여행하게 되는 저자인 앤드류(Roy Chapman Andrews, 1884-1960)[27]는 자신을 마치 한 번도 탐사되지 않은 단순한 처녀림 정도가 아니라 신비한 원시림(primeval forest)을 방문한 최초의 여행자로 묘사할 때 그의 오리엔탈리스트적 언어 표현은 그 정점을 이룬다. 여행 중 여관방에서 목격할 수 있었던 수많은 종류의 벌레와 그로 인한 고통이 생생하게 구체적으

27 전문 여행가로서 몽고 지역에서 화석을 수집했고 해양 포유류에 관심을 갖고 알래스카, 일본, 한국, 중국 등을 여행했다. 특히 미국 자연사박물관의 관장이었던 오스본(Henry Osbornes)의 독려와 후원으로 해당 지역에서 많은 자료를 수집해 박물관에 기증하기도 했다. 한국 지역 탐험 과정에서 수집된 물품들도 배를 통해 뉴욕을 보내졌다.

로 묘사되고, 이러한 고난은 마치 아라비안 나이트의 이야기와 일맥상통하는 것으로 기술된다. '비위생'과 '비이성적'으로 특징지어지는 전근대적 풍습들이 여행담 속에 줄곧 소개되며, 특히 사냥을 통해 포획한 사슴의 뜨거운 피와 간을 그 자리에서 먹고 마시는 한국인 동행자 백씨를 묘사할 때 또 한 번의 클라이맥스를 이룬다. 백인은 물론 그 누구도 근접하지 못했던 원시림에서 호랑이를 사냥하는 저자의 경험은 매우 특별하고 긴장감 넘치는 서양 탐험가의 전형으로 읽을 수 있다. 병에 걸린 현지인이 건네준 약을 복용 시간과 상관없이 한꺼번에 입에 털어넣는 장면은 몇 년 뒤의 일이지만 1922년 뉴욕에서 대성공을 거둔 다큐멘터리 "북극의 나눅"에 등장하는 한 에스키모 소년의 모습과 너무도 유사하다.[28]

이와 같은 여행담은 1924년 10월호, 1933년 10월호에도 계속되는데 "가슴을 드러내고", "입고 입은 치마는 감자 포대기와 비슷하고", "어떻게 보더라도 매력적으로 느낄 수" 없는 한국 여인에 대한 인상이 포함되어 있다. 1933년 10월호의 저자는 금과 신기한 보석으로 치장되었기를 기대했던 동양의 왕궁이 규모도 작을 뿐 아니라 주로 나무로 지어진 목조 건물이라는 사실에 적지 않은 실망을 한다.

이와 같은 서양 여행가와 탐험가의 입장에서 기술된 이 시기의 기사에서 당시 한국이 처한 정치적 상황에 대한 언급은 찾아보기 어렵다. 특히 개항 이후 한국을 직접 방문한 외국인들 중에 최고위층인 영국인 커슨(George Nathaniel Curson) 후작[29]의 경우 금강산과 불교 사찰을 둘러보고 떠나는 단순 여행자의 입장에서 자신의 감상과 여행담을 늘

---

28 사진 참조(*National Geographic Magazine*, 1919. 7), "Exploring Unknown Corners of the Hermit Kingdom," pp.25–48.

29 저자가 글에서 밝히고 있는 것처럼 1892년 한국을 이미 방문했었지만 당시 방문 목적 및 활동은 알 수 없다. 1892년 당시 저자는 인도에서 영국 외교관을 활동하고 있었던 것으로 추정된다.

어놓을 뿐이다. 일본에서 근무하는 영국 외교관을 대동하고 자신이 방문한 수많은 외지 중에 가장 웅장했다는 금강산의 비경을 감상한 저자는 영국의 식민지였던 인도의 부왕을 지냈으며 영국 정부의 외무부 장관의 이력을 가진 사람이었으나 한국에 대한 그에 관심은 식민지의 현실이나 문화가 아니라 금강산과 그의 눈에 더없이 타락한 중들의 모습뿐이었다.

1910년 한일 합방 이후 한국 내에서 일어나고 있는 정치적 저항과 특히 1919년에 일어난 3 · 1 독립운동에 대한 언급은 일절 찾아볼 수 없다. 한편 일본의 한반도 통치에 대한 긍정적 평가를 암시하는 내용은 여러 곳에서 등장하는데, 일본의 삼림 정책이라든지 전화와 통신의 발전 등이 대표적인 것으로 새로운 근대적 변화의 양상들을 지적하고 있다. 그러나 그들의 시선에서 한국의 특정 현실은 철저하게 배제되고 있었다.

앞서 간략히 지적한 대로 이 시기의 기사에서 주목할 만한 또 다른 변화는 사진 자료의 분량과 전문 사진 촬영자들의 등장이다. 4편의 기사에 수록된 사진의 수는 120여 장에 가까워 평균 30여 장의 사진이 실려 있어 사진의 수가 획기적으로 늘었을 뿐 아니라 기사 내용 못지않은 역할을 하고 있다. 드코(Branson Decou) 등 당시 활동하던 여행 전문 사진가들의 사진들뿐 아니라 내셔널 지오그래픽 소속 전문 사진가의 사진들이 수록되기 시작한다. 특히 언더우드 앤드 언더우드(Underwood & Underwood)와 같이 당시 미국 내외에서 사진 장비와 재료 등을 거래하고 사진가를 외국에 파견해 사진을 확보하고 유통시켰던 기업들의 사진도 이 시기에 등장한다. 결국 선교사와 외교관, 단순 여행자들의 사진에 의지했던 초기의 상황과 달리 매우 전문적인 사진가들의 작업이 소개되기 시작하고, 그 결과 사진의 양은 물론 사진의 기술적 수준도 이전과 크게 향상된 것들이다. 이와 같은 변화는 좀 더 현지의 모습을 생생하기 보기 원하는 당시 『내셔널 지오그래픽』 독자들의 시각적 호기심을 만족시켜 주기 위한 편집상의 전략과도 연관된다.

이러한 사진을 강조한 기사 편성은 단순히 사진의 수만을 늘린 것이 아니라 점차 기사의 형식 자체도 변화를 가져온 것으로 보인다. 지도와 도표를 제공하고 통계 수치를 언급하는 정보 전달형이 아니라 마치 저자, 사진가와 함께 현장을 누비고 있는 듯한 느낌을 주는 묘사가 눈에 띄게 증가한다. 앞서 밝힌 대로 여행 과정을 따라가며 겪는 에피소드들이 강조되고, 1933년 10월호의 경우 대화체로 기사가 작성되어 독자로 하여금 현장의 느낌을 공유하게 만드는 효과를 가져온다. 1945년 10월호 기사의 저자인 프라이스(Willard Demille Price, 1887-1963)가 당시 가장 성공적으로 미국의 독자들로 하여금 미지의 땅으로 여행을 떠나는 꿈을 꾸게 한 언론이었다는 사실에서도 내셔널 지오그래픽사의 대중화 전략을 읽어볼 수 있다.

무엇보다도 이 시기의 기사 중에서 가장 주목할 만한 변화는 바로 1945년 10월호의 기사로 새로운 시선의 변화를 극적으로 나타내고 있다. 이 시기까지 한국은 오랜 역사 동안 중국과 일본의 전쟁터였으며 결국 일본의 식민지가 되었지만 이는 불가피하거나 오히려 긍정적인 영향을 가져올 수 있다는 논조에 변화가 일어나기 시작한다. 제2차 세계대전을 끝으로 1945년 8월 15일 독립하게 된 최근의 상황은 당시 기사에서 다루어지지 않았지만[30] 새로운 각도에서 한국인과 한국 문명을 소개하기 시작한다. 이러한 변화의 근본적인 계기는 바로 서양식 근대화의 기수로 긍정적 평가를 받고 있던 일본이 제2차 세계대전의 시작

30 1945년 10월 기사에도 이러한 상황이 언급되지 않은 것은 적어도 8월 이전에 취재를 마친 것으로 추정할 수 있다. 물론 취재 및 편집 방침에서 의도적으로 종전과 일본으로부터 한국이 해방된 것을 제외한 것으로 볼 수도 있지만 정확한 배경을 현재 확인할 수 없다.

으로 이제 미국의 적으로 등장한 것이다. 항상 긍정적으로 평가되었던 한반도에 대한 일본의 정책과 활동이 비판적으로 평가되기 시작하고, 간접적으로 한국인은 새로운 지위를 획득하게 된다. 나무 연료를 지나치게 사용함으로써 자원을 고갈시켰을 뿐 아니라 매우 비위생적으로 여겨졌던 한국의 온돌은 인간이 불을 사용하기 시작한 이후 가장 영리한 발명으로 인정되기 시작한다. 온돌에 대한 새로운 재평가는 그동안 언급되지 않았던 한국이 발명한 최초의 또는 최초에 버금가는 전통 유산들을 소개하는 것으로 발전된다. 거북선과 첨성대가 놀라운 발명으로 소개되고, 한글의 우수성과 세계 최초로 개발된 한국의 금속활자에 대한 설명이 포함된다. 이는 결국 한국인의 우수성으로 인정되며 한국인은 몽골의 후예들 중에 "가장 크고 강하며 잘생긴" 것으로 평가되고 "한국의 여자들은 중국이나 일본의 여자들보다 예쁘다"고 강조한다.

이러한 한국 전통 유산과 한국인에 대한 긍정적인 평가는 이전의 기사들에서 찾아보기 어려운 것이었다. 과거 한국이 일본의 스승이었다는 사실과 함께 16세기 조선을 침탈했던 일본인들이 전승 기념으로 세운 조선 병사의 코와 귀 무덤에 대한 언급은 야만의 대상은 이제 한국이 아니라 일본이라는 사실을 의미한다.

적으로 등장한 일본에 대한 비판적 접근은 이제 내셔널 지오그래픽사의 한국 취재에도 새로운 변화를 불러온다. 해방과 한국전쟁을 거치며 미국은 한국과 새로운 관계를 맺게 되고 "미국인은 우리에게(한국인에게) 제일 좋은 친구"라는 이미지로 강화된다.

3. 1946년~1959년: 해방 후 국가 수립, 한국전쟁, 전쟁 복구 시기

일본의 패전으로 한반도는 해방되었으나 곧이어 한국인들은 혼란한 상황을 맞게 된다. 한반도는 두 개의 이념으로 갈라서고 북한은 소련이, 남한은 미국이 관리하는 예기치 않은 분단 상황으로 이어지고 급기야 1950년 전쟁으로 분단은 고착화되어 버린다. 이 시기는 35년간의 식민지 지배로부터 벗어난 신생국으로서 겪는 정치적 어려움은 물론 일본의 식민지로서 또 일본의 대륙 진출의 기지로서 피폐된 경제적 재건의 어려움에 빠져 있던 시기이다. 더불어 이념적 혼란 속에 한반도는 남북으로 나뉘고 남북 모두에게 엄청난 인적 · 물적 피해와 상처를 남겨 준 한국전쟁, 그로부터 또다시 힘겹게 살아남아야 하는 혼란과 궁핍의 시대였다.

이 시기의 첫 번째 기사는 1945년 독립 이후 1948년 남한정부 수립까지 미군정을 책임지고 있던 한국 주둔 미군 사령관 하지(John R. Hodge, 1893-1963) 중장에 의해 쓰여졌다. 미군의 총사령관으로서 동시에 한국정부 수립 전까지 한국 군정 책임자였던 하지 중장의 기사는 기본적으로 한국 내 미군의 활동 상황을 미국 독자들에게 알리기 위한 것이었다. 갑작스러운 해방과 동시에 피폐한 경제 상황에서 한국인들에게 우선 필요한 것은 외국으로부터의 원조였으며 무엇보다 생산 기반을 다지기 위한 비료의 지원이었다. 이 글에서 지적하고 있는 것처럼 200,000톤의 비료가 지원된 것을 비롯해 1946년 크리스마스에는 4천개의 선물 상자가 한국의 어린이와 빈민을 위해 지원된다. 남한의 치안 유지는 물론 재건 활동에 나선 미국 병사(GI)들의 활동이 주요 기사 내용으로 소개된다. 기본적인 수도 및 난방 시설도 갖추어져 있지 않고 전력도 충분히 공급되지 않는 환경에서 근무하는 미군들의 헌신적인 활동 상황이 소개되고 사령관으로서 병사들의 복지를 위해 영화 장비를 들여와 그들을 위로하고자 했던 지휘관의 모습을 읽어낼 수 있다.

이 기사를 통해 한국인을 돕기 위한 최선을 다하고 있는 미군의 재건 활동을 주로 설명하고 있지만 미군과 연애하는 것을 금기시하는 한국인들의 태도에 대한 의문을 비롯해 한국인들의 지독한 개인주의적 성향에 대한 비판적 태도도 기사 속에 포함되어 있다. 한국 역사상 최초의 여성 입법 의원이 탄생한 사실 등을 알리는 등 새로운 정치 상황을 간략히 언급하고 있으나 미군정 책임자로서 당시 이념적 대립 속에 첨예하게 대립하던 국내 정치 상황에 대한 보고나 평가는 기사에서 다루고 있지 않다. 전반적으로 한국의 우방으로서 또 한국인에게 가장 가까운 친구로서 활동하는 미군의 이미지가 주로 클로즈업되어 있다.[31]

이 시기의 두 번째인 1950년 6월호 기사는 한국 지리 탐사팀의 자문역으로 참가한 드 셰틀랫(Enzo de Chetelat)의 글이다. 기사 본문에서 밝히고 있듯이 이 기사는 한국전쟁에 관한 것이 아니라 1948년 3월부터 수행한 한국에 대한 지리 탐사 활동 내용과 그 과정에서 겪은 체험기로 이루어져 있다. 하지 중장의 기사가 한국 주둔 미군 사령관으로서 미군의 활동에 초점을 맞춘 것과 비교해 본다면 셰틀랫의 기사는 예전의 기사 작성자들과 마찬가지로 세부적 지리 탐사 보고서이기보다는 외국 여행가로 한국 체류 기간 동안 겪었던 사건과 상황을 기술한 것이다. 하지의 기사에서는 자세히 언급되지 않았던 당시 한국인에 대한 인상과 한국에서 벌어진 사건들에 대한 체험 과정을 사적인 언어와 감수성을 통해 설명하고 있다. 셰틀랫은 1948년 5월 10일에 실시된 한국 최초의 자유국민 투표에는 단순한 여행객을 넘어 UN이 임명하는 시민 옵서버(civil observer)로 참여하기도 한다. 한국에서 체류하는 동안 탐사 작업을 실시하고 1948년에 일어난 일식 현상을 조사 보고하는 전문적인 활동을 병행하지만 기사의 내용은 지리학자가 아니라 한 외국

31 사진 참조(*National Geographic Magazine*, 1947. 6),"With the U.S. Army in Korea," pp.829–840 〈관련 사진〉 247F0848-1(p.6).

인으로서 느꼈던 한국인과 한국 문화에 대한 관심이 주로 반영되어 있다. 여성의 참정권이 인정된 최초의 국민 투표에서도 아직 전통적인 남녀 내외 풍습과 특히 가사 노동을 떠맡고 있던 여성들이 오전 9시 이전에 투표를 마치고 돌아가야 하는 사실은 여전히 신기한 문화적 관습으로 묘사된다. 텅스텐 광산의 조사, 갈탄 생산에 대한 조사를 위해 경상남북도 지역을 여행하면서 목격하게 되었던 결혼식 풍습, 한국인의 과도한 음주 문화에 대한 소개도 빠지지 않는다. 이러한 여행 중 당시 화순 등 남한 내륙 지역에서 종종 일어났던 공산당들의 위협적인 활동은 이방인의 여행에는 한가한 호기심 이상의 긴장감도 불러일으켰음이 틀림없다. (물론 저자는 남한 내 공산 세력에 대한 심도 있는 관심을 보이지 않았다.) 저자 스스로 글을 마치며 말한 것처럼, "모든 것을 돌이켜볼 때, 이 조용한 아침의 나라에서 무덤덤한 순간은 한 번도 없었다"라는 고백을 하고 있다.

이 시기의 세 번째이자 마지막 기사는 1953년 5월호의 것으로 전쟁 중 한 미군 병사가 현장에서 체험한 전쟁의 잔혹함과 미군을 아버지처럼 따라다녔던 한 아이에 관한 이야기로 구성되어 있다. 기사의 작성자는 미국 해병대 소속으로 직접 자신의 카메라를 통해 사진을 촬영했다. 수많은 전쟁 고아가 전쟁의 잔혹함을 말해 주고 있지만 동시에 김씨 성을 가진 홍천 출신의 15세 남자아이가 한 미군의 하우스보이가 됨으로써 얻게 된 나름의 안정과 행복은 글을 읽는 사람들로 하여금 하나의 감동이 된다.[32]

전쟁으로 헤어진 가족과 재회하는 것이 꿈인 이 아이를 위해 홍천으로 동행하는 미군 병사의 모습은 진정한 인간애, 휴머니스트의 전형이

32 사진 참조(*National Geographic Magazine*, 1953. 5),"The GI and the Kids of Korea," pp.635–664.

다. 실제 아버지와 가족에게 자신을 돌봐 주는 미국 병사를 소개하고 그 가족들은 그에게 온몸을 굽혀 감사의 절을 올린다. 비록 한국어를 할 수는 없었겠지만 무릎을 꿇으며 절하는 아이의 가족들 앞에서 그 병사는 그저 색다른 인사 예절만을 목격한 것은 아니었을 것이다. 전쟁으로 버려진 아이들과 음식과 의복, 잠자리를 나누었던 미군 병사의 모습은 분명 선한 목자의 모습이었다.

전쟁이 있는 곳에 사진이 있다고나 할까? 전쟁의 이미지는 늘 사진으로 다가온다. 이 시기 기사들에 수록된 사진 자료들의 특성 중에 하나는 미군 당국에 의해 제작된 사진들과 동시에 『라이프』 지의 소속 사진가였으며 제2차 세계대전 중 해군 소속 사진가로 활동했던 브리스톨(Horace Bristol, 1908-1997)[33] 같은 포토 저널리스트들의 사진이 수록되어 있다는 점이다. 전쟁 전후 위험한 조건에서 대부분의 사진 자료들은 군 기록부대 군인들과 정녕 현장을 누비며 강력한 이미지들을 만들어내는 포토 저널리스트들에 의해 주로 촬영되는 것은 한국의 경우에만 해당되는 것은 아닐 것이다.[34]

4. 1960년~1987년: 박정희 정권의 등장과 경제 개발 시기

이 시기의 첫 기사는 1953년 이후 16년 만인 1969년 3월호의 것으로 가장 긴 공백 뒤의 기사이다. 이 논문에서 제4 시기로 분류된 1960년에서 1980년대의 시기는 한마디로 급속한 경제 개발의 시기였으며 정치적으로는 박정희(朴正熙)의 등장과 그의 강권 통치의 시기로 특징지을

---

33 f/64 그룹의 회원이었으며 『라이프』지 이외에도 『포춘』 지의 사진가로도 활동했다.

34 사진 참조(*National Geographic Magazine*, 1953. 5),"The GI and the Kids of Korea," pp.635-664.

수 있다. 예외 없이 "South Korea: Success Story in Asia"라는 1969년 기사의 제목에서 나타나 있는 것처럼 1961년부터 추진된 경제개발 5개년계획의 성과가 점차 세계에 알려지면서 한국은 아시아의 개발도상국 중 가장 성공한 나라로 평가되기 시작한다. 한국은 홍콩, 대만, 싱가포르와 함께 아시아의 네 마리 용으로 불리기 시작했고, 한국의 눈부신 경제 성장은 독일의 전후 복구와 성장을 지칭하는 라인 강의 기적과 비유되어 한강의 기적으로 불리게 된다.

1950년 한국전에 참가했던 소슈렉(Howard Sochurek)의 눈에 한국의 변화와 발전된 모습은 두말할 나위 없이 충격적이며 강력한 것이었다. 1950년 한국전쟁에 참여했던 『내셔널 지오그래픽』의 편집자에게 그는 한국의 변화를 생생하게 비교해 증언해 줄 수 있는 가장 훌륭한 적임자로 평가되었을 것이다. 고층건물과 백화점이 들어선 현대 도시로 탈바꿈된 서울의 모습, 자체 생산된 자동차와 제철소 같은 경제 발전의 상징들은 이 시기의 기사와 사진 자료에 빠지지 않고 등장한다.[35]

1953년 마지막 기사에서 보여 준 전쟁의 참상과 고아의 이미지들은 주말에는 골프를 즐기고 쇼핑을 즐기는 도시인들의 모습으로 대체되어 있다.[36]

그러나 1969년에 시작된 이 시기의 기사들이 한국의 경제적 성공만을 찬양하고만 있지 않다. 1969년에 수록된 박정희 대통령과의 기사와 사진은 "몸 안에 끓어오르는 불을 가진" 강력한 경제 개발의 후원자로 처음 등장하지만 6년 후인 1975년의 기사 속에는 정치적 불안과 혼란의

---

35 사진 참조(*National Geographic Magazine*, 1953. 5),"The GI and the Kids of Korea," pp.635–664, 사진 참조(*National Geographic Magazine*, 1969. 3), "South Korea : Success Story in Asia,, pp.301–345.

36 사진 참조(*National Geographic Magazine*, 1975. 9), "South Korea : what next?," pp.394–427.

주인공으로 의심받기 시작한다.[37]

이 시기의 기사 작성자들에게 한국은 외적인 성장에도 불구하고 한국은 복합적이고 동시에 모순적인 조건을 가진 나라로 그려진다. 1979년 서울의 다방에서는 "Yes sir! I can boogie"가 흘러나오고 거리는 자동차로 붐비지만 외국인들에게는 아직도 생소한 오랜 전통이 함께하는 곳으로 묘사된다. 서울을 찾는 『내셔널 지오그래픽』의 기자들이 여전히 빠지지 않고 들르는 곳은 놀랍고 신비한 역사를 상징하는 고도 경주와 천 년의 역사를 가진 산 속의 사찰들이다. 한국은 단순히 "조용한 아침의 나라", "은둔의 왕국"이 아니라 새롭게 근대의 옷을 입은 과거와 현재, 그리고 미래가 뒤섞인 새로운 수수께끼로 등장한다. 무엇보다도 여기에 한국의 분단, 공산주의와 주체 사상으로 무장한 북한과 남한의 불안한 대치는 한국을 이야기할 때 가장 중요한 기삿거리이다.

1969년 기사는 한 해 전인 1968년 남한 대통령을 암살하기 위해 남파된 북한 특공대 중 유일하게 살아남은 김신조와의 면담으로 시작된다.[38]

남한에 대한 북한의 실질적 위협과 엄연히 존재하는 남북군사분계지역인 DMZ는 한국의 긴장된 상황을 설명하기 위한 가장 적절한 사례로 빈번히 인용된다. 10년이 지난 1979년의 기사에서도 여전히 실시되고 있는 비상방공훈련, 목총을 들고 군사훈련을 하고 있는 학생들, 남침을 위해 북한이 파놓은 땅굴을 규탄하는 시위에서 혈서를 쓰는 남한인들, 당시 유명했던 극장식당 월드컵의 종업원들이 업무 시작 전 엄숙히 거행하는 국기에 대한 맹세의 이미지들은 유구한 전통과 현란한 경

37 사진 참조(*National Geographic Magazine*, 1969. 3), "South Korea : Success Story in Asia," pp.301–345, 사진 참조(*National Geographic Magazine*, 1975. 9), "South Korea : what next?," pp.394–427.

38 사진 참조(*National Geographic Magazine*, 1969. 3), "South Korea : Success Story in Asia," pp.301–345.

제 발전의 이미지와 함께 뒤섞여 놀라운 발전 이면에 상존하는 안보의 위험성이 공존하는 모순적인 한국의 모습을 반영하고 있다.[39]

이 시기의 기사 중에서 1974년 8월호의 기사는 『내셔널 지오그래픽』은 물론 서양 언론에게는 매우 각별한 의미를 갖는다. 무엇보다 기사 작성자인 에드워드 김(H. Edward Kim, 1940-)[40]의 표현처럼 "25년간 비공산권 세계로부터 철저히 문을 닫고 있는 북한에 입국하게 된 첫 번째 미국 포토 저널리스트"였다는 사실은 이 기사가 갖는 역사적 의미를 말해 준다.[41]

한국전쟁 후 북한은 서방 언론인들에게는 정녕 새롭게 탐험되어야 할 금지된 동토(凍土)였다. 당시 구소련과 대치하고 있었던 미국의 냉전 체제적 상황에서 북한의 실상을 파악하는 것은 단순히 외부 세계에 닫혀 있던 한 나라에 대한 궁금증 이상의 것이었다. 1974년 북한에 대한 최초의 기사와 남한에 대한 다른 기사들에서 미국은 한편으로는 (북한의 입장에서) 타도되어야 할 제국으로, 또 한편에서는 최후의 우방(남한의 입장에서는)으로 등장한다.[42]

1975년에 기사 서두에 있는 편집자의 말대로 남한은 "1950년 이후 백만 명 이상의 미국 군인이 근무했고, 이 중 4,000명 이상이 전사했으며, 미국 정부의 경제 원조는 마셜계획과 아폴로 탐사에 투여한 비용을 합친 것보다 많은" 나라이다. 이와 같은 사실을 들어 한국은 수많은 인명과 재원이 투입된 미국에게 "가장 중요한 나라(a nation of paramount concern to the United States)"라는 사실을 다시 한 번

---

39 사진 참조(*National Geographic Magazine*, 1979. 12), "Seoul : Korean Showcase," pp.770–797.

40 한국 이름 김희중, 1960년 도미해 1972년부터 National Gepgarphic사에서 근무, 1985년 퇴직할 때까지 사진가로서 1980년에는 편집장으로서 근무했다.

41 사진 참조(*National Geographic Magazine*, 1974. 8), "Rare Look at North Korea," pp.252–277.

42 사진 참조(*National Geographic Magazine*, 1974. 8), "Rare Look at North Korea," pp.252–277.

환기시킨다. 특히 1975년 9월 기사는 『내셔널 지오그래픽』에 실렸던 기존의 모든 기사와 다른 점이 발견되는데, 한국의 정치 상황에 대해 세심하게 소개할 뿐만 아니라 미국 정치학자 라이트(E. R. Wright) 등의 연구 등을 언급하며 한국 사회에 대한 심층적인 분석을 시도하고 있다. 경제 발전을 통한 눈부신 성장의 주역으로 그려졌던 박정희 대통령은 이제 정치적 논란의 주역으로 묘사되고 지난 20여 년간 성공적으로만 평가되던 발전의 그림자들이 지적된다. 이러한 한국의 정치적 상황, 사회적 이슈에 대한 민감한 태도는 한국 내 상황과 직접적인 연관이 있지만 동시에 내셔널 지오그래픽사의 취재 대상 및 기사 스타일에 영향을 끼진 새로운 편집자의 등장과도 연관된 것으로 이해될 수 있다. 내셔널 지오그래픽사의 한국 취재가 1890년으로부터 시작된 후 한반도에서 발생한 일본의 강제 합방을 비롯한 주요 정치적 변동이 대부분 소극적으로 기사화되었던 것을 살펴볼 때 매우 이례적인 것임에 틀림없다.

이 시기의 기사를 살펴볼 때 또 하나 주목할 만한 사실은 앞서 소개한 에드워드 김의 활동이다. 그는 이 시기 두 편의 기사를 직접 작성하고 세 편의 기사에서 사진을 직접 찍었다. 미국인 여권을 소지한, 법적으로는 미국인이지만 한국에서 태어나 20세까지 살았던 한국계 미국 포토 저널리스트의 독특한 시선과 이 시기 기사들의 내용과 형식에 나타난 특징들을 살펴볼 필요가 있다.

10세의 나이에 집 앞 골목에서 친구들과 한가히 놀고 있던 어느 날 한국전쟁을 겪었고, 1960년 한국을 떠나 20여 년을 미국에서 살다가 다시 돌아와 본 한국에 대한 그의 증언은 매우 독특한 것일 수밖에 없다. 그는 한편으로는 내부자이며 동시에 이방인이다. 사실 1974년 역사적인 북한 취재가 가능했던 배경에는 북한 체류 기간 그를 안내(또는 감시)했던 북한 안내원의 말대로 그가 한국인이었기 때문이라는 사실이다.

동시에 내셔널 지오그래픽사의 직원인 미국인으로서 북한 안내원으로부터 "미국 사람들은 진정 누드로 수영을 즐기는가"라는 질문을 받고 미국의 잔학 행위를 고발하는 북한의 선동 선전을 모든 미국인을 대신해 강제로 관람해야 하는 이방인이었다. '20년 만에 다시 돌아와' 쓴 그의 남한 취재에서도 내부인이자 외부인이 같는 "뒤섞인 감정(a mixed emotion)"을 읽어 낼 수 있다. 여기서 중요한 것은 그의 뒤섞인 감정이 과연 무엇인가 하는 질문보다 미국의 독자들에게 에드워드 김의 독특한 입장이 어떻게 읽혀질 수 있는가 하는 것이다. 어려운 조건 속에서 북한에 대한 취재를 마치며 20일 동안 목격한 북한의 모습에 진정 "곰곰이 생각할 것이 많았다"고 고백하고 있는 저자의 글을 읽다 보면 그의 글은 북한의 실상에 대한 것일 뿐 아니라 한 기자의 내면을 보고 있는 듯한 착각을 준다. 10대의 북한 소년, 소녀들이 군가를 외치며 행군 연습을 하는 모습을 보며 형제가 다시 총을 겨누는 일이 없길 바라는 그의 애절한 기원은 기사 마지막 문장에서 진정 특별한 감회를 독자에게 전하게 된다. 그는 (18세의 나이에 1950년 전 목숨을 잃은) 나의 형!을 부르고 있었다. 이 기사의 결말에서는 최초의 서방 기자의 취재라는 사실보다 이제 한 편의 드라마보다 더 감동적인 에드워드 김의 개인적 감회가 더욱 부각된다.

5. 1988년~현재: 1988년 서울올림픽과 그 이후

1979년 이후 9년 만에 한국을 다시 찾은 『내셔널 지오그래픽』 기사의 제목은 매우 짧다: South Koreans. 그러나 기사의 내용을 살펴보면 '남한인 그들은 누구인가'라는 질문에 누구도 간단히 질문할 수 없다는 사실을 알 수 있다. 1988년 8월호의 기사는 1987년 11월에 방문한 지리산 근처의 한 마을에서부터 시작하고 있다. 현지인과의 인터뷰를 통해 기자가 시작하는 이야기는 한가로운 농촌의 풍경이 아니라 당시 남한의 정치적 상황이다. 기자의 표현대로 1948년 정부 수립 이후 한국은 이승만, 박정희, 전두환에 이르는 독재자들에 의해 통치되어 왔다. 1988년 9월 한국인들에게는 역사적인 의미를 갖는 서울올림픽을 앞두고 새롭게 선출된 노태우 대통령도 군 장성 출신으로 군부 독재와 연관되어 있는 인물이다. 1987년 대학생을 중심으로, 야당은 물론 시민단체, 일반 시민을 포함한 반(反)군부 독재정치에 대한 저항은 당시 여당으로부터 직접선거에 의한 대통령 선출이라는 항복을 받아냈다.

시위 도중 경찰의 최루탄에 맞아 사망한 한 대학생의 이미지는 이른바 보통 사람들의 저항을 촉발시켰으며 외국 언론을 통해 가장 강력하고 빈번하게 소개된 것이었다.[43]

전 세계인의 잔치인 올림픽을 앞두고 외국인들에게 각인되기 시작한 당시 한국의 이미지는 주로 성난 군중과 최루탄과 시위 진압 경찰들이 대치 모습이었다. 이 결과 외국 언론사 기자로서 한국에서 15년간 근무했던 브린(Michael Breen)이 지적한 대로 외국인들의 한국 이미지는 분단, 폭력, 경찰, 군인, 부패와 연관된 것들이었다.[44]

민주화의 열망으로 실시된 1987년 대통령 선거의 결과는 전두환의 후계자로 지명된 노태우의 승리였다. 그러나 37%의 찬성표로 선출된 노태우 정권도 정치적 불안을 종식시킬 수 없는 한계를 가지고 있었다.

정치적 상황에 대한 기술에 이어 기번스(Boyd Gibbons) 기자는 한국의 경제 상황에 눈을 돌린다. 대우조선소와 반도체 생산 현장을 소개하

---

43 사진 참조(*National Geographic Magazine*, 1988. 8), "Kyongju, Where Korea Began," pp.259–268.

44 Michael Breen, 1997: 46.

는 사진과 함께 한국 경제의 급속한 성장을 미국은 물론 일본, 중국 등의 경제성장률을 비교하는 도표를 통해 적나라하게 보여 준다. 〈표 2: *National Geographic Magazine*, 1988. 8 기사에 포함〉

지난 25년간 연 10% 이상의 세계 최고 경제성장률을 유지해 온 "한국은 세계 12위의 교역 규모를 가진 나라"로 성장했다. 그러나 이러한 찬사가 이 기사의 핵심과는 거리가 멀다. 기자는 성장 뒤에 숨어 있는 한국 재벌의 독점과 노동 현장의 상황을 파헤치고 있다. 재벌 총수들의 사무실과 그들의 사진을 통해 군대와 같이 경영되는 회사 조직, 권위적이며 값싼 노동력과 여성들의 희생을 통해 얻은 외형적 성장의 그늘을 밝혀낸다.[45]

회사의 대표는 군대의 우두머리와 같이 행세하고 같이 직장을 다니면서도 부인은 남편의 저녁을 차려 주어야 하는 한국의 문화는 이해하기 어려운 한국의 모습으로 묘사된다. 한국에서 활동하는 외국 기업인들과의 인터뷰는 다시 한 번 "세계에서 가장 근면한(일본인들을 차라리 게으른 민족으로 만들 정도로) 한국인"을 소개하고 있지만 동시에 "그래서 그들은(한국인들은) 때로 미련한" 사람들이 될 수 있다는 점을 간과하지 않는다. 남성 중심적이고 군대 조직 같은 한국 재벌들의 모습을 통해 한국인은 "비이지적이며 참을성이 없고 성을 잘 내는 무질서하고 소란한 사람들"로 정의된다.[46]

전체 인구와 비교할 때 세계 최고의 대학생 인구를 가지고 있는 한국의 교육열 또한 한국의 압축적 성장과 급속한 사회 변혁의 원인 중 하나로 소개된다. 미국 독자들에게 하루 12시간 이상 공부를 하며 일

---

45 사진 23 참조(*National Geographic Magazine*, 1988. 8), "Kyongju, Where Korea Began," pp.259–268.

46 *National Geographic Magazine*, 1988. 8: 239.

요일도 도서관을 찾는 학생들의 모습은 자신들의 기준으로는 이해하기 어려운 난센스일 것이다. 글을 마치면서 기자는 다시 한 번 한국인은 누구인가에 대해 대답하기 위해 앞서 했던 것처럼 한 인터뷰를 인용한다. "한국인은 매우 적응력이 강합니다. 한국인은 매우 낙천적입니다. 모든 파티에서 한국 사람들은 노래를 부릅니다." 북한과의 첨예한 대치, 남한 내부의 정치 상황은 물론 한국의 경제적 성장 이면에 자리 잡고 있는 노동 착취와 권위적이며 남성 중심적인 문화를 가진 한국의 모습은 외국 독자들에게 가장 전형적인 제3세계 국가의 모순적 현실로 인식될 수밖에 없는 것이었다.

그러나 1988년 8월호에 실린 또 다른 기사는 기번스 기자의 날카로운 현실 인식(또는 현실 고발)과 대비되어 한국에 대한 『내셔널 지오그래픽』의 시선을 이해하는 데 특별한 관심을 불러일으킨다. 같은 호에 실린 경주에 대한 취재는 앞 기사와는 그 주제와 형식, 내용에서 판이하게 다른 것이다. 뉴먼(Cathy Newman: 그동안 한국을 취재한 기자 및 저자들 중 최초이자 유일한 여성이다)은 한국 전통의 뿌리로서 경주를 찾는다. 신라 시대 옥피리를 불어 비를 내리게 했다는 한 왕의 전설을 인용하면서 경주를 소개하는 기자의 관심은 "이 신비한 장소의 경이를 발견하기 위한" 것이었다. 경주에서 만나게 된 인물들과 한국미의 모습을 논하고 에밀레종에 얽힌 전설을 소개한다.[47]

첨성대, 천마총, 불국사 등 경주를 대표하는 유적들을 차례로 방문하며 그들의 역사적 기원은 물론 신화적 의미들에 대해 논한다. 기자 자신이 묘사한 것처럼 천 년간 신라의 수도였으며 한국 문화의 기원인 경주에서 "사실과 전설의 구분은 명확하지 않다."

47 사진 24 참조(*National Geographic Magazine*, 1988. 8), "Kyongju, Where Korea Began," pp.259–268.

치열하게 한국의 정치적, 경제적, 문화적 현실을 그려낸 기번스의 글과 대비되는 뉴먼의 기사는 그 자체로 매우 극단적인 대비이며 이러한 대비를 통해 『내셔널 지오그래픽』이 의도한 것은 무엇인가? 경주는 마치 시간이 멈추어 버린 초역사적인 공간으로 묘사되고 있지만 또 다른 기사에서 한국의 극단적 폭력과 잔인한 사회적 현실을 고발하고 있다. 이러한 대립적으로 묘사된 한국의 모습이 독자들에게 불러일으키는 감정은 분명 단순하게 설명될 수 없는 것이지만 제3세계 국가의 성장과 변화를 다루어 온 『내셔널 지오그래픽』의 시선에서 전통과 현대, 신화와 현실, 초월성과 역사성의 대립적 틀을 발견할 수 있다.

1890년부터 시작된 『내셔널 지오그래픽』의 한국 기사에서 가장 최근은 것은 2003년 7월호의 것이다. 『내셔널 지오그래픽』이 1988년 이후 15년 만에 한국을 찾은 2003년은 1953년 휴전협정(북한과 남한과의 협정이 아니라 북한과 UN 연합국 간이 협정) 이후 50년이 되는 해이기도 하지만 무엇보다 한국에서 일어나고 있던 반미 감정 때문일 가능성이 있다. 한국전쟁에 참여해 수많은 희생을 치른 미국인들에게 50년 뒤 한국인들에 의해 외쳐지는 "Yankee, Go Home!"이라는 구호는 매우 예민한 기삿거리이기에 충분한 것이었다.

한국 주둔 미군의 군사 훈련 중 탱크에 희생된 두 여중생의 사망으로 촉발된 반미 감정은 국내외에 비상한 관심을 불러일으켰다. 오랜 우방이었으며 혈맹으로 인식되어 온 미국에 대한 한국인들, 특히 젊은 세대의 변화된 태도는 국내외 언론의 주요 관심이었다. 그러나 오닐(Tom O'Neil)의 기사는 한국인의 반미 감정에 초점을 맞추기보다는 여전히 전쟁의 긴장이 지속되고 있는 한반도, 세계 평화와 세계 질서 속에서 한반도의 안보 상황을 다시 한 번 조망하는 데 있었다. 중동 지역의 긴장과 함께 한반도는 미국의 세계 안보 정책에서 또 하나의 주요 군사 및 안보 전략 지역이다. 이번 취재는 "Korea's Dangerous Divide DMZ"라는 제목에서 알 수 있듯이 군사분계선 상황을 소개하고 아직도 진행되고 있는 북한과 남한의 불확실하고 불안한 대치에 대해 기술한다.[48] 북한군을 바라보며 "우리의 형제이지만 동시에 우리의 적"이라는 모순적 태도를 보일 수밖에 없는 한 남한 병사의 진술은 한국의 복잡한 안보 상황을 의미한다. 그러나 기자는 2003년 2월 부분적으로 남북 군사경계선이 열리고 금강산 육로 관광이 실시되고 있는 새로운 변화와 가능성을 언급하고 있지만, 지금도 계속되고 있는 북한의 핵무기 개발에 관련된 긴장은 다시 한 번 '위험한' 한반도라는 결론으로 귀결된다.

이 글에서 다섯 번째 논의된 이 시기는 앞서 논의했던 시기들과 달리 현재 진행형이다. 실제 논의된 기사의 수는 3편이며 2편의 기사가 한 해에 실렸다는 점을 감안하면 그동안의 『내셔널 지오그래픽』의 한국 취재에서 가장 공백이 많은 시기이다. 이러한 점에서 앞선 시기들에 대해 논의했던 시기별 특성을 시도하는 것은 무의미하다. 2003년의 기사에서 읽어낼 수 있는 것처럼 세계 안보 상황에 대한 미국의 역할, 미국의 전쟁 개입 정책, 구체적으로는 동북아시아의 정세 변화와 관련된 미국의 이해(American interests)가 어떻게 전개되는가가 앞으로 등장할 『내셔널 지오그래픽』의 한국 취재 시기와 소재에 좀 더 직접적인 영향을 끼칠 것으로 예상할 수 있다. 앞으로 전개될 한국 관련 기사의 내용과 형식은 누구도 예상할 수 없지만 『내셔널 지오그래픽』의 한국에 대한 취재는 한국에 대한 미국의 정치적, 경제적, 안보적 이해와 분리해 생각할 수 없을 것이다.

---

48 사진 25 참조(*National Geographic Magazine*, 2003. 7), "Korea's Dangerous Divide DMZ," pp.2–27.

V. 맺음말

『내셔널 지오그래픽』에 누가, 무엇을, 어떻게 쓸 것인가에 관련된 최종적인 권한은 편집자에게 있을 것이다. 기사를 기획하고, 기사를 작성하고 사진을 촬영할 사람들을 선발하고, 최종적으로 기사의 형식과 내용에 관한 권한을 행사하는 것은 편집자의 주요 권한이다. 그러나 편집자의 선택에 영향을 끼치는 요인들을 생각하면 이 과정에 개입하는 것이 편집자 한 개인의 판단으로만 볼 수 없다. 한국 관련 기사들이 『내셔널 지오그래픽』에 실리게 되는 과정에는 한국에서 일어나고 있는 사건 및 상황에 대한 잡지사의 평가와 편집 방침이 분명 개입되게 마련이다. 기본적으로 구독자들이 지불하는 돈과 광고에 의해 유지되는 상업 잡지에서 가장 우선적으로 고려되는 것이 과연 독자들의 관심이 어디에 있는가 하는 것이다. 이와 같은 맥락을 고려한다면 『내셔널 지오그래픽』의 한국 취재는 한국의 상황은 물론 당시 독자들의 기호와 이를 읽어내는 잡지사 편집자의 판단이 종합적으로 개입된 결과들이다. 지난 100여 년간 한국에서 일어난 변화의 폭은 둘째 치더라도 내셔널 지오그래픽사 자체의 변화를 감안한다면 『내셔널 지오그래픽』에 나타난 한국 관련 기사들의 내용과 형식의 변화는 불가피한 것이다. 이러한 측면에서 이 글에서는 『내셔널 지오그래픽』의 한국 관련 기사들을 시기별로 묶고 각 시기에 나타나는 주요 특징들을 살펴봄으로써 그 변화를 이해하고자 했다. 그 변화는 단순히 취재 대상이었던 한국 내의 상황 변화만이 아니라 그 변화를 어떻게 평가하고 기사화하고 있는가 하는 시선의 문제로 다루고자 했다.

본문에서 논의된 내용을 결론적으로 종합하면 『내셔널 지오그래픽』의 시선적 특징과 그 원인에 몇 가지 주요 논점이 등장한다.

첫째, 『내셔널 지오그래픽』의 시선의 변화는 한국과 미국 간의 관계 변화를 반영하고 있다.

1890년의 첫 기사와 113년 뒤인 2003년의 기사를 비교해 보면 그 대비는 실로 크다. 외부 세계에 잘 알려져 있지 않은 한반도에 일차적으로 미국이 가졌던 상업적인 관심과 1950년 한국전쟁을 거쳐 현재에 이르는 미국과 한국의 정치적 · 안보적 이해의 중요성의 차이는 매우 크다. 초기에서부터 일제 시대에 한국을 방문했던 기자들에게 당시 한국의 정치적 상황은 관심 밖의 것이었다. 외세에 의해 점차 국권을 잃어가고 결국 일본에 의해 합병된 한국의 정치적 변화는 불가피하거나 오히려 서양을 모델로 한 근대화, 문명화로 인식되는 긍정적인 것으로 평가된다. 물론 이러한 정치적 판단조차 당시 『내셔널 지오그래픽』의 주요 관심은 아니어서 심도 있게 다루어지지 않았다.

실제, 『내셔널 지오그래픽』이 한국에 가졌던 시선의 변화는 국제 정세 및 관련 국가와의 관계 정립의 변화와 관련되어 있다. 미국 본토는 물론 서양 중심의 사고에서 본다면 저 멀리 어딘가에 자리 잡고 있던 한반도에 대한 인식은 매우 타자화된 것이었고 한국은 전형적으로 오리엔탈리스적인 관점에서 취급되었다. 그러나 1945년 10월 기사에 나타난 것처럼 이제 미국의 적으로 등장한 일본으로 인해 한국인과 한국 문화의 특성은 새롭게 발굴되고 평가되기 시작한다. 이러한 시선의 변화는 한국에 대한 정치적 이해의 변화에 따른 것이다.

둘째로, 『내셔널 지오그래픽』이 보여 주는 한국에 대한 시선의 변화에는 잡지사의 성격과 관련된 미국 사회의 내부적 변화와 긴밀히 연관되어 있다. 한국의 정치적 상황과 급격한 경제 성장 이면에 자리 잡은 사회 모순이 1960년대 후반부터 다루어지기 시작하는데, 이는 사회적 현실을 어떻게 다룰 것인가에 대한 내셔널 지오그래픽사의 편집 방침의 변화와 연관되어 있다. 이러한 『내셔널 지오그래픽』의 변화는 당시 미국 사회에서 일어나고 있던 사회 참여와 비판 의식과 연관되어 있다. 베트남전쟁과 흑백 간의 내부적 사회 갈등을 거치면서 변화되기 시작한 언론의 현실 참여와 새로운 인식 태도는 『내셔널 지오그래픽』의 취재에도 극적인 변화를 가져오고 이제 정치적인 문제와 사회 현실을 본격적으로 다루게 된다.

앞으로도 『내셔널 지오그래픽』에 나타난 한국 관련 기사의 내용과 사진 자료들을 충실히 살펴보기 위해서는 상당히 연구 기간이 필요하다. 수록된 사진들에 대한 구체적이고 개별적인 고증 작업이 이루어져야 하며 당시 한국을 찾았던 기사 작성자들과 사진 촬영자들의 인적 정보에 대한 수집도 현재 매우 초보적인 수준이다. 특히 한국 관련 기사를 기획하고 평가했던 편집자들과의 인터뷰는 『내셔널 지오그래픽』의 시선적 특징과 변화를 읽어 내는 데 가장 중요한 실마리를 제공할 것이다. 이와 같은 작업은 이 연구의 2단계 작업으로 미국 현지 조사와 관련자 면담 등을 통해 이루어져야 하는 것이다. 이 연구의 마지막 단계는 앞선 연구 결과를 바탕으로 『내셔널 지오그래픽』이 다룬 일본과 중국 등 동북아시아의 다른 나라들에 대한 시선과 어떤 유사성과 특수성을 갖고 있는가에 대한 비교 문화적 연구가 진행될 것이다.

지난 100여 년이 넘는 기간 동안 한국의 모습을 담아온 『내셔널 지오그래픽』의 기사를 하나하나 읽고 수록된 사진들을 검토하는 과정은 개인적으로도 특별한 경험이었다. 사진에 등장하고 있는 이름 모를 개인들에 대한 단순한 호기심은 물론 필자가 살아온 시기를 다룬 기사를 읽으며 남다른 감회를 갖기도 했다. 『내셔널 지오그래픽』의 초기 기사에는 적지 않은 오류와 특정한 관점에서 왜곡된 내용도 포함되어 있지만 동시에 당시 한국인의 모습과 한국의 상황을 이해하는 데 귀중한 자료도 적지 않게 포함되어 있다. 특히 이 연구를 진행하면서 국내외에 보관되어 있는 사진 자료 등이 여러 곳에 산만하게 분포되어 있다는 사실을 새삼 확인할 수 있었다. 우선 시급한 것은 외국의 현지 조사를 통해 자료를 발굴하는 것과 국내에 이미 소개된 사진들만큼이라도 체계적으로 조사, 분류하는 것이다. 근대를 되돌아볼 수 있는 사진 자료를 정리하고 연구자들에게 제공될 수 있는 사진 아카이브의 필요성이 절박하다.

〈참고 문헌〉

고미숙, 『한국의 근대성, 그 기원을 찾아서-민족, 섹슈얼리티, 병리학』, 책세상, 2002.

권혁희, 「일제시대 사진엽서에 나타난 '재현의 정치학'」, 『한국문화인류학』 36집, 한국문화인류학회, 2003.

김영훈, 『문화와 영상』, 일조각, 2002.

롤랑 바르트 지음, 조광희 · 한정식 옮김, 『카메라 루시다』, 열화당, 1998.

박영욱, 「내셔널 지오그래픽 협회(National Geographic Society)의 초기 역사, 1888-1914」, 서울대학교 박사학위 논문, 2003.

박지향, 『일그러진 근대』, 푸른역사, 2003.

에드워드 사이드 지음, 박홍규 옮김, 『오리엔탈리즘』, 교보문고, 1994.

이경민, 「사진 아카이브의 현황과 필요성 고찰-한국 근대사 관련 사진자료를 중심으로」, 『역사민속학』 14호, 한국역사민속학회, 2002.

_____, 「식민주의 담론의 재현-일제의 고적조사사업을 중심으로」, 『사진과 포토그라피』, 눈빛, 2002.

이영준, 「사진의 담론과 역사의 담론」, 『서양미술사학회논문집』, 12집, 서양미술사학회, 1999.
조현범, 『문명과 야만, 타자의 시선으로 본 19세기 조선』, 책세상, 2002.
최인진, 『한국사진사』, 눈빛, 1999.

Hall, Stuart, ed., *Representaion: Cultural Representation and Signifying Practices*, Sage Publication Ltd, 1997.
Kim, Young-Hoon, Self-Representation: The Visualization of Koreanness in Tourism Posters during the 1970s and the 1980s, *Korea Journal*, Spring 2003.
Lutz, Catherine & Jane Collins, Becoming America's Lens on the World: National Geographic in the Twentieth Century, *The South Atlantic Quaterly* 91:1, Winter 1992.
____, *Reading National Geographic*, Chicago University Press, 1993.
____, The Photograph as an Intersection of Gazes: The Example of National Geographic, *Visualizing Theory*, Routlege, 1994.
Montgomery, Scott L., Through A Lens, Brightly: The World According to National Geographic, *Science as Culture*, Vol.4, Part 1(Number 18), Free Association Books, 1993.
Tuason, Julie A., The Ideology of Empire in National Geographic Magazine's Coverage of the Philippines, 1898-1908, *The Geographical Review* 89(1), 1999.

〈Material〉
『은자의 나라』, National Geographic, YBM si-sa 2003.
『National Geographic』 CD-Rom.

『내셔널 지오그래픽』이 본 한국과 일본의 100년 *

송영빈

Ⅰ. 머리말

1990년대 중반부터 우리 사회에서는 지난 100년을 돌아보는 작업이 활발히 전개되고 있다. 『우리는 지난 100년 동안 어떻게 살았을까』와 같은 국내 연구자들에 의한 저술부터 과거 한국을 여행했던 기록인 이사벨라 버드 비숍(Isabella Bird Bishop, 1832-1904)의 『한국과 그 이웃 나라들』과 같은 번역서까지 다양한 입장에서의 저술들이 쏟아져 나오고 있다. 이러한 움직임은 1945년 광복 이후 현재까지의 정치적 질곡과 민주화, 1970년대부터 1990년대에 이르는 급격한 경제 성장과 1997년 IMF, 2002년의 한일 월드컵 공동 개최라는 급격한 변화 속에서 '우리'라는 공동체적 삶에 대한 '뿌리찾기' 욕구가 반영된 것이 아닌가 싶다.

지난 100년은 정치적으로는 왕정에서 민주공화제, 경제적으로는 전근대적 생산 방식에서 식민지 경제, 그리고 자본주의로 변화했다. 이 과

---

* 이 논문은 『일본연구』 제28호(2006년 6월)에 게재되었음.

정 속에서 일반인들의 삶도 새로운 문물과 제도에 숨가쁘게 적응하며 근대와 탈근대의 경계를 넘나드는 혼돈의 세월을 경험해야 했다. 또한 외국의 눈에 비친 우리의 모습을 대변하는 수식어였던 '고요한 아침의 나라'[1]는 '다이내믹 코리아'로, '세계에서 가장 느리고 정적인 민족'은 '빨리빨리'로 변했다.

'우리'를 보는 시각은 크게 내국인의 시선과 외국인의 시선으로 구분할 수 있다. 첫머리에서 밝힌 『우리는 지난 100년 동안 어떻게 살았을까』와 같은 것은 내국인의 이미지화라고 한다면 『한국과 그 이웃 나라들』은 외국인의 이미지화라고 할 수 있다. 내국인의 이미지화의 특징은 다양한 시각에서의 해석이 가능하다는 점인데 비해 외국인의 이미지화는 관찰자의 수적 한계와 시대 상황에 따라 크게 좌우된다는 특징이 있다.

문제를 외국인의 이미지화에 한정하면 내국인의 이미지화에 비해 시각의 다양성이라는 점에서는 한계가 있으나 국제적 영향력이라는 점에서 무시할 수 없는 존재라고 할 수 있다. 근대에 한국을 여행했던 소수의 여행가, 탐험가, 외교관들의 저술에 의해 우리의 이미지가 상당히 오랫동안 '고요한 아침의 나라'로 규정되어 고착화된 점을 생각하면 외국인의 이미지화는 내국인의 이미지화에 못지않은 중요성을 갖고 있다고 할 수 있다.

이 글을 쓰게 된 계기는 김영훈(2005)의 「*National Geographic*이 본 코레아: 1890년 이후 시선의 변화와 의미」를 접하면서부터이다.[2] 이 논문을 통해 몇 가지 소박한 질문을 떠올리게 되었다. 첫째, 우리 사회를 바라보는 외국의 시각이 지난 100년 동안 어떻게 변했을까? 둘째, 이와

---

1 1888년 미국인 퍼시벌(Lowell Percival)의 저서 『*Choson; The Land of Morning Calm*』에서 처음 썼다고 한다.

2 김영훈, 「*National Geographic*이 본 코레아: 1890년 이후 시선의 변화와 의미」, 『한국문화연구』 10집, 2006, 295–348쪽.

동시에 우리와 사회문화적으로 유사한 일본을 바라보는 외국의 시각은 어떠했는가? 셋째, 만일 우리와 일본을 바라보는 외국의 시각이 서로 다르다면 그 원인은 어디에 있는 것일까? 넷째, 그와 같은 시각의 차이는 얼마나 타당했으며 역사의 흐름 속에서 어떻게 평가할 수 있는가?

이와 같은 물음을 해결하기 위해 김영훈 선생님과 여러 이야기를 나눌 수 있었던 것은 큰 행운이었다.

이 글에서는 1888년 10월 미국에서 처음으로 발간된 이래 100년 이상 한국과 일본에 대해 기사를 실어온 『내셔널 지오그래픽 매거진(*National Geographic Magazine*)』[3]을 대상으로 이에 대한 해답을 찾기로 한다.

Ⅱ. 『내셔널 지오그래픽』의 자료적 가치 및 한계

『내셔널 지오그래픽』은 1888년 미국의 과학자와 탐험가, 교육가들이 지리학 지식의 확장과 보급을 위해 설립한 비영리 과학교육 기구인 내셔널 지오그래픽 소사이어티(National Geographic Society)의 잡지로 1888년 10월 창간호를 시작으로 현재까지 매달 출판되고 있는 잡지이다. 2006년 현재 전 세계 180개국에서 23개 언어로 매달 920만 부가 판매되고 있는 세계적으로 영향력이 있는 잡지이다. 『내셔널 지오그래픽』을 이 글에서 분석 자료로 삼은 이유는 다음과 같다.

첫째, 앞서 밝힌 바와 같이 구독자가 많으며 영향력이 크다는 점이다. 둘째, 『내셔널 지오그래픽』에 수록된 한국에 관한 첫 기사는 1890년 8월

---

3 이하의 서술에서 *National Geographics Magazine*을 『내셔널 지오그래픽』이라고 부르기로 한다.

호이며, 그 후 한국에 관한 기사는 한국어판 『내셔널 지오그래픽』이 나오기 전 해인 1999년까지 총 23번으로 약 4년에 한 번꼴로 기사화되었다. 한편 일본에 관한 첫 기사는 한국보다 4년이 늦은 1894년 12월호이며, 그 후 일본어판 『내셔널 지오그래픽』이 나오기 전 해인 1994년까지 총 83번 기사화되어 거의 매년 기사화되었다는 점에서도 알 수 있듯이 창간 이후 현대에 이르기까지 100년을 넘는 세월 동안 꾸준히 한국과 일본에 대한 기사를 실었다는 점, 따라서 약 100년 동안의 한국과 일본의 정치, 경제, 사회의 틀의 변화는 물론 미국의 대한, 대일관의 변화도 가미해 시선 변화의 객관성을 확보할 수 있다는 점이다. 셋째, 특정 개인이 아닌 여러 사람에 의한 기사가 실려 있어서 객관성이 확보될 가능성이 높고 내셔널 지오그래픽 소사이어티의 편집 방향이 반영되어 한국 및 일본에 대한 일관된 시선이 확보될 수 있다는 점에서이다.

이와 같은 자료적 가치에도 불구하고 『내셔널 지오그래픽』은 자료로서의 몇 가지 한계를 갖는 것도 사실이다. 우선 『내셔널 지오그래픽』은 기본적으로 그 구성에서 기사와 사진이라는 큰 틀을 갖고 있으며, 한국에 관한 기사는 약 500쪽(일본에 대해서는 약 1,900여 쪽) 정도이며 사진도 약 500여 건 정도가 된다. 기사와 사진이 동등한 위치에 있다는 점에서 시각적 요소가 다른 외국인의 기행문, 기사, 신문 등에 비해 매우 큰 비중을 차지하고 있다. 따라서 기사만을 다룰 경우 『내셔널 지오그래픽』의 또 하나의 중요한 부분인 사진을 다루지 못하게 될 가능성이 있으며, 이는 역으로 사진의 비중이 큼으로 인해 기사의 내용이 다른 자료보다 빈약해질 가능성이 크다. 실제로 『내셔널 지오그래픽』 수록 기사의 분량은 매우 많지만 100여 년이라는 오랜 시기에 걸쳐 기사가 등장함으로써 실제로 한 시기에 해당하는 기사의 분량은 매우 적다는 한계가 있다.

내용적인 면에서도 내셔널 지오그래픽 소사이어티의 설립 이념이 지리학 지식의 확장과 보급이라는 것과 지리와 풍물에 관한 기사가 많다는 점에서 미국의 시선을 기사만 갖고 문맥 없이 일반화시키기에는 한계가 있다는 점이다. 또한 앞서 살펴보았듯이 기사의 수에서 한국은 일본의 약 4분의 1에 불과하다는 점도 『내셔널 지오그래픽』이 갖는 자료적 한계의 하나이다.

한국과 일본의 기사 수의 차이는 미국이 갖는 한국과 일본에 대한 역사적, 경제적, 정치적 비중의 차이라고 할 수 있다. 구체적으로는 1853년 페리(Matthew Galbrath Perry, 1794-1858) 제독의 개항 요구로부터 1943년 진주만 공격으로 시작된 미국과의 전쟁 발발 이전까지 미국과 일본은 다른 서구의 국가, 특히 영국과는 달리 식민지를 사이에 놓고 자신들의 이익과 직접적으로 대립하지 않았으며, 1870년대의 이와쿠라 사절단(岩倉使節團)의 방미로부터 꾸준히 미국을 따르려는 일본인의 태도도 크게 작용했다. 또한 제2차 세계대전 이후 연합군사령부를 통해 7년간 일본을 군정 지배를 하며 냉전 하의 아시아에서 일본은 미국의 자본주의를 지키는 자본주의의 보루로서 방위적 가치를 두고 있었다는 점, 또한 1960년의 미일안보조약에서 보듯 미국과 일본은 서로의 이익이 맞물리며 서로의 이익을 함께 추구할 대상이었다는 점이 미국의 일본에 대한 관심의 크기를 좌우했다고 볼 수 있다.

한편 한국의 경우는 일본에 비하면 미국과 매우 소원한 관계에 있었으며 식민지를 놓고 상호 이익이 충돌하거나 완벽하게 일치하는 경우가 거의 없었다는 점에서 일본보다 덜 기사화되었다고 볼 수 있다. 또한 역사적으로 일본이 페리 제독의 개항 요구로부터 1943년에서 1945년까지의 전쟁 기간을 빼고는 기본적으로는 지극히 우호적인 대미관을 갖고 있었던 데 비해 한국의 경우는 1866년 제너럴 셔먼 호 사건과 그 5년 뒤인 1871년의 신미양요에서 미국과의 전투를 하게 되는 등, 그 출발에서부터 일본과는 사뭇 다른 만남을 하게 되었다는 점도 큰 영향을 미쳤다고 볼 수 있다.

Ⅲ. 연구 방법

『내셔널 지오그래픽』 기사를 대상으로 각 시기에 나타난 한국과 일본에 대한 시선을 추적한다. 시기 구분은 한국과 일본의 시기 구분이 다르기 때문에 시대별 흐름을 기준으로 20년씩 다음과 같이 나누어 각 시기별 기자의 특징과 기사 내용을 토대로 한국과 일본에 대한 『내셔널 지오그래픽』의 시선의 차이를 살펴본다.

1890년~1910년
1911년~1930년
1931년~1940년
1941년~1960년
1961년~1980년
1981년~

1. 1890년~1910년

(1) 한국

이 시기에 한국에 관한 기사는 총 7번으로 필자를 알 수 없는 1904년 기사를 빼면 6명이 집필한 것으로 된다.

〈표 1〉 1890년~1910년까지의 한국 관련 기사

연번	연도	집필자	기사 제목	해당 면
1	1890. 8	J. B. Bernadou	Korea and the Koreans	231–242
2	1900. 4	Harrie Webster	Korea–The Hermit Nation	145–155
3	1904. 2	–	Some Facts about Korea	79
4	1906. 10	Homer B. Hulbert	The Passing of Korea	575–581
5	1908. 7	Thomas Sammons	Notes and Scenes from Korea	498–508
6	1908. 12	J. Z. Moore (Photographer)	Scenes from the Land Where Everybody Dresses in White	871–877
7	1910. 11	William Chapin	Glimpses of Korea and China	895–934

이 시기의 기자들은 다양한 직업을 갖고 있는 것이 특징이다. 한국에 관한 첫 기사와 두 번째 기사가 미해군 장교인 버나두(J. B. Bernadou)와 미해군 사령관 웹스터(Harrie Webster)에 의해 작성되었다는 점은 흥미롭다. 헐버트(Hormer B. Hulbert)는 고종의 뜻에 따라 설립된 육영공원의 외국인 초빙교사였으며, 무어(J. Z. Moore)는 신부, 섀핀(William Chapin)은 전문 여행가이다.

1890년 첫 기사는 한국의 언어와 문자, 산성, 기후, 날씨, 도로 사정, 해안선 등, 한국에 관한 인문지리적인 내용으로 구성되어 있다. 매우 초보적인 내용으로 기사 중에는 정확한 지도가 거의 없다는 내용도 있어서 당시 외국인들이 한국에 관한 정보에 목말라 했음을 알 수 있다. 1900년의 기사도 1890년의 것과 마찬가지로 한국에 관한 인문지리적 내용으로 구성되어 있는데, 특히 주목할 것은 1890년의 기사에 이어 광물자원에 대한 기록이 보인다는 점이다. 이는 세 번째 기사인 1904년의 기사에도 나타나는데, 이와 같은 광물 자원에 대한 관심은 한국을 미국의 경제적 이득을 위한 대상으로 보고 있음을 의미하는 것이다.

네 번째 기사는 다른 기사와는 달리 오랫동안 한국에 머문 헐버트가 작성한 「The Passing of Korea」에서 발췌한 내용을 담고 있다. 한국이 일본에 주권을 빼앗긴 것에 대한 동정의 표현이 보이며 한국이 주권을 회복하기 위해서는 교육이 최상이라는 헐버트의 말로 기사는 끝을 맺고 있다. 한편 사진도 동시에 게재되어 있는데 죽은 아이를 나무에 매단 모습이라든지 아이들이 연료를 위해 낙엽을 모으고 있는 모습, 한가로이 담배를 피며 장기(사진 설명에는 '체스'로 표현)를 두는 모습 등 오리엔탈리즘적인 시각에서 촬영된 사진들이 주를 이룬다. 다섯 번째 기사는 서울 주재 총영사였던 새먼스(Thomas Sammons)에 의한 것으로 일본이 수원에 세운 농업학교와 같은 예를 들면서 한국의 근대화에 일본이 공헌하고 있다는 점을 부각시킨 내용이다. 그의 글에서는 헐버트와 같은 한국의 식민지화에 대한 동정의 시선은 찾아볼 수 없다. 이와 같은 시선의 차이는 헐버트가 고종에 의해 초빙된 고용 외국인이었다는 것, 이에 비해 새먼스는 미국 외교관이었다는 점이 영향을 주고 있다고 생각된다. 여섯 번째 기사는 신부 무어에 의해 작성된 것으로 기사는 없고 사진만 있다. 이들 사진 속에서 일관되게 보이는 것은 '힘든 노동을 하는 한국인'이다. 엿을 파는 소년, 아이를 업은 소녀, 베를 짜는 여인, 몸만한 짐을 지게에 지고 있는 남성 등의 사진과 신부답게 비교적 반듯한 초가집 교회와 신자의 모습을 찍은 사진이 보인다. 이 시기 마지막 기사인 1910년 기사는 여행가로 유명한 섀핀에 의해 작성된 것으로 그의 말을 빌리자면 "이 땅은 너무도 동양적이고 심상치 않은 풍경을 갖고 있으며 매우 신기한 문화를 갖고 있다"는 그의 말처럼 한국에 대한 그의 기행은 결코 아름답다고 할 수 없는 가슴을 내놓고 다니는 여성, 그 옆에 벌거벗은 아이, 흰옷, 비위생적인 떡 방앗간, 자신의 몸보다 더 무거운 듯한 짐을 지게에 지고 가는 사람들…… 그의 시선은 시종일관 오리엔탈리즘적 시각에 가득 차 있다. 또한 부산을 'Fusan', 낙동강을 'raqutoka River'라고 일본식에 가까운 표기를 하고 있는 점으로 미루어 그의 한국에 대한 지식이 일본 자료에 의존하고 있다는 가능성을 시사해 준다.

(2) 일본

이 시기에 일본에 관한 기사는 총 23번으로 한국의 약 세 배를 넘는 분량이다. 집필자를 알 수 없는 것이 네 개, 집필자는 모두 16명이다.

〈표 2〉 1890년~1910년까지의 일본 관련 기사

연번	연도	집필자	기사 제목	해당 면
1	1894. 12	D. W. Stevens	Japan	193–199
2	1896. 6	Eliza Ruhamah Scidmore	The Recent Earthquake Wave on the Coast of Japan	285–289
3	1898	John Hyde	President Alexander Graham Bell on Japan	509–512
4	1899. 9	O. P. Austin	The Commercial Development of Japan	329–337
5	1901. 2	Harrie Webster	Japan and China—Some Comparisons	69–77
6	1904. 11	Gilbert Hovey Grosvenor	Some Facts about Japan	446–448
7	1904. 10		Pearl and Turtle Farms in Japan	427
8	1904. 5		Lessons from Japan	221–225
9	1904. 9	Hugh M. Smith	The Fisheries of Japan	362–364
10	1904. 8	E. C. Bellows	Agriculture in Japan	323–326
11	1905. 7	Hioki Eki	The Purpose of the Anglo–Japanese Alliance	333–337
12	1905. 10	Walter J. Ballard	The Population of Japan	482
13	1905. 2	Louis Livingston Seaman	Observations on the Russo–Japanese War, in Japan and Manchuria	80–82

14	1905. 3	Kaneko Kentaro Baron	The Characteristics of the Japanese People	93–100
15	1905. 5	Hugh M. Smith	The Fisheries of Japan	201–220
16	1905. 5	Hioki Eki	A Chapter from Japanese History	220–228
17	1905. 9		Japan and the United States	432–434
18	1906. 9	Hioki Eki	Japan, America, and the Orient	498–504
19	1906. 9	K. Mitsukuri	Cultivation of Marine and Fresh–Water Animals in Japan	524–531
20	1907. 4		The Giant Spider Crab from Japan	280
21	1907. 10	Eliza Ruhamah Scidmore	Koyasan, the Japanese Valhalla	650–670
22	1908. 4	J. H. De Forest	Why Nik–ko Is Beautiful	300–308
23	1910. 12	Melville E. Stone	Race Prejudice in the Far East	973–985

이 시기의 집필자의 특징으로는 한국과는 달리 일본인 기자가 있다는 점이다. 히오키 에키(日置益)는 일본 외교관이고 가네코 겐타로(金子堅太郎)는 미국 하버드대학을 졸업하고 이토 히로부미(伊騰博文) 내각의 농상무 장관을 지낸 관료이자 정치가이다. 미쓰쿠리 가키치(箕作佳吉)는 미국 예일대학, 영국 케임브리지대학에 유학하고 해양생물학을 전공한 도쿄대 교수이다. 스티븐스(D. W. Stevens)는 메이지(明治)시대 일본 정부 고용 외국인으로 청일, 러일전쟁으로 치닫는 일본의 입장을 서구 세계에 대변하는 역할을 한 인물이다. 스키드모어(Eliza Ruhamah Scidmore)는 미국의 저널리스트이고, 스미스(Hugh M. Smith)는 미 어업국 차관으로 같은 시기의 한국 관련 기사 집필자들과는 달리 미국 혹은 일본의 정부 고위 관계자가 많다는 특징이 있다.

1894년 첫 기사의 내용은 일본에 대한 미국의 시각을 대변하는 중요한 글이다. 기자는 "이것은 같은 미국인의 입장에서 자랑스럽게 생각해도 될 일이지만"이라고 전제한 뒤, 일본의 메이지유신(明治維新)

에 대해 도쿠가와 막부(徳川幕府)를 쓰러트리는 직접적인 계기를 마련한 것은 실은 미국의 페리 제독이 도쿠가와 막부와 체결한 조약이었으며 이 조약의 체결에 의해 일본이 당시 국제적으로 얼마나 서구에 뒤져 있는가를 개방적이고 명석한 세력들이 인식을 했으며 1868년 유신을 달성한 영웅들은 이 미일 조약을 계기로 세계에 대한 눈을 뜨게 되었다고 봐도 된다고 기술하고 있다. 기사에서는 다이묘(大名)들이 헌신적으로 자신의 봉토를 유신정부에 헌납했다는 사실에 대해 자발적인 자기 희생의 정신에 감탄하고 있다. 또한 메이지 정부의 개혁과 서구화 노력에 대해 경탄을 하는 내용으로 가득 차 있다.

1898년 12월호 기사는 전화를 발명한 벨(Graham Bell)이 일본을 방문해 강연한 내용을 요약한 것으로 벨은 일본인의 평균적인 뇌는 서양인보다 크다는 어느 한 연구를 인용하며 몸이 작다고 해서 열등감을 가질 필요는 없다고 일본인에게 말한다. 또한 수자원이 풍부한 일본은 수력을 이용해서 발전할 수 있다며 과거 25년간의 성장을 보면 앞으로도 일본은 더욱 성장할 것이라고 말하고 있다.

1899년의 기사는 미 재무국의 통계국장인 오스틴(O. P. Austin)에 의한 것으로 일본의 수출입 관련 통계를 제시하며 일본 제품의 국제 경쟁력이 의외로 강한 점을 지적해 싼 인건비에 기술력이 더해지면 서구를 위협하는 나라가 될 것이라는 일본위협론을 처음으로 제기하고 있다. 1901년 웹스터(Harrie Webster)에 의해 작성된 기사는 일본과 중국을 비교한 내용으로 되어 있다. 일본에 대해서는 오랜 역사를 갖고 있으면서도 아직도 스스로의 정치 체제를 개혁해 새로운 시대의 사고를 받아들이는 일본인의 힘에는 감탄하게 된다며 근대 국가의 첨단을 달리는 일본에 대해 찬사를 아끼지 않고 있다. 한편 중국은 과거의 영광을 뛰어넘으려는 관심이 거의 보이지 않으며, 옛날의 영광은 이미 희미해지고 중국은 과거의 나라가 되었다고 서술하고 있다. 한국에 대한 그의 기술과 이를 대비시켜 보면 한국은 시간이 멈춘 나라, 중국은 사라져 가는 나라, 일본은 최첨단을 걷는 나라라는 그의 시선이 뚜렷하게 다가온다.

1905년은 한 해에만 7번이나 일본이 기사화된다. 특히 이 시기에는 일본인에 의한 기사가 많은 해였다. 미 어업국 차관인 스미스는 일본이 연어 양식 기술을 유학생을 보내 열심히 배워 왔다는 것과 기아선상에서 떨고 있는 사람들보다 비단잉어가 더 중요하다는 일본인의 인식에 놀라기도 한다. 1907년 스키드모어, 1908년 포리스트(J. H. De Forest)의 기사들은 세계에서 일본이 가장 아름다운 나라의 하나라는 점에 인식을 같이한다. 또한 이 시기 기사들의 특징은 근대화를 추진하는 일본과 주권 국가 일본과의 통상이며 여행을 하기에 너무도 아름다운 나라라는 것으로 요약될 수 있다.

2. 1911년~1930년

(1) 한국

이 시기의 한국 관련 기사는 두 개에 불과하다. 1919년의 저자 앤드류(Roy Chapman Andrews)는 전문 여행가로서, 몽골 지역에서 화석을 수집했고 해양 포유류에 관심을 갖고 알래스카, 일본, 한국, 중국 등을 여행했다. 특히 미국 자연사박물관의 관장이었던 오스본(Henry Osbornes)의 독려와 후원으로 해당 지역에서 많은 자료를 수집해 박물관에 기증하기도 했다.[4] 1924년의 기자는 영국의 여행가 케들스턴의 커

4 김영훈, 「『내셔널 지오그래픽』이 본 코레아: 1890년 이후 시선의 변화와 의미」, 『2005년 한국학특성화 학술대회』, 2005, 11쪽.

즌(Curzon of Kedleston) 후작에 의한 것이다.

〈표 3〉 1911년~1930년까지의 한국 관련 기사

연번	연도	집필자	기사 제목	해당 면
8	1919. 7	Roy Chapman Andrews	Exploring Unknown Corners of the Hermit Kingdom	25–48
9	1924. 10	Curzon of Kedleston Marquess	In the Diamond Mountains	353–374

1919년 기사는 탐험가적 태도가 일관되게 전개된다. 그의 여행은 청진에서 시작되었는데 기사 첫머리에 한국 문명은 4000년에 가깝지만 북쪽에 있는 대부분의 사람은 백인을 본 적이 거의 없다고 기술하고 있다. 또한 나는 여지껏 경험하지 못했고 앞으로도 잊을 수 없는 밤을 보내게 되었는데 숙소에서 오만 가지 벌레가 달려들어 잠을 못 이루었다는 것, 그래서 한국 가옥에서 잠을 잘 경우 벌레 퇴치용 파우더를 코트와 침낭에 뿌려야 한다는 것을 터득했다고 기술한다. 그는 또 호랑이 사냥, 사슴 피를 마지막 한 방울까지 마시는 현지인의 모습, 한국인들은 개고기를 먹는다는 사실, 11세의 어른과 47세의 아이라는 제목으로 결혼을 안 하면 성인으로 취급받지 못한다는 기술, 류마티스에 걸려 닷새나 축축한 서낭당 바닥에서 자며 자신의 병이 낫게 빌고 나오는 노인의 모습, 등에 부적을 단 말라리아에 걸린 남자의 뒷모습 등 그의 기사는 호기심과 오리엔탈리즘적 시각으로 가득 차 있다. 1924년 기사는 주로 금강산을 둘러본 기사로 식민지로 전락한 한국의 현실에 대한 관심은 전혀 없이 금강산의 절에 대한 감탄만이 적혀 있고, 후반부에 약간 나오는 한국인들에 대한 인상은 더없이 게으른 모습뿐이었다.

(2) 일본

이 시기의 일본에 관한 기사는 총 9번으로 1923년 10월, 1924년 4월호와 같이 지진과 관련된 기사를 제외하고는 거의 다 일본에 관한 칭찬으로 점철된다.

〈표 4〉 1911년~1930년까지의 일본 관련 기사

연번	연도	집필자	기사 제목	해당 면
24	1911. 11	William Wisner Chapin	Glimpses of Japan	965–1002
25	1914. 7	Eliza Ruhamah Scidmore	Young Japan	54–64
26	1914. 10		Japan	415–420
27	1920. 10	Thomas E. Green	The Making of a Japanese Newspaper	327–334
28	1921. 7	Walter Weston	The Geography of Japan	45–84
29	1922. 9	Walter Weston	Some Aspects of Rural Japan	274–301
30	1923. 10	Francis A. Tondorf	How the Earth Telegraphed Its Tokyo Quake to Washington	452–454
31	1923. 10	William Elliot Griffis	The Empire of the Risen Sun	415–443
32	1924. 4	Thomas Augustus Jaggar	Sakurajima, Japan's Greatest Volcanic Eruption	441–470

일본에 대한 우호적 시선은 필자들의 특성을 보면 쉽게 이해가 된다. 여행가 섀핀(William Wisner Chapin)은 중국과 한국, 일본을 여행한 사람으로, 1911년 11월호의 첫머리는 "일본에서 지낸 나날을 회상하는 것은 실로 즐거운 일이다. 그리운 얼굴, 고운 의상, 아름다운 꽃들. 게다가 사원과 절들, 집들의 전경과 훌륭한 정원…… 모든 것이 각각의 역할을 분담하듯 하모니를 연주하고 있다. 마치 오케스트라의 악기와 같이"라는 표현에서도 알 수 있듯이 대단히 일본에 대해 애정이 어린 시선으로 바라보고 있다.

1941년 7월호의 저자 스키드모어(Eliza Ruhamah Scidmore)는 여성 저널리스트로, 일본이 미국 워싱턴에 벚꽃을 기증하는 운동을 벌였을 때 적극적으로 이를 돕는다. 웨스턴(Walter Weston)은 영국인 목사이자 등산가로, 15년간 일본에 체류하며 일본에 근대 등반 기술을 소개하고 일본의 남알프스, 북알프스의 산들을 처음 등반하고 책들을 저술함으로써 서양에 일본의 산들을 알리는 데 공헌한 사람이다. 그리피스(William Elliot Griffis)는 메이지 정부에 의해 초빙된 고용 외국인으로 도쿄대(東京大)의 전신인 난코(南校)에서 교편을 잡고 교육 제도 개혁에도 관여한 인물이다. 이와같이 일본에 대한 매우 우호적인 인물들에 의해 당시의 기사가 집필되었다는 것은 다음 기사 내용을 보면 더욱 확실해진다.

메이지 시대 세워진 후지야(富士屋) 호텔을 "역사도 있고 요리나 시설이 잘 갖추어진 것은 물론 무엇보다 각 방마다 온천이 붙어 있다는 점이다."라고 묘사하고 있다. 어린아이를 보는 눈에도 애정이 어려 있다. "갓난아기를 등에 업은 여자아이들은 모두 밝고 화려한 모습을 하고 있다. 그런 그녀들이 한 무리가 되어 재잘거리거나 큰소리로 웃고 있는 즐거운 광경에는 마음이 따듯해지는 느낌이 든다." "일본인들은 검소하고 친절하며 아름다운 것에 대한 솔직한 감동과 타인에 대한 배려가 돋보인다."

이 시기에 유일하게 객관적인 사실들만을 기록한 것은 재거(Thomas Augustus Jaggar)로, 그는 당시 미국을 대표하는 지질학자로 하와이 화산관측소의 소장이었으며 후에 MIT 교수가 된 사람이다(1911년 11월호).

이와 같은 시선은 1914년 7월호에도 계속된다. 비록 가난해도 행복한 일본의 어린이들로 묘사되며 어린이에 대한 천황의 일화를 소개하며 논조는 최고조에 이른다. "메이지 천황이 어느 추운 겨울 아침에 지방을 방문했을 때의 일이라고 한다. 날씨는 눈보라가 치는 날씨였는데 아이들은 필사적으로 추위를 견디며 천황을 맞이했다고 한다. 이를 본 메이지 천황은 평소와는 달리 마음이 상했는지 나중에 시중을 불러 나라의 보배인 어린이들에게 두 번 다시 그와 같은 괴로움을 맛보게 해서는 안 된다며 크게 꾸지람을 했다고 한다."

1920년 10월호는 후쿠자와 유키치(福澤諭吉)가 창업한 신문 『시사신보(時事申報)』에 대해 소상히 다루고 있고 기자들이 게이오대학(慶應大學) 출신이라는 것, 인턴 제도도 있어 게이오 대학생은 『시사신보』에서 수습기자로 일할 수 있다는 것, 그리고 신문에서 사용할 수 있는 한자가 제한되어 있다는 것과 그럼에도 불구하고 활자통에서 한자를 집어 조판을 하는 과정은 신의 경지에 가깝다고 평을 하고 있다. 1923년 10월호에서는 일본이 선진국에 대열에 들어서게 된 것에 대한 분석이 실려 있다. 기사에 의하면 양명학(陽明學)이 17세기 중국으로부터 들어와 국민들 마음속에 자리 잡았고 직접적으로는 1800년대 중반부터 시작된 미국인과의 접촉, 그리고 많은 일본 정부 고용 미국인에 의해서라고 말한다. 그러나 1923년 당시의 일본에 대해 "일본은 아시아의 여러 나라뿐만 아니라 세계적으로도 영토적 야심을 가진 위험한 나라로 성장할 것임을 분명하다"라는 말을 함으로써 서구의 발전 논리를 그대로 받아들인 일본에 대한 경계심을 나타내고 있다.

3. 1931년~1950년

(1) 한국

이 시기에 한국에 관한 기사는 총 네 편으로 1933년의 기사는 여행가의 입장에서 기술되었다. 일본이 한국의 근대화에 공헌하고 있다는 것을 서두에 기술하고 있으며, 나머지 한국의 풍물에 대해서는 전 시대의 시각과 동일하다.

〈표 5〉 1931년~1950년까지의 한국 관련 기사

연번	연도	집필자	기사 제목	해당 면
10	1933. 10	Mabel Craft Deering	Chosen – Land of Morning Calm	421–448
11	1945. 10	Willard Price	Jap Rule in the Hermit Nation	429–451
12	1947. 6	John R. Hodge	With the U.S.Army in Korea	829–840
13	1950. 6	Enzo de Chételat	Roaming Korea South of the Iron Curtain	777–808

이 시기에 주목할 기사는 1945년 10월호이다. 프라이스(Willard Price)는 1945년 이전에 일본에 약 5년 동안 체류한 사람으로 한국과 일본에 대해 기사를 작성했다. 그는 1941년 일본이 진주만을 공격한 다음해인 1942년에 일본에 관한 기사를 쓰는데, 미국인은 일본인의 참 모습을 너무나 모른다며 개탄한다. 이러한 시선이 반영되어 1945년 10월호에서 일본의 한국 지배에 대해 날카롭게 비판하고 있다.

그의 한국 관련 기사에는 한국인에 대한 다음과 같은 글이 있다. "그들의 조상에 대해서는 몽골리안이라는 것 빼고는 알려진 바가 없다. 그러나 한국인들은 평균적인 몽골인보다 더 크다. 한국 여성들은 중국인이나 일본인 여성보다 아름답다." 그의 글에는 전 시대의 기사들에서 보이는 한국에 관한 비하는 찾아볼 수 없다.

또한 한 발 더 나아가 온돌이 인간이 불을 사용하기 시작하면서부터 가장 영리한 발명품으로 묘사되고 거북선과 첨성대, 한글과 금속활자에 대한 찬사가 보이며, 16세기 임진왜란 때 한국인의 코와 귀를 잘라

만든 일본의 '미미즈카(耳塚: 귀무덤)'에 관한 기술도 나온다. 이제 혐오와 멸시의 대상은 한국이 아니라 일본으로 바뀌게 된 것이다. 이와 같은 시선의 변화는 물론 일본이 감행한 진주만 공격과 태평양전쟁 때문이다.

1947년의 기사는 미군 사령관 하지(John R. Hodge) 중장에 의해 작성된 것으로 한국인을 돕기 위해 열악한 조건에서 최선을 다하고 있는 미군의 모습이 주류를 이루고 있다. 물론 미군과 연애를 금기시하는 한국인의 태도에 대한 내용도 나오고 있다. 1950년 기사는 한국 지리 탐사팀의 자문역으로 참가한 드 셰틀랫(Enzo de Ch□elat)에 의해 작성된 것으로 한국의 지리 탐사에 대한 내용이 포함되어 있으나 한 외국인으로서의 한국, 한국인에 대한 흥미로운 눈으로 본 관찰기라는 성격이 강하다.

(2) 일본

이 시기의 일본 관련 기사는 총 16편이다. 다른 시기에 비해 일본 관련 기사가 많은 것은 1941년 진주만 공격을 시작으로 미국과 일본인 전쟁 상태에 돌입했기 때문이다. 1930년대의 기사 대부분은 그 이전의 시기와 다름없는 우호적인 시선으로 일본을 바라본다. 이 시기의 저자는 주일 미국 대사를 역임하고 미 국무차관인 캐슬(William Castle), 일본 정부 고용 외국인이었던 그리피스(William Elliot Griffis), 저널리스트 무어(W. Robert Moore), 여행가 패트릭(John Patric), 중국에 14년 동안 체재했고 1년간 일본에 체재하며 여성 활동을 연구한 너스(Mary Nourse), 1941년 전쟁 발발 시 주일 미대사를 역임한 그류(Joseph C Grew) 등이다.

〈표 6〉 1931년~1950년까지의 일본 관련 기사

연번	연도	집필자	기사 제목	해당 면
33	1932. 2	William R. Castle	Tokyo To-day	131–162
34	1933. 3	William Elliot Griffis	Japan, Child of the World's Old Age	257–301
35	1933. 3	W. Robert Moore	Motor Trails in Japan	302–318
36	1936. 4	John Patric	Friendly Journeys in Japan	441–480
37	1938. 1	Mary A. Nourse	Women's Work in Japan	99–132
38	1942. 8	Willard Price	Unknown Japan	224–252
39	1942. 11	Willard Price	Japan Faces Russia in Manchuria	603–634
40	1944. 4	Joseph C. Grew	Japan and the Pacific	385–414
41	1944. 6	G. F. Heaney (Photographer)	Manipur—Where Japan Struck at India	743–750
42	1944. 10	Willard Price	Springboards to Tokyo	385–407
43	1945. 5	William Leonard Schwartz	Peacetime Rambles in the Ryukyus	543–561
44	1945. 10	David D. Duncan	Okinawa, Threshold to Japan	411–428
45	1945. 10	Willard Price	Jap Rule in the Hermit Nation	429–451
46	1945. 11	Willard Price	Behind the Mask of Modern Japan	513–535
47	1945. 12	W. Robert Moore	Face of Japan	753–768
48	1946. 5	William H. Nicholas	American Pathfinders in the Pacific	617–640
49	1946. 6	Blair A. Walliser	Sunset in the East	797–812
50	1947. 4	M. A. Huberman	Backwoods Japan During American Occupation	491–518
51	1950. 4	Robert Stubenrauch	Okinawa, Pacific Outpost	538–552
52	1950. 5	Frederick G. Vosburgh	Japan Tries Freedom's Road	593–632

1940년대에 접어들며 꾸준히 이어온 우호적인 일본에 대한 시선은 급변한다. 일본의 한국 식민지화에 대해 비판했던 프라이스(Willard Price)는 1942년 8월 기사에서 일본인에 대해 다음과 같이 표현하고 있

다. “일본인의 장기는 인명 경시에 있다. 미국인은 사는 것을 중요시하지만 일본인은 나라를 위해 죽는 것에서 가치를 찾는다.”, “일본에서 산업이 발달할 수 있었던 것은 높은 효율성 이외에 저임금, 장시간 노동, 노예와 같은 노동 조건이 있다.”, “일본인의 또 다른 장기는 양심의 결여이다. 그들은 일본을 발전시킬 수 있는 것이면 무엇이든 올바르다고 생각한다. 미국 기업이 20년 걸려 개발한 제품이라도 일본 메이커는 상표까지 위조를 한다.”며 일본의 문제점을 신랄하게 비판한다. 즉, 이전 시대의 일본인을 형용하는 “근면함”, “정직함”, “예절바름”은 이 시기에 와서 모두 “그들 내부만의”라는 수식어가 붙게 된다. 그는 이 기사의 마지막 부분에서 다음과 같이 말한다. “일본은 아시아 각국을 침략하고 약탈을 했으며 여성을 빼앗고, 총뿐만 아니라 강간, 고문, 마약, 매춘 등을 무기로 해서 싸웠다. 이렇게 해서 구세주 일본인은 아시아의 신뢰를 잃었다. 일본인은 이러한 공포 정책을 성공을 위해 불가결한 것이라고 생각하고 있지만 이는 일본인에 대한 혐오감을 여기저기에 심게 되어 언젠가는 일본이 붕괴하게 될 것이다.” 즉, 1894년부터 이어진 미국인의 일본에 대한 애정 어린 시선은 진주만 공격에 이은 미일전쟁으로 인해 심한 배신감으로 돌아선 것이다. 이는 프라이스만의 생각이 아니라 주일 미대사를 지내며 10년간 일본에 체재하며 일본을 몹시 사랑한 그류의 경우도 마찬가지였다.

미국의 1941년까지의 시각은 일본을 개항시켰으며 먼저 근대화된 나라로 일본의 교본이 되었다는 자만에 빠져 당시 제국주의의 속성인 팽창주의에 대해 일본을 애써 제외시켰던 어리숙함에 대한 반성이자 배반감과 후회가 이 시기에 이르러 폭발하게 된 것이다. 그러나 이러한 일본에 대한 비판도 1945년 전쟁이 끝나고 연합국사령부에 의한 군정이 시작되면서 희석된다. 이와 같은 배경에는 냉전이라는 상황에서 일본을 아시아에서의 자본주의 세계의 방어선이라는 인식이 있었다.

1946년 신문기자 출신으로 미해안경비대 수장으로 1년간 일본에 체류한 월리서(Blair A. Walliser)는 일본인은 절대적이라고 믿었던 일본이 미국에 의해 철저히 무너지자 미국적인 것이 뛰어나다는 것을 깨닫고 점령군에게 순순히 따르게 되었다며 이제 일본은 낡은 태양이 저물고 새로운 태양이 민주주의와 함께 뜨려고 하고 있다고 기술한다. 1947년 4월의 기사는 연합군 총사령부 산하 농림부 삼림담당관이었던 허버먼(M. A. Huberman)에 의해 작성되었다. 그는 여러 농촌 지역을 돌아다니며 일본인과 만났다. 그 중에는 미군들에게 아이들이 껌을 달라고 조르거나 미군들이 아이들과 노는 장면을 아이 어머니들은 좋아했지만 아버지들은 좋아하지 않았다는 기술도 보이지만 대부분의 기사는 소박한 일본인과의 만남을 우호적으로 묘사한다. 그는 일본인이 외국인의 생각과 관습을 접하는 기회가 많아지면 국제 이해도 증진될 것이며, 이러한 이해는 분명히 얼마 전 기안된 '일본국헌법'에 기록된 '전쟁의 포기'를 실현하는 데 공헌할 것이라고 결론을 내리고 있다.

1950년 5월호는 『내셔널 지오그래픽』의 편집장 보스버그(Frederick G. Vosburgh)가 작성했다. 그는 일본 패망 후 일본을 방문해 맥아더와 일본의 지도자, 일반 시민과 인터뷰를 했다. 그는 맥아더가 말한 자신의 일본에서의 임무에 대해 전하고 있다. "우리들이 앞으로 천 년 뒤에 이 시기를 되돌아보았을 때 역사책 한 귀퉁이에 다음과 같은 글을 발견해 주는 것만으로도 만족한다. 미국인의 이상이 이 극동의 땅에 문명의 두 개의 기둥을, 즉 민주주의와 기독교를 세웠다"고. "미국의 이상은 급기야는 동양 전체에서 받아들여져 세계 인구의 반을 차지하는 아시아인을 변화시킬 것이다." 그는 『내셔널 지오그래픽』의 기자로 점령군의 일본인에 대한 헌신적인 노력에 대해 말을 아끼지 않았다. BCG

접종, 영양 개선을 위한 분유 공급, 농지개혁법에 의한 소작농의 해소 등이 그것이다. 차밭에서는 미국인의 입맛에 맞는 녹차맛 아이스크림의 시식을 권하는 모습을 보게 되는 등 일본인들의 필사적인 복구 노력에 대해서도 글을 쓰고 있다.

4. 1951년~1970년

(1) 한국

이 시기의 한국 관련 기사는 총 두 편이다. 1953년의 기사는 미해병대 소속 병사인 모셔(Robert H. Mosier)가 작성했고, 1969년의 기사는 한국전쟁에도 참전한 소슈렉(Howard Sochurek)의 글이다.

〈표 7〉 1951년~1970년까지의 한국 관련 기사

연번	연도	집필자	기사 제목	해당 면
14	1953. 5	Robert H. Mosier	The GI and the Kids of Korea	635-664
15	1969. 3	Howard Sochurek	South Korea : Success Story in Asia	301-345

1953년의 기사는 전쟁과 어린이에 대해 집중적으로 취재하고 있다. 특히 전쟁 고아와 아이들의 피난을 돕는 미군의 모습이 부각된다. 고향이 홍천인 15세 전쟁 고아를 위해 홍천까지 데려다 주고 전쟁터를 피해 비행기에 아이들을 태우고 후방으로 이송하는 모습은 미군들이 한국에서 펼치는 인간애의 전형을 잘 묘사해 준다. 이와 같은 모습은 미국의 독자들에게 전쟁의 참상을 알리고 미군의 헌신적인 봉사를 통해 한국에 대한 미국의 아낌없는 모습을 대변해 준다.

1969년의 기자는 6 · 25 참전 용사로 18년 뒤에 한국을 방문해 한국의 발전상에 놀라게 된다. 기사 첫머리에는 김신조와의 인터뷰가 나오고 북한과 현재의 서울의 모습에 강한 대비를 느낀다. 그의 눈에 비친 한국은 울산공업단지, 경부고속도로, 빌딩이 들어서고 있는 서울, 세종로의 이순신 장군 동상 옆을 바쁘게 지나가는 자동차들, 해운대 해수욕장, 팔만대장경, 판문점, 단양 팔경 등으로 결코 6 · 25 당시에는 상상도 못한 발전된 그리고 평화로운 사람들의 모습을 소상히 소개한다. 그는 마지막으로 우리가 일본에게 수탈당했을 때나 공산주의자들의 침략을 받았을 때 도와 준 것은 미국이며, 우리는 결코 이를 잊지 않겠다는 한 할아버지의 말을 인용하며 글을 마치고 있다. 1953년의 기사와 주된 내용은 다르지만 1953년의 기사가 미국의 한국에 대한 헌신적 봉사를 묘사했다면 1969년의 기사는 이와 같은 봉사에 의해 이렇게 한국이 발전할 수 있었다는 구도가 보인다.

(2) 일본

이 시기의 일본 관련 기사는 총 13편으로, 전 시대와 마찬가지로 1953년 6월의 첫 기사는 미국의 일본에 대한 헌신적 봉사가 기술되어 있다. 한편, 일본의 한국의 지배 및 일본인의 잔인성에 대해 날카롭게 비판했던 프라이스도 여행기를 쓰는 등 논조가 다시 우호적으로 바뀌고 있다.

〈표 8〉 1951년~1970년까지의 일본 관련 기사

연번	연도	집필자	기사 제목	해당 면
53	1953. 6	Ferdinand Kuhn	The Yankee Sailor Who Opened Japan	85–102
54	1953. 11	Willard Price	Cruising Japan's Inland Sea	619–650

55	1955. 2	Hope A. Diffenderfer	Okinawa, the Island Rebuilt	265–288
56	1960. 1	Georges S. Houot	Deep Diving off Japan	138–150
57	1960. 12	Franc Shor	Japan, the Exquisite Enigma	733–777
58	1964. 10	William Graves	Tokyo, the Peaceful Explosion	445–487
59	1967. 2	Mary Inez Hilger	Japan's "Sky People," the Vanishing Ainu	268–296
60	1967. 9	Dan Dimancescu	Kayak Odyssey: From the Inland Sea to Tokyo	295–337
61	1968. 7	Paul Sampson	The Bonins and Iwo Jima Go Back to Japan	128–144
62	1968. 12	Eiji Miyazawa (Photographer)	Snow Festival in Japan's Far North	824–833
63	1969. 9	Jules B. Billard	Okinawa, the Island Without a Country	422–448
64	1970. 3	Thomas J. Abercrombie	Kansai, Japan's Historic Heartland	295–339
65	1970. 12	Frank X. Ogasawara	Scientist Studies Japan's Fantastic Long-tailed Fowl	844–855

1960년대가 되면 기사 내용은 일본의 경제 발전에 대한 놀라움과 아름다운 풍경과 자연을 여행하는 것으로 바뀌게 된다. 1960년 12월의 기사를 쓴 『내셔널 지오그래픽』의 부편집장 쇼어(Franc Shor)는 일본의 발전상을 소개하면서도 인구 집중, 교통 문제, 주택 문제 등 일본이 안고 있는 문제점들을 소상히 지적한다. 그러는 한편, 소니의 모리타 아키오(盛田昭夫) 부사장과의 인터뷰를 소개하며 모리타가 소니의 트랜지스터 라디오 광고를 『내셔널 지오그래픽』에 실었던 것은 현명한 판단이었고 『내셔널 지오그래픽』의 구독자는 최고를 추구하기 때문이라는 말에 매우 흡족해 하며 소니만큼 눈부신 발전을 한 기업은 없다고 단언한다.

1964년 10월호는 『내셔널 지오그래픽』의 기자에 의해 작성된 것으로 도쿄올림픽을 눈앞에 둔 도쿄(東京)의 모습을 그리고 있다. 윤택함과 풍요로움 속에서 꿈틀거리는 도쿄의 폭발할 것 같은 에너지를 느끼며 서서히 자신감을 찾아가는 일본인들의 모습을 발견한다. 그는 신칸센(新幹線)의 환상적인 승차감을 “날아갈듯 지나가 버리는 창 밖 풍경을 보고 있지 않으면 고속으로 달리고 있는 것을 느끼지 못한다며 감탄한다. 1970년 3월호는 『내셔널 지오그래픽』의 편집부 직원인 아버크롬비(Thomas J. Abercrombie)가 글을 쓴 것이다. 당시 일본은 오사카(大阪) 국제박람회가 개최된 때였고 오사카의 원동력을 발견하게 된다. 특히 매달 50만 대의 트랜지스터 라디오를 만들고 마쓰시타 중앙연구소를 방문해 초소형 집적회로를 보게 된다. 한편 일본인은 작은 것만 만들고 있지는 않다고 말하고 있다. 지동차 생산은 미국에 이어 세계 2위이며 조선에서는 세계를 주름잡고 있다고 기술한다.

이 시기는 이미 미일안보조약의 체결로 인해 미국과 일본의 결속이 강화되고 일본의 경제 개발이 완성된 시점이라는 점에서 이전에 볼 수 있었던 일본에 대한 경계심은 어디에도 보이지 않고 있다.

5. 1971년~1990년

(1) 한국

이 시기에 한국에 관한 기사는 총 5편이다. 이 시기의 기자들의 특징으로 눈에 띄는 것은 에드워드 김(H. Edward Kim)이라는 한국인 이름이 등장한다는 점이다. 일본의 경우 많은 일본인이 『내셔널 지오그래픽』의 기자로 이름이 등장하는 데 비해 한국 관련 기사의 경우 한국인은 처음 등장하는 것이다. 그는 한국 이름 김희중으로 1960년 도미해 1972년부터 내셔널 지오그래픽 소사이어티에서 근무하고 1985년 퇴직할 때까지 사진가로 일했다. 이러한 독특한 배경을 가진 한국인이자 미국적 시각에서 한국을 바라볼 수밖에 없는 인물의 등장은 『내셔널 지오그래픽』이 그동안 한국에 대해 갖고 있던 시선과는 다른 것이었다. 또 하나 저자로 주목할 만한 인물은 뉴먼(Cathy Newman)이다. 그는 한국 관련 기자 중에서는 유일한 여성이다. 『내셔널 지오그래픽』에서 여성 기자의 등장은 일본 관련 기사에서도 드문 일이지만 일본의 경우 1930년대에 여성 기자가 등장하는 것에 비하면 매우 늦은 등장이다.

〈표 9〉 1971년~1990년까지의 한국 관련 기사

연번	연도	집필자	기사 제목	해당 면
16	1974. 8	H. Edward Kim	Rare Look at North Korea	252–277
17	1975. 9	Peter T. White	South Korea : What Next?	394–427
18	1979. 12	H. Edward Kim	Seoul : Korean Showcase	770–797
19	1988. 8	Boyd Gibbons	The South Koreans	232–257
20	1988. 8	Cathy Newman	Kyongju, Where Korea Began	259–268

1974년 8월의 기사는 에드워드 김이 미국의 사진 기자로 처음 북한을 취재한 것이다. 그는 철저히 북한 안내원의 지시에 따랐기에 북한의 한정된 공간만을 취재했다. 그는 북한에서 미국에 대한 극도의 증오심을 발견한다.

1974년의 기사에 이은 1975년의 기사(에드워드 김이 기자와 동행하며 사진을 찍음)는 북한과 남한에 대한 미국의 시선을 알 수 있는 중요한 자료를 제공해 준다. 북한에서는 미국을 타도해야 할 대상으로 규정하지만 남한에 대한 『내셔널 지오그래픽』의 시선은 매우 다르다. 기사의 서두에서 1950년 이후 남한에서는 연인원 100만 명 이상의 미군이 근무를 했고, 이 중 54,000명 이상이 죽었으며, 한국에 대한 미국의 원조는 마셜 계획과 아폴로 계획을 합친 것보다 많다고 적고 있다.[5] 더 나아가 한국은 미국에게 가장 중요한 나라로 기술된다. 이와 같은 입장은 1890년 『내셔널 지오그래픽』이 한국을 취재하면서부터 줄곧 이어져 온 타자적 시선에서 적극적 협력의 대상으로 바뀌는 것을 의미한다. 1975년의 기사는 박정희 정권의 독재에 대한 기사를 통해 한국의 불안한 정치를 보여 준다. 한편 후반부에서는 한국의 전통 문화에 대한 조명을 함으로써 정치와 민생의 극명한 대비를 자아내고 있다.

1979년의 기사는 서울에 들어선 고층 아파트, 앙드레 김 패션쇼, 분주한 서울의 출근 모습, 직장인들의 회식, 반(反)북한 데모, 극장식 카바레에서의 개업 전 국민의례 등 흥미진진한 한국의 일상을 보여 주고 있다. 이와 같은 내용은 마치 1964년 도쿄올림픽 때 미국인이 일본인을 호기심 어린 눈으로 취재하는 것과 상통하는 느낌을 주고 있다. 1988년은 『내셔널 지오그래픽』으로서는 드물게 한 해에 2개의 한국 관련 기사를 싣고 있다. 기번스(Boyd Gibbons)에 의한 기사는 반도체 공장, 대우조선소, 김우중 회장 등 한국의 놀라운 경제 성장과 재벌의 지배 체제, 값싼 노동력과 열악한 노동 조건을 대비시키며 한국 사회가 갖는 문제점을 지적한다. 또한 한반도의 분단 상황과 이한열 열사의 죽음으로 대표되는 6 · 10항쟁, 이에 이은 대통령 선거 등 올림픽을 앞두고 급박하게 돌아가는 한국의 모습을 그리고 있다. 한편 같은 해 집필된 뉴먼(Cathy Newman)의 기사는 경주에 관한 특집으로 천마총, 첨성대, 불국사 등을 차례로 방문하며 경주가 갖는 한국적 미를 극찬하고 있다. 앞서 본 기번스의 기사가 한국에 대한 다이내믹한 사회 구조적 문제의

5 여기에 제시된 숫자에 대해서는 재고의 여지가 많다. 연인원을 어떻게 간주하느냐에 따라 그 수는 다르기 때문이다. 한 조사에 의하면 연인원 500만 명, 1953년 7월 휴전협정이 이루어질 때까지 미군 전사자는 33,000명으로 기록되어 있다(http://www.usfk.or.kr, http://bemil.chosun.com/).

조명이라고 한다면 뉴먼의 기사는 정지된 공간으로 한국을 그림으로써 한국이 갖고 있는 이해할 수 없는 신기한 공간으로서의 모습을 극명하게 보여 준다. 이 시기에 이르러 한국은 더 이상 원조의 대상이 아니라 하나의 흥미로운 외국으로 자리매김을 하게 된다.

(2) 일본

이 시기의 일본 관련 기사는 총 18편으로 『내셔널 지오그래픽』의 편집자나 기자들이 주로 기사를 쓰게 된다.

〈표 10〉 1971년~1990년까지의 일본 관련 기사

연번	연도	집필자	기사 제목	해당 면
66	1971. 7	Luis Marden	Ama, Sea Nymphs of Japan	122–135
67	1972. 5	William Graves	Living in a Japanese Village	668–693
68	1972. 9	William Graves	Human Treasures of Japan	370–379
69	1974. 3	Bart McDowell	Those Successful Japanese	322–359
70	1976. 6	Charles McCarry	Kyoto and Nara: Keepers of Japan's Past	836–859
71	1977. 4	John L. Eliot	Japan's Warriors of the Wind	550–561
72	1977. 12	William S. Ellis	Japan's Amazing Inland Sea	830–863
73	1978. 7	Douglas B Lee H. Edward Kim Photographer	Day of the Rice God: A Folk Festival in Rural Japan	78–85
74	1980. 1	Douglas B. Lee	Hokkaido—Japan's Last Frontier	62–93
75	1983. 10	Hayashida Tsuneo	The Japanese Crane, Bird of Happiness	542–556
76	1984. 4	Eugenie Clark	Japan's Izu Oceanic Park	462–491
77	1984. 6	N. Taylor Gregg	Hagi: Where Japan's Revolution Began	750–773
78	1984. 8	Charles McCarry	The Japan Alps	238–259
79	1986. 11	William Graves	Tokyo, A Profile of Success	606–645

80	1988. 11		Lonely Rocks Important to Japan	
81	1989. 11	Bruce A. Coats	In a Japanese Garden	638-663
82	1990. 4	Deborah Fallows	Japanese Women	52-83
83	1990. 10	David Doubilet	Suruga Bay: In the Shadow of Mount Fuji	2-39

이 시기 기사의 대부분은 몇 개의 기사를 빼고 일본의 지방 축제라든지 여행기이다. 1986년 11월호 기사는 일본의 버블이 심각한 수준에 와 있다는 것, 과열된 입시의 폐해, 도쿄의 인구 과밀화, 고령화에 대한 우려가 기술되고 있다. 1988년 11월호는 오키노토리시마(沖ノ鳥島)가 침식당하지 않게 하기 위해 막대한 예산을 들여 방파제를 만든 내용이 나온다. 1990년 4월호는 요코하마에 체류한 적이 있는 팔로(Deborah Fallows)가 일본 여성에 대해 여성다운 삶을 기대하는 사회와 자기 실현에 무게를 두는 일본 여성과의 갭을 분석하고 있다. 여기에서도 경제와 사회 인식의 불균형은 일본을 설명하는 재료로 활용된다. 이와 같은 미국의 시선은 앞서 살펴본 한국의 이 시기의 시선과도 일치하는 것이며 『내셔널 지오그래픽』의 시선이 좀 더 객관화되었음을 의미한다.

Ⅳ. 맺음말

지난 100년간의 『내셔널 지오그래픽』의 한국과 일본에 대한 시각은 여러 변화를 겪으며 변해 왔고, 한국과 일본을 보는 시선도 각각 매우 상이한 접근법을 보인다. 이 글에서 밝혀진 몇 가지를 요약하면 다음과 같다.

첫째, 『내셔널 지오그래픽』의 한국을 보는 시각은 1945년까지 철저히 타자화된 오리엔탈리즘적 관점에서 기술되었다. 그 원인으로는 제너럴 셔먼 호 사건에서 대표되는 한국의 철저한 당시의 배타주의가 큰 영향을 주고 있다. 또한 그 결과 초기 『내셔널 지오그래픽』의 기자들은 군인 혹은 탐험가가 주류를 이루고 있다는 점에서도 확인할 수 있다.

둘째, 이는 같은 시기 일본에 관한 기사와 대비되는데, 일본의 경우 미국의 개항 요구에 순응했고 구미 유학생들을 파견하며 이미 미국의 시선을 일본 중심으로 기술할 수 있는 인적 기반이 마련된 상태였다는 점이 일본에 대한 우호적 시선을 갖게 한 원인이 되었다. 따라서 초기 일본 관련 기사의 기자들은 대부분이 일본에 오래 체류한 주일 미국 대사나 객관적으로 외국을 볼 수 있는 미국 관료들과 같은 전문가들이었다.

셋째, 『내셔널 지오그래픽』의 한국을 보는 시각은 1945년 광복, 6 · 25를 겪으며 한국과의 관계가 긴밀해지면서 더 이상 타자가 아닌 중요한 나라로 바뀌게 된다. 또한 1969년의 기사를 통해 한국의 경이적인 경제 발전을 소개하면서 오리엔탈리즘적 타자화의 시선에서 벗어나 진지한 탐구의 대상으로 그 시각은 바뀐다. 이러한 변화는 한국에 관한 경제와 사회 문제에 대한 균형을 맞추어가는 기사 구성에서 확인할 수 있다.

넷째, 일본에 대한 미국의 시선은 1941년 진주만 공격, 이에 이은 미일전쟁의 발발로 그동안 청일, 러일전쟁, 그리고 한국의 식민지화를 애써 외면하던 『내셔널 지오그래픽』의 일본에 대한 우호적 시선은 이해할 수 없을 만큼 집단적이고 잔인하며 몰도덕한 일본으로 바뀌게 된다. 그러나 이도 잠시, 1945년 연합군사령부에 의한 일본 통치가 시작되면서 일본에 대한 일시적 비판은 사라져 간다. 1964년 도쿄올림픽을 전후한 일본 경제의 도약과 미일안보조약의 체결을 통한 미일의 결속 강화가 일본에 대한 비판적 시선을 바꾸는 계기가 된다. 그러나 초기 『내셔널 지오그래픽』의 맹목적에 가까운 일본에 대한 우호적인 시선은 더 이상 존재하지 않고 한국과 마찬가지로 진지한 탐구의 대상으로 바뀌게 된다. 이러한 변화의 증거는 경제대국은 되었지만 여전히 존재하는 사회의 통념과 남녀 차별 등, 일본이 갖는 경제 발전의 긍정적인 면과 한계를 깊이 있게 조명하는 자세에서 확인할 수 있다.

한국과 일본에 대한 『내셔널 지오그래픽』의 시선의 변화는 물론 이 글에서 분석 기준으로 삼은 기자의 배경과 내용뿐만 아니라 좀 더 중요한 『내셔널 지오그래픽』의 편집 방침이라는 면을 더 깊이 살펴볼 필요가 있다. 이와 같은 점에서 이 글은 좀 더 새로운 관점에서 접근할 필요가 있다. 다만 이 글을 통해 외국의 시선의 변화에 어떠한 요소들이 관여하는가에 대해 명확하게 밝혀졌다고 할 수 있다. 이는 인적 교류의 중요함으로 요약할 수 있다. 이에는 개방된 외국인 고용 시스템의 확립, 유학파의 양성을 통한 전문가 집단의 상호 교류가 포함되며, 이를 잘 활용한 일본의 경우 지난 100년 동안 미국의 일본에 대한 일방적인 우호적 시선을 유지할 수 있게 이끈 원동력이 되었다.

〈참고 문헌〉

권혁희, 「일제시대 사진엽서에 나타난 '재현의 정치학'」, 『한국문화인류학』 36집, 한국문화인류학회, 2003.

김영훈, 『문화와 영상』, 일조각, 2002.

_____, 「*National Geographic*이 본 코레아: 1890년 이후 시선의 변화와 의미」, 『한국문화연구』 10집, 2006.

박영욱, 「내셔널 지오그래픽 협회(National Geographic Society)의 초기 역사,

1888-1914」, 서울대학교 박사학위 논문, 2003.
박지향, 『일그러진 근대』, 푸른역사, 2003.
브루스 커밍스, 『한국현대사』 창작과 비평사, 2001.
에드워드 사이드 지음, 박홍규 옮김, 『오리엔탈리즘』, 교보문고, 1994.
이사벨라 버드 비숍, 『조선과 그 이웃나라들』, 집문당, 2000.
조현범, 『문명과 야만, 타자의 시선으로 본 19세기 조선』, 책세상, 2002.

자료

『은자의 나라』, National Geographic, YBM si-sa, 2003.
『ナショナル ジオグラフィックが見た日本の100年』 日経ナショナル ジオグラフィック社, 2003.
『*National Geographic*』 CD-Rom.

[조선총독부 조사자료]에 나타난 조선의 민간신앙*

이수경

Ⅰ. 머리말

한 민족의 고유한 문화의 기층에는 오랫동안 그곳에서 생활을 영위해 온 사람들에 의해 형성된 고유한 가치와 이상이 뿌리를 내리고 있다. 문화에도 본말(本末)이 있고 표리(表裏)가 있어서, 그 곁가지나 겉모습, 다시 말해서 지엽적(枝葉的)이고 표면적인 것들은 쉽게 눈에 띄고 화려하기까지 하지만, 그 근간을 이루는 좀 더 근저적(根底的)이고 이면적(裏面的)인 것들은 주춧돌처럼 땅 속에 깊이 박혀 쉽게 눈에 띄지 않게 마련이다.

그런데, 이처럼 잠재된 형태로 기층문화를 이루고 있는 고유한 특성들은, 그 자체로서보다 종종 이문화(異文化)와의 접점에서 크게 부각되곤 한다. 이문화의 충돌로 인한 파장은 그것이 친화적 교류의 형태로 이루어지는 경우에도 발생하는데, 하물며 침략적 갈등의 상황에서라면

---

* 이 논문은 『일본연구』 제32호(2007년 6월)에 게재되었음.

더욱더 첨예하게 드러날 수밖에 없는 것이다. 그러므로 침략자의 입장에서 본다면, 이러한 부분을 선별해 제거하거나 또는 활용하는 문제는 좀 더 안정적이고 영구적인 지배 체제 유지를 위해 필연적으로 이루어져야 하는 과제로 인식될 것이다.

한반도의 영구 지배를 꿈꾸었던 일본 제국주의는 일찍이 이런 사실을 간파하고, 조선 민중들의 생활 속에 깊이 뿌리내리고 있는 저층문화, 그 중에서도 민간신앙과 경신(敬神) 사상에 관한 연구의 중요성을 인식해, 사상 · 신앙을 기반으로 타문화와의 이동(異同)을 살펴보는 작업에 착수했다. 조선총독부에 의한 민간신앙 연구의 제1부로서 저술된 『조선의 귀신』의 서문에는,

> (……) 외래 사상이 조선의 사회 생활과 문화에 어떤 영향을 미칠 것인가는 현재와 미래에 걸쳐 중요한 연구 현안이 되어 있다. 그러나 이 외래 사상은 마치 접목이나 묘목과 같은 것이어서, 이것이 부착하느냐 마느냐, 묘목이 뿌리를 내리고 꽃을 피우느냐 마느냐는, 그 대목(臺木)이 되어 있는 근간을 고려해 심어야 할 밭을 선별하지 않으면 이것을 판단할 수가 없다. 조선 문화의 근간을 이루고 있고, 외래 사상의 대목이고 묘목인 민간신앙의 연구야말로 지금 그 긴급함을 말해 주고 있다고 볼 수 있다.(……)[1]

라는 대목이 보이고, 제2부 『조선의 풍수』의 서문에도,

> (……) 조선 문화의 성립은 이 사람들이 그 생활의 유지와 발달을 위해 필요하다고 생각하고 믿었던 생활 이상, 즉 생활에 대한 사상신앙에 기반을

1 『民間信仰 第1部 朝鮮の鬼神』, 朝鮮総督府, 1929, 4쪽.

두는 것으로서, 조선의 문화가 다른 문화와 다소 이동(異同)이 있는 것은 그 사람들의 생활에 대한 사상신앙이 다른 문화와 약간 이동이 있기 때문인 것이다. 따라서, 조선 문화를 이해하기 위해서는 이 땅에 생활하고 있었던 사람들의 생활에 대한 사상과 신앙을 살펴보는 것이 가장 타당하다.(……)[2]

라는 대목이 있어, 당시 일본이 조선의 민간신앙 연구를 매우 중요한 사안으로 인식하고 있었음을 엿볼 수 있다.

일본에 의한 조선의 민간신앙 연구는 표면상으로는 조선 그 자체를 대상으로 한 연구조사로서, 조선의 생활 모습, 전통 문화, 종교, 풍습에 관한 지식의 심화를 위한 탐구의 양상을 띠고 있지만, 그 이면에는 조선과 조선인을 철저히 파악해 완벽한 내선일체(內鮮一體)를 이루고자 하는 좀 더 장기적이고도 치밀한 목표와 전략이 포진되어 있는 것으로, 가장 적극적이고 노골적인 형태의 침략자의 모습이 숨어 있다.

그러나 그 목적과 동기가 무엇이었든 간에, 이 방대한 조사자료 안에는, 우리가 미처 인식하지 못했던, 또는 저급하고 천착스러운 것으로 치부해 방기했던 우리 문화의 편린들이 꼼꼼하게 수합 · 재구되고 있음을 부인하기 어렵다. 민간신앙은, 그 본질을 꿰뚫어보면, 가족애과 향토애, 혈연적 · 지역적 공동체의 발전을 위한 적극적인 노력과, 사회적 단위로서 발현되는 생활 이상(理想), 그리고 예술적 · 문학적 요소까지도 발견할 수가 있음에도 불구하고, 서구의 기독교 사상이나 유교적 논리 속에서, 종종 무지몽매로부터 오는 미신, 또는 저급한 문화로 폄하되곤 했던 것이다.

물론, 외세에 의한 조사자료 안에는, 외세에 의한 왜곡이나 외세가

2 『民間信仰 第2部 朝鮮の風水』, 朝鮮総督府, 1931, 1쪽.

노리는 우리의 허점들도 함께 공존하는 것이 사실이지만, 그런 부분들일수록 더욱더 진실을 판별해 선명히 하고, 오히려 반면교사적인 부수적 소득으로서 포용한다면, 우리 문화와 사상의 본질을 탐구하고 이를 특성화하는 연구에 더없이 중요한 자료로 활용될 수 있다고 생각한다.

Ⅱ. [조선총독부 조사자료]의 자료적 성격

1. 성립 배경 및 자료의 구성

일제 강점기에 조선총독부에서는 조선을 영구적으로 식민 통치하기 위한 기반을 철저히 조성하려는 목적으로, 당시의 모든 행정력과 학계를 총동원해 다방면에 걸친 자료조사를 실시했다. [조선총독부 조사자료][3]라는 이름으로 정리된 이 조사보고서는 1920년대 초반부터 1940년대 초에 걸쳐 출판되었는데, 조사 기간을 포함해 고려할 때, 1910년 한일합방이 이루어진 직후에 조사 계획을 수립해 실행에 옮겼던 것으로 생각된다. 전47집에 각각 7, 8백 면에 이르는 방대한 자료의 내용을 모두 살펴보는 것은 많은 시간이 걸리는 작업이겠지만, 우선 조사의 주제를 살펴보는 작업을 통해, 당시의 일본의 입장에서 조사가 시급하다고 판단했던 사안의 흐름을 짐작해 볼 수 있을 것으로 생각된다.

[조선총독부 조사자료] 제1~47집의 성격을 주제 면에서 살펴보면, '외국의 침략전쟁 및 식민통치 사례', '조선의 항일운동', '조선의 상업 및 생활 상태', '조선의 사상 및 관습'에 관한 내용으로, 크게 네 종류로 분

3 논문의 말미(末尾)에 주제 목록을 첨부했음.

류할 수 있다.

'외국의 침략전쟁 및 식민통치 사례'로 분류되는 조사로는 『인도(印度) 통치에 대한 비판』, 『세계 식민지 현세(現世)』, 『독일의 경제적 · 재정적 상태』, 『구독령(旧独領) 화란(和蘭) 통치 개관(전편)』, 『구독령 화란 통치 개관(후편)』, 『영령(英領) 인도의 민족운동』, 『영령 인도의 민족운동(후편)』, 『영령 인도 통치의 현상(現状)과 영국의 이민족 통치정책의 비판』을 들 수 있다.

다음으로 '조선의 항일운동'에 관련된 조사로는, 『1919년의 대폭동』, 『조선의 독립사상 및 운동』, 『내선(内鮮) 문제에 대한 조선인의 목소리』가 있다.

'조선의 상업 및 생활 상태'에 관련된 조사로는, 『조선의 시장(市場)』, 『조선인의 상업』, 『시가지의 상권(商圈)』, 『화전(火田)의 현상(現状)』, 『조선의 계(契)』, 『조선의 요업(窯業)』, 『조선의 물산』, 『조선의 소작(小作) 관습』, 『조선의 시장경제』 등과, 『생활 상태 조사』 1~8까지의 조사자료를 들 수 있다.

마지막으로, '조선의 사상 및 관습'에 관련된 조사로는, 『조선인의 사상과 성격』, 『민간신앙 제1부 조선의 귀신』, 『민간신앙 제2부 조선의 풍수』, 『민간신앙 제3부 조선의 무격(巫覡)』과, 『조선의 점복(占卜)과 예언』, 『조선의 유사종교』, 『조선의 향토신사(鄕土神祀) 제1부 부락제(部落祭)』, 『조선의 향토신사 제2부 석전(釋奠) · 기우(祈雨) · 안택(安宅)』, 『조선의 향토오락』을 들 수 있다.

2. 민간신앙 조사의 경위 및 자료의 성격

조선총독부는 1915년에 「신사(神社) 창립 및 이전 · 합병 등에 관한 규칙」을 정한 후, 경성(京城)에 '조선신궁(朝鮮神宮)'을 지어 이를 '총진수(總鎭守)'로 삼고, 전국의 요지에 신사를 지어 참배를 강요하기 시작했다.

『조선사정(朝鮮事情)』 1922년[4]의 종교 상황에 관한 기록을 보면, 압도적으로 우세했던 기독교와 불교에 비해, 일본의 국가 종교인 신도(神道)의 경우, 천리교(天理教), 금광교(金光教), 신리교(信理教), 대사교(大社教)의 4개 교파에서 포교자를 파견하고는 있지만 신도 수는 극히 소수에 불과했다. 1933년에는 신사(神社)의 수가 50개에 신사(神祀)의 수가 216개로 늘어나고, 10개 교파로 늘어난 포교소와 포교자의 수도 각각 218개소와 410명으로 늘어났지만, 신도 수는 84,200여 명 정도로, 기독교 신도 수가 373,500여 명인 것에 비하면 4분의 1도 안 되는 셈이다. 1936년에 와서, 총독부는 다시 신사규칙의 전면적 개정을 단행해, 관폐대사(官幣大社)인 조선신궁 외에 경성신사, 용두산신사, 대구신사, 평양신사, 광주신사, 강원신사 등을 차례로 국폐소사(國幣小社)로 격앙시키고, 신사의 보급에 박차를 가한 결과, 신도(神道)의 신도 수는 한때 113,200여 명 정도까지 늘어나게 되지만, 1943년에는 다시 78,500여 명으로 감소하게 된다.

이와같이, 일본이 내선일체(內鮮一體)를 위한 사상교육의 중요한 방편으로 여겨 초반부터 정책적 · 지속적으로 추진했음에도 불구하고, 신도의 보급은 용이하지 않았던 것으로 보인다. 물론 기독교 · 불교와 같은 고등종교가 일찍이 세를 얻고 있었기 때문이기도 하지만, 조선 민중의 생활 관습과 사상의 기반을 파고들기에는 신도 그 자체가 지닌 한계가 있었으리라고 생각된다. '국가신도(國家神道)'적인 입장에서 위로

4 『朝鮮事情』, 朝鮮総督府, 1922, 279-280쪽.

부터 강압적인 힘이 작용한다고 해도, 신도는 본래 원시종교 또는 생활종교에 가까운 민간신앙의 양상을 띠고 있기 때문에, 조선 민중들의 저층문화에 자리 잡고 있는 민간신앙과 근본적으로 상충해 경쟁 관계에 놓일 수밖에 없기 때문이다.

이러한 상황을 일찍이 파악한 일본은, 한편으로는 조선신궁을 비롯한 신사의 건축과 신사 참배로 상징되는 천황 중심의 국가신도를 강요하는 정책을 펴나가는 것과 동시에, 한편으로는, 사상조사라는 이름으로 우리의 기층문화의 근간을 이루고 있는 정신문화, 그 중에서도 특히 민간신앙에 관한 연구를 주도면밀하게 진행했던 것이다.

『민간신앙 제1부 조선의 귀신』의 서문에 보이는 다음과 같은 대목에서도, 이 부분을 중요한 연구 현안으로 생각하는 일본의 시각을 엿볼 수 있다.

> (……) 조선의 문화를 올바르게 파악하기 위해서는 조선인의 사상을 이해해야만 될 것이다. 조선인의 사상을 이해하기 위해서는 민간신앙으로부터 출발하는 것이 그 순서이고 자연스러운 방법이다. (중략) 따라서 문화와 민족의 사상을 이해하기 위해서는 그 민족에 공통된 신앙 현상을 찾아내야 하고, 이 공통된 신앙 현상이야말로 실로 소위 말하는 민간신앙일 것이다. (……) 현재 우리들의 눈에 비치는 조선의 생활 · 문화 · 사상의 현상들은 이 비유에 따르면 이파리이고 꽃이다. 이파리나 꽃의 성정(性情)을 이해하고 아름답게 꽃피우기 위해서는 아마도 이 근간을 이루고 있는 저급한 사상, 민간신앙의 연구부터 착수해야 할 것이다. (……)[5]

---

5 「民間信仰 第1部 朝鮮の鬼神」, 朝鮮総督府, 1929, 1쪽.

다음 절에서는, [조선총독부 조사자료] 가운데, 민간신앙 연구에 관련된 자료들을 대상으로, 민간신앙의 유형과 양상이 어떻게 나타나고 있는지 살펴보고, 조선의 민간신앙을 바라보는 당시 조선총독부의 시각에 대해 고찰하고자 한다.

Ⅲ. [조선총독부 조사자료]에 나타난 민간신앙의 양상

1. 민간신앙의 유형 및 양상

(1) 민간신앙 전3부

조선총독부는 조선의 사상에 관한 연구를 무엇보다도 시급한 현안으로 인식하고, 사상 연구의 출발점을 민간신앙 연구에서 찾고 있다. 조선총독부의 촉탁이었던 무라야마 지준(村山智順)은 조선총독부 관방 총무과의 위촉을 받아, 조선의 문화를 파악하기 위한 발판이 되는 사상 연구의 일환으로 민간신앙 연구 전3부를 저술했다. 제1부는 [조선총독부 조사자료] 25집으로 1929년에 간행된 『조선의 귀신(鬼神)』, 제2부는 31집으로 1931년 간행된 『조선의 풍수(風水)』, 그리고 제3부는 36집으로 1932년에 간행된 『조선의 무격(巫覡)』이다.

1) 제1부-조선의 귀신

전3부로 구성된 민간신앙 연구의 제1부로서 귀신에 관한 신앙을 가장 먼저 다루고 있는데, 그 구성을 살펴보면, 우선 크게 제1편 〈귀신(鬼神)편〉과 제2편 〈양귀(禳鬼)편〉으로 나뉜다. 〈귀신편〉에서는 조선에 전해 내려오는 각종 귀신 설화를 수합하고, 귀신에 관한 조선 학자들의 학설이나 민간의 귀신관 등을 통해 조선의 귀신의 관념을 밝히고 있고, 〈양귀편〉에서는 귀신이 사람에게 미치는 영향을 피하기 위한 방귀(防鬼)와 퇴귀(退鬼)를 기본으로 하는 양귀법을 열거하고 있다.

〈귀신편〉의 제1장에서, 예로부터 전해 내려온 대부분의 귀신 설화에 대해 하나하나 검토하고 있는데, 이는 서문에서 밝히고 있듯이, 귀신에 대한 관념을 고찰하기 위해서는, 학자나 논객의 설론(說論)보다도 꾸밈없이 소박한 그대로 다음 세대로 전해져 내려온 고대 설화가 가장 가치 있는 자료이므로, 조선의 민간에서 믿고 있는 귀신 관념의 내용이 흐르고 있는 설화를 수집, 탐구한 이후에 비교적 체계 잡힌 귀신론을 접하는 것이, 조선의 귀신사상을 이해하는 데 가장 자연적이며 오류가 적은 언구 방법이라고 보았기 때문이다.

조사의 범위를 살펴보면, 『삼국사기』, 『삼국유사』와 같은 12~13세기의 역사서에서부터, 『용재총화(慵齋叢話)』, 『해동잡록(海東雜錄)』, 『동국여지승람(東國輿地勝覽)』, 『비관잡기(稗官雜記)』, 『청구야담(靑丘野談)』, 『용천담적기(龍泉談寂記)』와 같은 15세기의 수필, 『팔역지(八域誌)』, 『경도잡지(京都雜志)』, 『동경잡기(東京雜記)』, 『해동역사(海東譯史)』와 같은 17~18세기의 기사 · 풍속록이나 지리지에 이르기까지 시대와 장르를 아우르며 수합된 다양한 설화를 바탕으로 조선의 귀신의 모습을 재구성하고 있다.

여기에서 정리하고 있는 조선의 설화 속에 나타나는 귀신의 모습은 호국귀(護國鬼), 호국신(護國神), 용신(龍神), 사신(邪神), 산신(山神), 지신(地神), 사귀(蛇鬼; 성귀(性鬼)), 친족귀(親族鬼), 귀태(鬼胎), 귀화(鬼火), 가귀(家鬼), 귀복(鬼卜), 귀몽(鬼夢), 귀소(鬼甦), 모령(母靈), 귀교(鬼交), 처녀봉공(處女捧供), 야광귀(夜光鬼), 영귀전생(靈魂轉生)으로 분류되고 있다.

제2장에서는 이익, 김시습, 장계이, 정도전, 서거정과 같은 조선 시대 학자들과 문종(文宗) 임금의 귀신에 관한 언급을 바탕으로 한 '귀신설'과, 민간에 퍼져 있는 귀신의 통념들을 수합하고 정리해, 조선에서의 귀신의 관념을 개괄하고 있다.

제3장에서는 상고 시대 조선에서 귀신을 믿었다는 사실을 알 수 있는 기록들을 『삼국지』, 『후한서』, 『위지 삼한전(魏志三韓傳)』 등과 같은 고서와 고기록에서 찾아 소개하고, 삼한 시대 이후 문헌에 나타나 있는 귀신의 종류들을 시대별로 기술하고 있다.

〈양귀편〉에서는 조선의 방귀(防鬼) · 퇴귀(退鬼)의 풍습과 의미를 설명하고, 풍부한 실례와 사진 자료와 함께 그 구체적인 방법들을 대단히 상세하게 기술하고 있다. 조선에서 행해지는 양귀법의 종류로, 폭력을 가해 귀신을 물러나게 하는 '구타법(毆打法)', 귀신을 놀라게 하고 위압해 떠나게 하는 '경압법(傾壓法)', 불로써 귀신을 격퇴하는 '화기법(火氣法)', 환부를 찌르거나 상처를 내어 귀신을 내쫓는 '자상법(自傷法)', 병을 유발하는 악귀를 묶어서 그 위력을 잃게 하는 '봉박법(封縛法)', 귀신에게 음식물이나 의복 등을 향공(饗供)해 피해를 면하려는 '공물법(供物法)', 귀신에게 공경을 표하고 순종함으로써 명벌(冥罰)을 면하려는 '공순법(恭順法)', 악귀와 병마를 쫓기 위해 주문을 외우거나 부적을 쓰는 부적법(符籍法), 다른 무언가의 힘을 빌려 병귀를 퇴산하려는 차력법(借力法), 음식으로써 병마를 퇴치하려는 음식법(飮食法) 또는 약물법(藥物法), 조상의 분묘의 상태를 바꿈으로써 병기와 악운을 물리치려는 고묘법(顧墓法), 귀신이 혐기하고 두려워하는 색 · 소리 · 향 · 맛 · 감촉으로 귀신을 퇴산하는 오감법(五感法), 그 밖에도 접촉법(接觸法), 차단법(遮斷法), 음양법(陰陽法), 광명법(光明法), 매매법(賣買法), 십자법(十字法) 등으로 분류하고, 조선 각지에서 수집된 각각의 구체적인 내용들과 실례들을 열거하고 있다.

2) 제2부-조선의 풍수

민간신앙 연구의 제2부 『조선의 풍수』는 〈조선의 풍수〉, 〈묘지풍수〉, 〈주거풍수〉의 3편으로 구성되어 있다. 〈조선의 풍수〉에서는 풍수의 목적과 의의를 설명하고, 풍수의 술어(術語) 및 법술(法術)의 구체적인 내용과 풍수의 유형 등을 지형도와 함께 상세하게 기술하며, 풍수에서의 음양오행설(陰陽五行說)의 응용에 관해 고찰하고 있다. 〈묘지풍수〉에서는 묘지풍수의 개념과 조선의 분묘(墳墓)와 장법(葬法)에 관련된 내용을 기술하고, 선사 시대의 고인돌에서부터, 낙랑, 삼국, 가야, 고려의 고분(古墳) 및 조선의 왕릉(王陵)에 이르기까지, 묘제(墓制)의 특징을 조사해 시대별로 정리하고 있다. 또한, 묘지풍수신앙의 유래 및 소응(所應), 즉 묘지풍수와 관련해 전해져 내려오는 실증적 사실들을 소개하고, 이러한 묘지풍수신앙이 사회에 미치는 영향에 대해 암장(暗葬)과 금장(禁葬), 범죄와 쟁송(爭訟)의 문제점을 들어 기술하고 있다. 마지막으로 〈주거풍수〉에서는 수도와 성곽, 도읍지, 주택 등과 관련한 풍수에 관해 상술하고, 풍수의 길흉에 따른 이거신앙(移居信仰)에 관해 이주민의 실태를 조사한 통계를 첨부해 고찰하고 있다.

3) 제3부-조선의 무격

당시 총독부 관방 문서과장이었던 하기와라 히코조(萩原彦三)는 민간신앙 연구 제3부 『조선의 무격』의 서문에서, 다음과 같이 말하고 있다.

> (……) 조사자료 제36집 『조선의 무격』은 촉탁 무라야마 지준에 의해 조사된 조선 민간신앙의 일부를 이루고 있는 것으로서, 현재 조선의 민

간에 행해지고 있는 숭신무속(崇神巫俗)의 대요(大要)를 기술한 것이다. 이들 민간신앙, 그 중에서도 무격신앙은 조선 민간 대중의 정신 생활을 크게 지배하고 있는 것이기 때문에, 이 조사서는 조선의 문화, 특히 조선 민중의 생활 의식 및 사상 경향을 엿보는 데에 다소 참고가 될 것이다.(……)[6]

서문의 내용으로 보아, 조선 민중에 대한 정신적 지배의 근간을 이루는 사상교육을 수행해야 하는 일본의 입장에서 볼 때, 조선의 민간 대중에 뿌리내리고 있는 무격신앙은 상당한 부담이 되었으리라는 것을 짐작할 수 있다. 조사를 맡은 무라야마의 서언을 통해서도, 이러한 일본의 입장에 대해 다시 한 번 확인할 수 있다.

(……) 그렇기 때문에 조선의 무격은 한편으로 조선 고래의 문화를 엿볼 수 있는 것으로서 고구(考究)의 대상이 될 뿐만 아니라, 한편으로 자칫 잘못하면 빠지기 쉬운 반사회적인 사건들을 어떻게 감시할 것인가와 더불어, 이 무격신앙을 통해 표현되는 조선사회의 생활상을 돌아보고, 어떻게 이에 대한 대책을 강구해야 할 것인가의 문제를 제시해 주고 있는 것이므로, 이것에 대해 충분한 강구와 진중한 고려를 기울여야 한다는 사실을 잊어서는 안 된다. (……)[7]

범례에 조사자료의 대부분을 전국 각지의 경찰서의 손을 빌려 얻어낸 보고에 의존하고 있다는 언급이 있는 것으로 보아, 일본이 조선 전역에 분포되어 있는 무격신앙을 조사하기 위해 행정력을 동원했다는

---

6 『民間信仰 第3部 朝鮮の巫覡』, 朝鮮総督府, 1932, 序.

7 『民間信仰 第3部 朝鮮の巫覡』, 朝鮮総督府, 1932, 2쪽.

사실을 알 수 있다. 이러한 사실을 통해서도, 일본이 당시 조선의 민간에 널리 행해지고 있던 무신숭배 사상에 대해 단순히 저급한 미신사상으로 간과하지 않고, 조선의 영구 지배를 위한 가장 시급하고도 근원적인 문제의 하나로서 경계하고 있었음을 알 수 있다.

이와같이, 철저한 지배 논리를 바탕으로 필요에 의해 조사에 착수한 일본은 행정구역별 무업자(巫業者)의 분포도에서부터, 무격용 기도경문(祈禱經文) 및 사진 자료의 수집에 이르기까지, 조선의 무격신앙의 전모를 상세히 파헤치고 있다.

제1장에서 무업자의 수와 신분, 연령 등을 조사하고, 이들의 전국 분포 상황을 전국 도별 분포도와 전국 군별 분포도로 나타내고 있는데, 이 중 무격의 수가 가장 많은 것으로 조사된 곳은 경기도와 전라남도로, 별도로 경기도 군별 분포도와 전라남도 군별 분포도로 상세히 밝혀놓고 있다.

제2장에서는 당시 조선 각지에서 통용되고 있었던 무격의 호칭에 대해 그 종류와 분포 상황을 조사한 후, 문헌의 기록상에 보이는 무격의 호칭까지도 상세히 정리해 놓고 있다. 조사에 따르면, 무격의 호칭은 무격의 성별, 신분, 지위나 무업의 종류, 또는 지방에 따라서도 달라지며, 일반인과의 관계에 따라서도 달라지는 것으로, 다음과 같은 호칭들이 기술되고 있다.

〈여무(女巫)의 호칭〉

만신(萬神) · 선관(仙官) · 법사(法師) · 무녀(巫女) · 무자(巫子) · 신선(神仙) · 무녀(舞女) · 절네(殿內에서 유래된 말) · 슨질(또는 슨무당) · 신무(神巫) · 영신(靈神) · 독경자(讀經者) · 무인(巫人) · 명도(明道) · 점장(占匠) · 당골(전속 관계를 의미하는 단골무당의 축약) · 돌팔이 · 보살,

보사리(菩薩) · 기수(祈手) · 선걸니(善乞尼) · 선무당(宣巫堂)

〈남무(男巫)의 호칭〉

박슈(博手, 博數, 博士 등으로 씀. 박사(博士)는 복사(卜師)에서 유래한 것으로 봄) · 복술(卜術, 福術) · 복사(卜師) · 복도(卜禱) · 경사(經師) · 경객(經客) · 독경자(讀經者) · 통경자(誦經者) · 경쟁이 · 점쟁이(占長, 占匠) · 무부(巫夫) · 무남(巫男) · 재인(才人) · 공인(工人) · 화랑(花郎) · 광대(廣大) · 신장(神神, 長將) · 신객(神客) · 술객(術客) · 신방(神房) · 무장(巫長) · 신청(神廳) · 복술스승(卜術先生) · 무장님(巫丈任) · 장님(丈任) · 경문반(經文伴) · 경장(經丈) · 점장(占丈) · 명두(鳴頭) · 훈장(訓長) · 석사(碩士) · 축사(祝邪)

제3장에서는 이러한 무업자들이 무격이 된 '성무(成巫)'의 동기와 그 과정을 조사해 밝혀놓고 있고, 제4장에서는 무행신사(巫行神事)의 종류와 구체적인 관행의 내용을 상세히 기술하고 있다. 제5장에서는 무의(巫儀), 즉 무도(巫禱) 의식(儀式)의 관념과 그 절차에 대해, 각지에서 수집한 실례를 들어 개략적인 것을 기술하고 있다.

제6장에서는 무격신앙의 수요와 신뢰의 요인, 지역별 신무의 상황, 그리고 무격신앙에 의해 결속된 신무자들로 이루어진 일종의 종교단체인 '단골제'에 대한 지역별 조사 내용을 기술하고, 제7장에서는 무격신앙이 조선사회에 미치는 영향에 대해, 공(功)과 화(禍), 즉 호과(好果)와 폐해(弊害)의 양면에서 고찰한 후에, 특히 전국 각지에서 조사된 무폐(巫弊) 상황의 실례들을 모아 적록(摘錄)하고 있다.

마지막으로 제8장에서는 무업자들이 기도 및 점복에 사용하는 무구(巫具)와 무경(巫經)들을 소개하고, 특히 무경에 관해서는 '기도경문집'

이라는 부록편을 따로 두어 31가지의 각종 기도경문을 첨부하고 있다.

(2) 그 밖의 관련 자료

민간신앙 전3부의 이후에도, 무라야마 촉탁에 의한 조선의 기층문화 연구는 지속적으로 추진되어, 식민지 정책의 기저를 다지는 데 상당한 역할을 수행하고 있다.

조선의 사상조사의 일환으로 진행된 총독부의 조사자료에는 전술한 민간신앙 연구 외에 제37집 『조선의 점복과 예언』(1933)이 있고, 『조선의 향토신사(鄉土神祀)』 전2부가 있다. 제1부 『부락제(部落祭)』(1937)와 제2부 『석전(釋奠) · 기우(祈雨) · 안택(安宅)』(1938)으로 구성되어, 각각 총독부 조사자료 제44집과 제45집으로 간행되었다.

1) 조선의 점복과 예언

이 조사는 당시 민간에서 행해지고 있는 점복의 습속을 살펴볼 목적으로, 삼국 시대로부터 1930년대에 이르기까지 점복과 예언의 습속에 관한 자료들을 문헌조사와 현장답사를 통해 수합한 것이다.

제1장에서는 점복 습속의 추세에 관해 주로 문헌조사를 바탕으로 시대별로 정리하고 있다. 신라의 명장 김유신의 여동생 문희가, 언니 보희가 꾼 꿈을 사서 태종무열대왕의 왕비 문명황후가 되었다는 유명한 설화는 '몽점(夢占)'의 예로서 소개되고 있고, 신라 경덕왕 때 두 개의 해가 뜬 천변을 빌기 위해 월명사를 청해 '도솔가(兜率歌)'를 지어 바쳐 재앙을 면한 것과, 수로부인이 해룡에게 납치되었을 때 노래를 합창해 되찾은 것, 그리고 원효대사가 노래를 불러 요석공주와 혼인하게 된 것과, 백제 무왕이 선화공주를 얻기 위해 노래를 지어 퍼뜨린 것 등은 노래로써 장래를 암시하는 '요참(謠讖)'의 예로 소개하고 있다.

제2장에서는 점복을 하는 자에 대해, 직업적 전문성을 기준으로 한 분류와, 점복의 종류를 기준으로 한 분류로 나누어 살펴보고 있다. 전자의 경우 점복을 전업으로 하는 전문업자, 점복을 부업으로 하는 부업점자, 그리고 호사적, 학문적 또는 전통적 영향으로 점복을 행하는 자의 세 종류로 정리하고, 후자의 경우 천문을 점치는 자, 지리를 점치는 자, 신려(神慮)를 점치는 자, 꿈을 점치는 자, 인상지리를 보는 자, 날을 점치는 자, 사물의 변화로 점치는 자 및 국운을 예언하는 자를 들고 있다.

제3장에서는 해, 달, 별, 무지개, 구름, 바람, 눈, 서리, 이슬, 노을, 천둥, 물, 얼음, 지진, 산, 암석, 섬, 빛, 불 등의 자연의 모습을 살피는 자연관상점(自然觀象占)의 습속에 관해 상세히 기술하고, 제4장에서는 동물, 식물, 기물 및 의식주에 의한 점복과 인사(人事) 및 인상(人相)에 의한 점복 습속을 기술하고 있다. 제5장에서는 몽점의 풍습과 이치, 몽점을 푸는 방법과 진몽법(鎭夢法) 등, 꿈과 점과의 관계를 설명하고 몽참(夢讖), 몽조(夢兆)의 내용을 상술하며, 제6장부터 제9장까지는 신비점, 인위점, 작괘점, 관상점의 유래와 종류 및 내용에 관해 기술하고 있다. 제10장에서는 상지법(相地法)에 대해, 조선 민간신앙계에서 단연 왕좌를 차지하고 있다는 표현으로 그 중요성을 강조하며, 전술한 『조선의 풍수』의 내용과 연계해 그 개요를 다시 한 번 기술하고 있다. 마지막으로 제11장에서는 도참(圖讖)과 예언(預言) 사상에 관해, 조참(兆讖)과 요참(謠讖)으로 나눠 삼국 시대 이후의 다양한 문헌 자료를 발췌해 적록하고 있다. 특히, 예언을 하거나 도참을 작위한 인물들을 예언자라고 하여, 고도녕, 최치원, 감우팔원, 도선, 원각, 백악의 야차, 이승, 채동지, 정여립, 허균에 관한 기록을 소개하고, 예언서의 작자들로는 무학, 남사고, 정감, 정북창, 이토정, 그리고 의상대사와 서산대사의 이름을 열거하고 있다.

2) 조선의 향토신사 제1부–부락제

1937년 당시의 총독부 관방 문서과장 이하라 게이치로(井坂圭一郎)는 조선의 향토신사 제1부로 간행된 『부락제』의 서문에서, "『부락제』는 무라야마 촉탁이 사상에 관한 조사를 하던 중에 당시의 지방 향토에서 행해지고 있던 경신사상(敬神思想)에 관한 실상을 조사한 것이며, 민중의 심전(心田) 개발에 그 경신 관념의 함양 및 애향 정신 진작의 측면에서 참고하도록 할 만하다고 믿는다"라고 말하고 있다. 제1장에서 부락제의 개념에 관해 실례와 현행 비율들을 첨부해 개관하고, 제2장에서는 부락제의 제명(祭名)과 제신명(祭神名)의 종류를 명칭표를 첨부해 기술하고, 신역(神域), 신당(神堂), 신단(神壇)의 규모에 관해 설명하고 있다. 또한, 제신(祭神)과 신역(神域), 제사(祭祀)에 관한 전설들을 수합해, 그 유래를 밝히고 있다. 제3장에서는 부락제의 제사와 관련된 세부적인 내용들, 즉 제관(祭官)의 선정에서부터 제사 전에 제관이 지켜야 할 치재(致齋)와 금기(禁忌) 사항들, 제물(祭物) 및 음복(飮福)에 관한 것과 제장(祭場), 제의(祭儀), 참례자 및 제사 시각에 대한 것까지 상세하게 기술하고 있다. 이 밖에 제사를 올리는 시기(祭期, 祭季, 또는 祭日)와 비용 등에 관한 내용을 제4장에서 다루고, 제5장에서는 실제로 행해지고 있던 각종 동제(洞祭)와 동회(洞會)에 관한 조사 내용을 정리하고 있다. 마지막으로, 각지에서 행해지는 동제의 주문(呪文)들을 조사해 부록으로 첨부하고 있다.

3) 조선의 향토신사 제2부–석전 · 기우 · 안택

조선의 향토신사 제2부에 해당하는 『석전 · 기우 · 안택』에서는, 제1부에서 조사되었던 부락제 이외의 향토신사에 관해 다루고 있다. 석전 · 기우 · 안택에 관련된 것 외에도 다양한 제사에 관해 다루고 있지만, 특히 이 세 가지를 표제로 내세운 이유에 대해서는 다음과 같은 언급이 있다.

> (……) 석전(釋奠)은 예로부터 양반 유생이라는 사회의 상층 계급 사이에서 교학풍화(教學風化)의 근본으로서 지원되어 왔기 때문에, 향토제사 가운데 가장 완비된 유례의식(儒禮儀式)을 보유하고 있어 사회 교화상의 영향이 적지 않으며, 기우제(祈雨祭)는 예로부터 농업을 경제 생활의 근본으로 삼고, 천수(天水)의 많고 적음이 풍흉(豊凶)의 열쇠가 되었던 조선에서, 관과 민이 함께 지대한 관심을 기울이는 만큼 그 제의(祭儀)에도 온갖 신사(神事)가 종합되어 있음을 볼 수 있다. 그리고 안택(安宅)은 가족 중심주의, 가정 중심의 생활을 지지해 온 조선의 생활 특색에 따라 개인제 가운데 그 보급이 가장 넓고, 또한 그 제의(祭儀) 안에 조선 고유의 색채를 다분히 포함하고 있는 점에서, 각각 조선 향토 제사를 대표하는 것으로 생각되었기 때문에, 이 삼자를 부락제 이외의 향토 제사를 대표해 제2부의 표제로 삼았다. (……)[8]

당시 조선의 전국 각지에서 행해지고 있던 공동제(共同祭) 및 개인제(個人祭) 일반에 관해 그 현황을 조사하고 또한 그 연혁을 알아보는 데 자료가 될 만한 문헌들을 첨부하고 있는데, 크게 〈공동제〉 편과 〈개인제〉 편으로 나뉜다. 〈공동제〉 편에서는, 공동제의 유형을 문묘제(文廟祭), 사원제(祠院祭), 기우제(祈雨祭), 수호제(守護祭), 방역제(防疫祭), 시장제(市場祭)로 정리하고, 각각의 유래와 향사자(享祀者) 및 제의 등에 관해 개관하고 있다. 〈개인제〉 편에서는, 개인제의 목적과 개인제의 제

8 『朝鮮の郷土神祀 第2部 釋奠 · 祈雨 · 安宅』, 朝鮮総督府, 1938, 2-3쪽.

신(祭神), 제주(祭主), 제물(祭物), 제의(祭儀)에 관한 상세한 기술과 함께, 각 도에서의 개인제의 개황을 첨부하고, 용왕제(龍王祭), 풍신제(風神祭), 농신제(農神祭), 산신제(山神祭), 성황제(城隍祭), 국사제(國師祭), 제액제(除厄祭), 향산제(香山祭), 성공제(成貢祭), 칠성제(七星祭)의 예를 들어 그 개요를 적록하고 있다. 부록으로 향토신사 자료 문헌을 모은 문헌편을 첨부하고 있다.

2. 조선의 민간신앙을 바라보는 조선총독부의 시각

무라야마는 조선에서 민간신앙이 활약하게 된 원인에 대해, 조선 민중이 지니고 있는 내외 2대 약점으로부터 기인한다고 기술하고, 내적 약점이란 "본래의 성질 자체가 공고한 통일 사회를 이루지 못하고 서로 반목 · 대립했던 점"이며, 외적 약점이란 "지리적 위치가, 북방이 대륙에 접하고 동서남 3면은 바다에 둘러싸인 일개 작은 반도에 지나지 않아서 예로부터 수차례에 걸친 외구의 침략을 피하지 못했던 점"이라고 설명하고 있다. 이러한 약점 때문에, 조선은 항상적인 평화의 꿈을 이루지 못하고, 불안 속에서 그 생활을 영위해야 했기에, 자기 일족이나 동향의 사람 이외에는 믿거나 의지하지 않고, 적으로서 경계해야 했다는 것이다. 또한, 외세로부터 침략과 박해의 위협을 되풀이해서 겪어야 했던 사람들에게 생활의 안전을 보장해 주는 것은 인력에 의해서는 불가능해지므로, 인력에 의뢰할 수 없는 부분을 결국 인력 이외의 불가사의한 힘에 의지하려고 한다고 설명한다.

그리하여 조선 민중은 그 의뢰의 대상을 '귀신'과 '천지(天地)의 생기(生氣)' 두 가지에서 찾고, 이것에 의해 생활 보장의 목적을 달성하고자 했다고 해석하고 있다. 이러한 경위로, 귀신신앙이 활약하고, 점복과 무격의 신앙이 등장하며, 풍수신앙이 조선에서 중요한 역할을 하기에 이르렀다고 보고 있는 것이다. 특히, 귀신신앙과 점복신앙에 대해서는 인생을 숙명적 · 운명적으로 보는 신앙적 인생관에서 출발한 것으로 보고, 조선 민중의 정신 생활을 특징짓는 본질적 요소는 "자력갱생의 기력의 결여"이며, 이것을 "전통의 힘에 속박되어 운명관 · 숙명관의 인생관으로부터 해방되지 못하는 이유"로 들고 있다.

한편, 무격신앙에 대해서는 그 대중적 지지 기반의 공고함으로 인해 좀 더 적극적인 경계 의식을 드러내고 있다. 조선 각지에 고루 분포되어 있는 무업자의 수와 소재를 파악하고 민간에 끼치는 지대한 사회적 영향력에 대해 촉각을 곤두세우고 있었던 것으로 보인다.

> (……) 조선 민간신앙계에 단연 유세의 지위를 점하고, 조선 민서(民庶)의 생활에 큰 작용을 하고 있는 것에 무격신앙이 있다. 유구(悠久)한 왕석(往昔)으로부터 조선문화의 근간을 이루어 오고, 현재에도 거의 조선 전도 사람들에게 의식적으로 또는 무의식적으로 지지 · 요구되어, 확실하게 대중의 정신 생활을 지지하고 있는 것이기 때문에, 조선문화의 특질이 어떠한 것인가를 엿보기 위해서도, 또는 조선 민중의 생활 의식, 사상 경향 등의 정신 생활을 요해(了解)하는 데도 대단히 중요한 자료임은 말할 것도 없다. 특히 이 무도신앙이, 자칫 잘못하면 맹신에 빠져, 그 결과 반사회적인 행위나 비위생적인 소업을 감행해, 또는 용비(冗費) · 유뢰(遊賴) 등의 비생산적인 기풍을 선동해, 마침내 민중을 생활고의 구렁텅이에서 신음하게 만들 경향이 있어, 이를 단순한 일부 우민(愚民)의 미신에 불과한 것으로 간과하도록 내버려둘 수 없다.(……)[9]

9 『民間信仰 第3部 朝鮮の巫覡』, 朝鮮総督府, 1932, 1쪽.

이처럼, 조선총독부의 조사자료에 나타난 조선의 민간신앙은 표면적으로는 "자력갱생의 기력을 잃고 오직 불가사의한 힘에 의해서만 좌우되는 운명과 숙명에 인생을 맡긴 채, 양귀(禳鬼)로써 재화(災禍)를 제거해 행복을 구하려는 소극적 생활 유지의 욕구", 또는 "무지, 비위생, 생활고 및 오락의 결핍의 발로"와 같이 왜곡되고 있는 부분이 적지 않다. 그러나 조선의 민간신앙을 바라보는 일본의 시각이, 한낱 운명론적 미신으로 간과하는 데 머물렀다면, 그토록 방대한 작업이 오랜 시간에 걸쳐 진행되지는 못했을 것이다. 표층에 나타나 있는 왜곡된 모습에도 불구하고, 그 심층의 저변에는 외세가 두려워하고 경계하고자 했던 민간신앙의 본질적 요소가 존재하고 있으며, 그들도 분명 이러한 사실을 간파하고 있었던 것으로 생각된다.

민간신앙의 본질이 가시화한 형태의 전형은 '신사(神祀)', 즉 신에게 올리는 제사라고 할 수 있는 만큼, 조사자료에는 이러한 제사의 양상을 관찰해 기술한 내용이 상당히 많은데, 다음과 같은 기술에서 그 특질이 극명하게 드러난다.

> (……) 이들 제사가 넓은 의미에서 제재초복(除災招福)에 있다는 것은 특별히 내세워 말할 필요도 없지만, 개인제든 공동제든 간에, 그것들을 통해 알 수 있는 사실은, 제사의 목적이 일개인의 제재초복보다도 가정, 부락, 향토와 같이, 크고 작음의 차이는 있지만, 아무튼 사회를 본위로 하고 있다는 것이다. 다시 말해서, 가신제의 대부분은 일가일족의 안녕 행복을 비는 것이고, 공동제의 주가 되는 부락제 내지는 수호제 등은 모두 촌락의 무재 안전을 그 목적으로 하며, 기우제와 같이 향토적인 것은 일향의 풍양(豊穰)을 염원하는 것이고, 또한 사원(祠院), 문묘(文廟)와 같이 종래 일부 유식(有識) 계급에게 점유되어 일반 민중과는 교섭하지 않았던

세상을 보여 주는 것도, 원래는 그 본래의 사명은 사회적 교화를 진작하는 행위로서, 한결같이 사회적 성질을 벗어난 것은 찾아볼 수 없는 것이다.(……)[10]

요컨대, 조선 민중의 정신 세계에 머물러 있는 사상 · 신앙이, 내면을 벗어나 외형을 지니고 가시화할 때, 사회적 · 집단적 형태를 띠게 되고, 이것이 공동체적인 행사로서의 공력(公力)을 발휘할 수 있다는 점에 착목(着目)하고 있는 것이다.

(……) 이 부락제가 조선의 향토에서 사회적인 행사로서 적지 않은 의의를 갖는다고 하는 것이다. 그것은 이 부락제가 공동 사회적 친목을 이루는 계기이며, 동시에 최고의 공동적인 향토오락이 되고 있다는 점이다. 부락제는 동을 단위로 한 제사이기 때문에, 그 규모는 결코 크지 않다. 그러나 소수일지언정 그 동민이 공동 일치해 이것으로 일어나고, 한 곳에 모여 음복(飮福)하고 이것을 기회로 동회를 열고, 이 음복을 나누고자 친족지기와 회식을 하는 등, 그야말로 사회 공동에 있어 유의의한 것이라고 말할 수밖에 없다.(……)

(……) 특히 동족 결합이 강한 조선에서, 그 성족(姓族)을 초월해 친목을 도모하는 것은, 부락제의 기회에서 그 공력이 발휘되어, 신의 정원에서 열리는 음복의 자리에서 비로소 그 즐거움을 함께할 수 있는 것이다. 이 음복과 신락(神樂)은 부락의 사람들 내지는 일향의 사람들에 의해 기대된다. 이 기대는 요컨대 향토에서의 오락의 만족이다.(……)[11]

---

10 『朝鮮の鄕土神祀 第2部 釋奠 · 祈雨 · 安宅』, 朝鮮総督府, 1938, 379-380쪽.

11 『朝鮮の鄕土神祀 第1部 部落祭』, 朝鮮総督府, 1937, 474-475쪽.

이와같이, 부락제나 기우제, 석전과 안택 등의 신사(神祀)나 제사 의식에 대해 사상 · 신앙의 문제로 인식하는 한편으로, 공동 사회적 친목도모의 기능과 최대의 향토오락적인 의의를 간과하지 않고 있다. 이러한 조선의 향토신사 의식을 바라보는 일본의 시각은 매우 미묘한 것이어서, 이 문제를 어떻게 지도하고 통제할 것인가를 고민하는 모습을 엿볼 수 있다. 결어 부분에 보이는, "이것을 누습미신(陋習迷信)으로서 배척 · 탄압하면 제사는 없앨 수 있겠지만, 동시에 생활 의욕과 표현의 자유를 빼앗겨 의기소침해지거나, 혹은 한층 미신적 방면으로 치달을 수 있다"라는 신중한 언급을 통해서도, 이러한 향토신사가 조선 민중의 생활 의식으로서의 역할을 굳건히 하고 있었다는 것과, 이 점을 일본이 충분히 숙지하고 있었다는 것을 짐작할 수 있다.

> (……) 조선의 향토신사도 예로부터의 전통인 이상, 이 또한 전통의 일반적 성질을 갖고 있는 것임에 틀림없다. 따라서 개변(改變)할 수 있는 요소인 표현, 즉 제사의 방식이나 행사 등에는 많은 개변이 가능할 것이다. 따라서 종래의 행사가 일반적으로 고루한 미신 행위로 간주되는 오늘날, 적당한 지도를 한다면, 이것이 개변, 즉 오늘날의 합리적인 상식으로 긍정할 수 있는 것으로의 선도는 그다지 어려운 일이 아닐 것이다. (……)
>
> (……) 만약 적당한 연구와 지도를 첨가해 이 향토신사를 잘 살려 나간다면, 이것은 머지않아 신생활(新生活) 전개를 향한 기초가 되고, 동시에 또한 이 신생활 전개를 원활히 추진할 수 있게 하는 커다란 힘이 될 수도 있을 것이다.[12]

12 『朝鮮の鄕土神祀 第2部 釋奠 · 祈雨 · 安宅』, 朝鮮総督府, 1938, 383-384쪽.

이 밖에도, "신락(神樂)과 같은 향토적 오락에는 적당한 지도와 통제가 필요하다. 근년에 그 현저한 쇠폐를 불러온 것은 이 지도와 통제를 잊고 있었기 때문이 아닐까"라든가, "조선의 부락제는 금후에도 충분히 검토되어야 하는 것이다" 등의 언급을 통해, 이러한 부분을 지도하고 통제해야 할 대상으로 보고, 이를 연구하고 선도해 활용할 방법을 모색하고 있었음을 알 수 있다.

그런가 하면, 특히 "혈족 중심의 사회성과 가장 전제(家長專制)의 가족제"를 조선의 문화적 특색으로 인식하며, 이 특질이 가장 잘 드러나 있는 것이 풍수사상, 그 중에서도 묘지 풍수사상이라고 보고 있다.

> 자손의 번식과 일가의 흥륭을 희망하는 것은 특히 조선의 사람들에게 국한된 것이 아니라, 어느 민족 누구도 모두 이러한 욕구가 없는 것이 없으나, 조상과 부모의 유해(遺骸)를 길지(吉地)에 매장함으로써 그 목적을 이루고자 하는 데 열렬한 것은, 다른 데서는 그다지 그 예를 찾아볼 수 없는 특색이다. 이것은 자기 혈족 이외의 사람을 신뢰하지 못했던 조선사회성의 특질에 유래하는 것으로, 생활의 보증은 부모 내지는 가장의 지위에 있는 존속에 의해 주어진 조선 가족 제도의 특성에 귀결되어야 하는 것이다. 이 혈족 중심의 사회성과 가장 전제의 가족제는 조선의 긴 역사를 장식하는 일관된 특색으로, 조선문화의 제양상은 실로 이 사회적 특질 밑에서 싹튼 것이다. 그리고 이 특질을 가장 잘 표현하고 있는 것이 조선의 풍수신앙, 특히 묘지 풍수신앙이다.[13]

즉, '조상과 부모의 유해를 길지에 매장함으로써 자손의 흥륭(興隆)을

13 『民間信仰 第2部 朝鮮の風水』, 朝鮮総督府, 1931, 4쪽.

희망하는', 조선 특유의 사상 · 신앙의 원인을, 혈족 중심의 사회성과 가장 전제의 가족제에서 찾고 있는 것이다. 풍수사상에 대해서는 다른 문화에 비해 그 지지의 강고성(强固性)과 광범성(廣範性)을 인정하고, 특히 크게 주목하고 있었던 것으로 보인다. 일본은 조선의 풍수신앙이 그토록 오랫동안 널리 지지되어 온 이유를, 가장 근본적 생활 요구에 부응한, 가장 직접적 생활 이상의 표현이기 때문으로 보고, "조선의 풍수는 조선반도에 그 생활을 영위해 온 사람들의 생활 이상(理想)이며, 더 좋은 생활을 이루고자 하는 사상"이라고 해석하고 있다. 풍수신앙이 조선 민중의 생활 이상의 근간을 이루고 있다는 사실을, 일본이 조사를 통해 충분히 인지하고 있었음을 알 수 있는데, 이러한 점에서, 후에 풍수학을 이용한 지명의 개명 등으로 나타나는 고도의 침략 전술에 대한 개연성을 찾을 수 있다고 생각된다.

Ⅳ. 맺음말

이상, [조선총독부 조사자료]에 나타난 조선의 민간신앙의 양상과 이에 대한 일본의 시각에 관해 고찰한 바를 기술했다.

외세의 시각으로 바라본 조선의 민간신앙에는 '소극적 운명론' 또는 '무지몽매함에서 비롯된 미신'으로 폄하되거나 왜곡된 부분도 있지만, 그들이 주목하고 경계할 수밖에 없었던 본질적인 특질 또한 여실히 드러나 있다. 민간신앙의 근저를 이루는 것은 끊임없이 행복을 염원하며 더 나은 생활을 영위하고자 하는 생활 이상의 발현이자, 가족애와 향토애를 바탕으로 한 사회적 행위이며, 혈성(血姓)을 초월한 지역 공동체의 결속을 공고히 하는 친목과 오락의 장이기도 한 것이다. 이러한 특질들이 유구한 세월을 지나며 우리의 기층문화의 본질을 이루고 있어, 외래문화와의 접점에서 극명하게 부각될 수밖에 없었던 것이다.

민간신앙은 대중사상의 근간을 이루면서도, 좀 더 고급한 사상과 신앙의 견지에서는 항상 저급한 것으로 간주되기 마련이다. 그러나 이러한 사상이 확고한 대중적 지지를 받으며, 삶의 신조가 되고, 사회 활동의 원동력이 되어, 문화와 사상을 꽃피우는 지반을 제공해 온 것도 사실이다. 민족 고유의 사상과 신앙은 돌연히 비약적으로 발생하거나 진보하는 것도 아니며, 쉽게 동요하거나 소멸되는 것도 아니므로, 오랜 세월을 통해 우리 문화의 일부분을 형성해 오고 있는 부분인 만큼, 한국 문화의 특성을 탐구(探究)하는 과정에서, 이러한 부분에 관한 좀 더 면밀한 연구조사가 이루어져야 한다고 믿는다.

〈참고 문헌〉

『朝鮮現世便覽』, 朝鮮総督府, 1935-1939.

『朝鮮の将来(宇垣総督の演説)』, 朝鮮総督府, 1934.

『朝鮮における宗教及び享祀一覽』, 朝鮮総督府, 1932.

『朝鮮総督府統計年譜』, 朝鮮総督府, 1921-1937.

『朝鮮事情』, 朝鮮総督府, 1922-1944.

『통계로 다시 보는 광복 이전의 경제 · 사회상』, 통계청, 1995.

[조선총독부 조사자료] 목록

(1) 一九一九の埃及大暴動, 1923.

(2) 朝鮮に於ける内地人, 1923.

(3) 印度統治に対する批判, 1924.

(4) 世界植民地現勢, 1924.

(5) 独逸の経済的及び財政的状態, 1924.

(6) 阪神 · 京浜地方における朝鮮人労働者, 1924.

(7) 朝鮮に於ける支那人, 1924.

(8) 朝鮮の市場, 1924.

(9) 旧独領波蘭統治概観(前編), 1925.

(10) 朝鮮の独立思想及運動, 1924.

(11) 朝鮮人の商業, 1925.

(12) 内鮮問題に対する朝鮮人の声, 1925.

(13) 旧独領波蘭統治概観(後編), 1925.

(14) 市街地の商圏, 1926.

(15) 火田の現状, 1926.

(16) 朝鮮の群衆, 1926.

(17) 朝鮮の契, 1926.

(18) 朝鮮の窯業, 1926.

(19) 朝鮮の物産, 1927.

(20) 朝鮮人の思想と性格, 1927.

(21) 朝鮮の言論と世相, 1927.

(22) 朝鮮の人口現象及附図, 1927.

(23) 朝鮮の犯罪と環境, 1928.

(24) 朝鮮の災害, 1928.

(25) 民間信仰 第1部 · 朝鮮の鬼神, 1929.

(26) 朝鮮の小作慣習, 1929.

(27) 朝鮮の市場経済, 1929.

(28) 生活状態調査 其1 · 水原郡, 1929.

(29) 生活状態調査 其2 · 済州島, 1929.

(30) 英領印度の民族運動, 1930.

(31) 民間信仰 第2部 · 朝鮮の風水, 1931.

(32) 生活状態調査 其3 · 江陵郡, 1931.

(33) 英領印度の民族運動(続篇), 1931.

(34) 生活状態調査 其4 · 平壌府, 1932.

(35) 外人の観たる最近の朝鮮, 1932.

(36) 民間信仰 第3部 · 朝鮮の巫覡, 1932.

(37) 朝鮮の占卜と予言, 1933.

(38) 生活状態調査 其5 · 朝鮮の聚落(前編), 1935.

(39) 生活状態調査 其6 · 朝鮮の聚落(中編), 1933.

(40) 生活状態調査 其7 · 慶州郡, 1934.

(41) 生活状態調査 其8 · 朝鮮の聚落(後篇), 1933.

(42) 朝鮮の類似宗教, 1935.

(43) 英領印度統治の現状と英国の異民族統治政策の批判

(附) パレスタインに於てユダヤ人農業移民の成功しつつある理由, 1936.

(44) 朝鮮の郷土神祀 第1部 · 部落祭, 1937.

(45) 朝鮮の郷土神祀 第2部 · 釈奠 · 祈雨 · 安宅 (附)郷土神祀文献, 1938.

(46) 関税同盟を中心とする関税上の特殊関係に関する研究, 1938.

(47) 朝鮮の郷土娯楽, 1941.

찾아보기